2024
中国统计摘要
CHINA STATISTICAL ABSTRACT

国 家 统 计 局　编
National Bureau of Statistics of China

图书在版编目(CIP)数据

中国统计摘要. 2024 = China Statistical Abstract 2024 / 国家统计局编. -- 北京 : 中国统计出版社, 2024.5

ISBN 978-7-5230-0418-0

Ⅰ. ①中… Ⅱ. ①国… Ⅲ. ①经济统计－统计资料－中国－2024－年刊 Ⅳ. ①C832-54

中国国家版本馆 CIP 数据核字(2024)第 069395 号

中国统计摘要 2024

作　　者 / 国家统计局
责任编辑 / 郭　栋
执行编辑 / 张　怡
封面设计 / 黄　晨
出版发行 / 中国统计出版社
通信地址 / 北京市丰台区西三环南路甲 6 号　邮政编码 / 100073
电　　话 / 邮购 (010) 63376907　书店 (010) 68783172
网　　址 / http://www.zgtjcbs.com
印　　刷 / 河北鑫兆源印刷有限公司
经　　销 / 新华书店
开　　本 / 710×1000 mm　1/16
字　　数 / 197 千字
印　　张 / 14.25
版　　别 / 2024 年 5 月第 1 版
版　　次 / 2024 年 5 月第 1 次印刷
定　　价 / 58.00 元

《中国统计摘要 2024》

编委会和编辑工作人员

《中国统计摘要 2024》

编委会和编辑工作人员

编 委 会

主　　任：[illegible]

副 主 任：[illegible]

编委会成员（以姓氏笔画为序）

[illegible]

编辑工作人员

[illegible]

编者说明

一、《中国统计摘要》是为及时反映我国国民经济与社会发展情况而编辑的一本综合性统计资料。《中国统计摘要2024》收录了2023年社会经济主要指标数据，同时简要列示了1978年以来的历史资料。内容包括：综合、人口、国民经济核算、就业和工资、价格、人民生活、财政、资源环境和能源、固定资产投资、对外贸易和利用外资、农业、工业、建筑业、消费品零售和旅游、运输和邮电、金融、科技和教育、卫生、社会服务、文化和体育、香港和澳门特别行政区主要社会经济指标、台湾省主要社会经济指标、国际主要社会经济指标及主要统计指标解释。

二、为确保本书的出版时效，书中2023年部分数据为初步统计数，正式数据以正式出版的《中国统计年鉴2024》为准。

三、书中所涉及的全国性统计指标，除特殊注明外，均未包括香港、澳门特别行政区和台湾省数据。

四、香港特别行政区和澳门特别行政区的统计是构成国家统计总体的一部分。但根据中华人民共和国“香港特别行政区基本法”和“澳门特别行政区基本法”的有关原则，香港、澳门与内地是相对独立的统计区域，根据各自不同的统计制度和法律规定，独立进行统计工作。本书中香港和澳门特别行政区统计资料分别由香港特别行政区政府统计处、澳门特别行政区政府统计暨普查局提供，国家统计局编辑。

五、本书中部分数据合计数或相对数由于单位取舍不同而产生的计算误差，均未作机械调整。

六、本书有关符号使用说明：各表中的“空格”表示该项统计指标数据不足本表最小单位数、不详或无该项数据；“#”表示其中的主要项；“*”或“①”等表示本表下有注解。

编者说明

目　　录

一、综合

二、人口

三、国民经济核算

四、就业和工资

五、价格

六、人民生活

七、财政

八、资源环境和能源

九、固定资产投资

十、对外贸易和利用外资

十一、农业

十二、工业

十三、建筑业

十四、消费品零售和旅游

十五、运输和邮电

十六、金融

十七、科技和教育

十八、卫生、社会服务、文化和体育

十九、香港特别行政区主要社会经济指标

二十、澳门特别行政区主要社会经济指标

二十一、台湾省主要社会经济指标

二十二、国际主要社会经济指标

附录一

附录二

附录三

附录四

1-1 分地区行政区划(一)

(2023年底)　　单位：个

区划名称	地级	#地级市	县级	#市辖区	#县级市	#县	#自治县
全国	**333**	**293**	**2844**	**977**	**397**	**1299**	**117**
北京市			16	16			
天津市			16	16			
河北省	11	11	167	49	21	91	6
山西省	11	11	117	26	11	80	
内蒙古自治区	12	9	103	23	11	17	
辽宁省	14	14	100	59	16	17	8
吉林省	9	8	60	21	20	16	3
黑龙江省	13	12	121	54	21	45	1
上海市			16	16			
江苏省	13	13	95	55	21	19	
浙江省	11	11	90	37	20	32	1
安徽省	16	16	104	45	9	50	
福建省	9	9	84	31	11	42	
江西省	11	11	100	27	12	61	
山东省	16	16	136	58	26	52	
河南省	17	17	157	54	21	82	
湖北省	13	12	103	39	26	35	2
湖南省	14	13	122	36	19	60	7
广东省	21	21	122	65	20	34	3
广西壮族自治区	14	14	111	41	10	48	12
海南省	4	4	25	10	5	4	6
重庆市			38	26		8	4
四川省	21	18	183	55	19	105	4
贵州省	9	6	88	16	10	50	11
云南省	16	8	129	17	18	65	29
西藏自治区	7	6	74	8	2	64	
陕西省	10	10	107	31	7	69	
甘肃省	14	12	86	17	5	57	7
青海省	8	2	44	7	5	25	7
宁夏回族自治区	5	5	22	9	2	11	
新疆维吾尔自治区	14	4	108	13	29	60	6
香港特别行政区							
澳门特别行政区							
台湾省							

1-1 分地区行政区划(二)

(2023年底)

单位：个

区划名称	乡级	#镇数	#乡数	#民族乡	#街道
全国	**38658**	**21421**	**8190**	**956**	**9045**
北京市	343	143	35	5	165
天津市	252	125	3	1	124
河北省	2254	1332	611	38	310
山西省	1280	631	430		219
内蒙古自治区	1025	509	270	17	246
辽宁省	1354	640	201	54	513
吉林省	970	426	181	28	363
黑龙江省	1315	574	334	52	407
上海市	215	106	2		107
江苏省	1237	701	17	1	519
浙江省	1364	618	258	14	488
安徽省	1522	1011	224	9	287
福建省	1108	653	252	19	203
江西省	1581	832	560	8	189
山东省	1825	1072	57		696
河南省	2459	1192	567	11	700
湖北省	1260	761	161	10	338
湖南省	1946	1134	388	83	424
广东省	1613	1112	11	7	490
广西壮族自治区	1256	806	312	59	138
海南省	218	175	21		22
重庆市	1031	625	161	14	245
四川省	3101	2016	626	83	459
贵州省	1510	831	314	192	365
云南省	1426	666	537	140	223
西藏自治区	711	142	534	9	35
陕西省	1317	973	17		327
甘肃省	1356	892	337	32	127
青海省	404	140	222	28	42
宁夏回族自治区	243	103	90		50
新疆维吾尔自治区	1162	480	457	42	224
香港特别行政区					
澳门特别行政区					
台湾省					

1-2　按行业分法人单位数

单位：个

行业门类	2018年	2019年	2020年	2021年	2022年
全国总计	**23481046**	**25280211**	**29389255**	**32866972**	**37169634**
农、林、牧、渔业	1926591	1879887	2090924	2189201	2495358
采矿业	70191	70983	80683	82830	88033
制造业	3269606	3463346	3846747	4167767	4529585
电力、热力、燃气及水生产和供应业	110714	113649	123729	133875	153266
建筑业	1218463	1458539	1901819	2367010	2901293
批发和零售业	6499161	7155907	8415106	9575504	10881533
交通运输、仓储和邮政业	577233	629631	748046	858447	973096
住宿和餐饮业	431323	449277	514980	583028	669628
信息传输、软件和信息技术服务业	919879	1047408	1285534	1488072	1747117
金融业	137934	131744	142488	149813	159901
房地产业	744924	811663	933969	1038260	1115183
租赁和商务服务业	2551306	2825375	3394995	3876456	4432416
科学研究和技术服务业	1275579	1390741	1738335	2053759	2439143
水利、环境和公共设施管理业	148860	172856	216714	250799	286257
居民服务、修理和其他服务业	497292	522903	598808	667130	758665
教育	665883	698893	769578	793247	816766
卫生和社会工作	272504	279155	299142	296031	320513
文化、体育和娱乐业	566593	585224	686805	766821	861807
公共管理、社会保障和社会组织	1597010	1593030	1600853	1528922	1540074

注：1.2018年主要行业法人单位数为经济普查数据，根据相关统计资料对2018年的农、林、牧、渔业法人单位数及合计数进行了修正。

2.统计范围不包括国际组织(以下相关表同)。

1-3 分地区按三次产业分法人单位数

(2022年) 单位：个

地 区	法 人 单位数	第一产业	第二产业	第三产业
全国总计	**37169634**	**2184048**	**7612180**	**27373406**
北 京	1409824	7351	90015	1312458
天 津	454320	10707	83636	359977
河 北	1843390	115706	492570	1235114
山 西	918982	105387	144693	668902
内蒙古	540833	63144	88503	389186
辽 宁	822961	48977	168778	605206
吉 林	343503	32824	58830	251849
黑龙江	470714	62309	74501	333904
上 海	600897	6009	82289	512599
江 苏	3296990	44551	970547	2281892
浙 江	2690588	48829	687571	1954188
安 徽	1454974	103129	334746	1017099
福 建	1547266	65574	279652	1202040
江 西	1213076	98597	247388	867091
山 东	3546922	150581	818299	2578042
河 南	2100519	180056	394518	1525945
湖 北	1546917	99852	308551	1138514
湖 南	1250273	113262	222108	914903
广 东	3838391	45057	892014	2901320
广 西	923514	86986	127202	709326
海 南	215496	12455	25292	177749
重 庆	782091	88054	105081	588956
四 川	1595275	138252	245472	1211551
贵 州	753217	130141	130888	492188
云 南	823861	107710	127682	588469
西 藏	56279	3123	14815	38341
陕 西	951841	66540	212187	673114
甘 肃	422728	76857	65578	280293
青 海	137903	20901	19592	97410
宁 夏	163985	20199	26335	117451
新 疆	452104	30928	72847	348329

1-4 分地区按行业分法人单位数(一)

(2022年) 单位：个

地　区	法　人单位数	农、林、牧、渔业	采矿业	制造业	电力、热力、燃气及水生产和供应业	建筑业	批发和零售业
全国总计	**37169634**	**2495358**	**88033**	**4529585**	**153266**	**2901293**	**10881533**
北　京	1409824	7815	78	26482	2186	62635	341260
天　津	454320	11470	77	48214	1321	35445	119079
河　北	1843390	127507	5452	310895	7352	171485	517926
山　西	918982	114798	6164	48278	7207	85348	275470
内蒙古	540833	72051	5569	34049	4254	45894	147316
辽　宁	822961	59907	3871	107050	4166	55977	234520
吉　林	343503	42186	1201	32419	2250	23546	94609
黑龙江	470714	69960	2710	39224	3695	29973	116509
上　海	600897	6361	8	58167	288	25167	189122
江　苏	3296990	55571	492	641215	7484	327980	955561
浙　江	2690588	53653	980	564339	7760	118054	907259
安　徽	1454974	124583	1632	171586	6685	156889	382064
福　建	1547266	72500	1826	192832	7576	78975	594100
江　西	1213076	109191	4866	131457	9921	102325	354064
山　东	3546922	186582	2817	473971	10700	337300	1168922
河　南	2100519	220588	3789	205705	7118	180153	645383
湖　北	1546917	119182	3190	137732	6853	162582	423006
湖　南	1250273	140324	3924	101083	9307	109020	311644
广　东	3838391	53402	2832	708572	11300	175201	1201165
广　西	923514	95980	4303	64915	4614	54445	250762
海　南	215496	13914	265	6274	793	18248	53469
重　庆	782091	94654	1393	68144	2611	34016	232551
四　川	1595275	148381	4763	97886	7755	136965	392191
贵　州	753217	134015	6007	67048	3149	55342	191704
云　南	823861	115316	5475	47602	3973	71358	224315
西　藏	56279	3615	346	4592	325	9646	8241
陕　西	951841	75521	5973	64222	4515	142129	250288
甘　肃	422728	82186	2024	22363	2525	39381	99167
青　海	137903	21692	649	6663	1010	11411	28594
宁　夏	163985	21978	789	11211	1026	13640	44572
新　疆	452104	40475	4568	35395	3547	30763	126700

1-4 分地区按行业分法人单位数(二)

(2022年) 单位：个

地区	交通运输、仓储和邮政业	住宿和餐饮业	信息传输、软件和信息技术服务业	金融业	房地产业	租赁和商务服务业
全国总计	**973096**	**669628**	**1747117**	**159901**	**1115183**	**4432416**
北京	23086	38689	77669	8119	35163	256127
天津	19996	7107	20039	5291	16362	61141
河北	48300	23326	67885	4379	60318	158945
山西	27209	16659	44387	2870	27746	93675
内蒙古	18028	6375	15040	1764	18634	55142
辽宁	30509	11527	36057	3916	30160	85869
吉林	10241	4244	12418	1630	11442	32418
黑龙江	16017	4385	19527	2108	15953	43979
上海	23971	20626	33365	9567	25226	97004
江苏	101561	46499	156201	8342	86864	344553
浙江	58524	41276	147366	16133	67589	286215
安徽	39777	27441	63669	3913	41233	186060
福建	29961	22796	92964	4392	33487	158089
江西	36514	17278	63116	2826	29574	156650
山东	101311	54539	146362	13055	87970	391014
河南	41178	32528	84395	3259	64024	208580
湖北	46250	29522	94654	4368	45288	195365
湖南	26378	25451	59489	2774	34898	145306
广东	96391	70299	192060	32283	147384	572160
广西	26349	17372	36590	4046	33303	127280
海南	5355	5614	15175	2134	16955	35754
重庆	18325	28535	38830	2273	23373	98099
四川	36222	32083	97501	5304	48671	234871
贵州	15248	24445	19420	2091	20776	77322
云南	21609	19862	31377	3482	25830	91028
西藏	834	1307	1099	347	765	6253
陕西	19878	18701	47653	3187	30314	106686
甘肃	8390	8809	7755	1740	11303	36073
青海	2738	3148	3763	456	3993	19746
宁夏	5726	2846	5979	757	4472	18198
新疆	17220	6339	15312	3095	16113	52814

1-4 分地区按行业分法人单位数(三)

(2022年)

单位：个

地 区	科学研究和技术服务业	水利、环境和公共设施管理业	居民服务、修理和其他服务业	教 育	卫生和社会工作	文化、体育和娱乐业	公共管理、社会保障和社会组织
全国总计	**2439143**	**286257**	**758665**	**816766**	**320513**	**861807**	**1540074**
北 京	318636	8939	41370	20850	9748	111767	19205
天 津	60246	2425	10706	8627	3947	11193	11634
河 北	110660	14969	31340	39761	15706	36844	90340
山 西	46139	7271	20480	17926	8915	20674	47766
内蒙古	30190	5647	10646	14186	5846	10954	39248
辽 宁	46009	5047	16713	23993	12829	16319	38522
吉 林	16363	2768	6967	10332	5294	5864	27311
黑龙江	31308	4127	7228	14877	6718	9861	32555
上 海	45725	2825	17928	9905	5937	14793	14912
江 苏	277407	23013	59909	43458	31061	57846	71973
浙 江	133915	15204	52717	54115	21468	63849	80172
安 徽	83221	13526	29293	29132	12769	27812	53689
福 建	84579	9596	27262	24392	10214	42593	59132
江 西	52257	9348	19066	26448	9665	23553	54957
山 东	214342	29965	58525	68579	23184	58476	119308
河 南	125182	21821	32645	65631	17819	41117	99604
湖 北	88216	15716	28909	30907	12258	32443	70476
湖 南	85457	11606	26133	36430	12970	39562	68517
广 东	236298	16521	74396	77691	19072	71134	80230
广 西	48979	8144	32826	35054	7115	17474	53963
海 南	11328	1908	4998	6443	2315	6611	7943
重 庆	34579	7815	20329	18750	7704	20373	29737
四 川	99577	11333	36497	41901	22867	46780	93727
贵 州	20735	6554	25188	21094	7331	13522	42226
云 南	37529	8032	19835	20046	7313	17295	52584
西 藏	1558	311	712	1109	629	1021	13569
陕 西	46084	10854	23124	23631	8481	20461	50139
甘 肃	14002	2837	8497	13835	4113	8264	49464
青 海	6265	1878	2619	2561	1613	2639	16465
宁 夏	7624	1492	3324	4286	1145	3094	11826
新 疆	24733	4765	8483	10816	4467	7619	38880

1-5 国民经济与社会发展总量指标(一)

指　标	单 位	1978年	1990年	2000年	2022年	2023年
人口						
年末总人口	万人	96259	114333	126743	141175	140967
城镇人口	万人	17245	30195	45906	92071	93267
乡村人口	万人	79014	84138	80837	49104	47700
国民经济核算						
国内生产总值	亿元	3678.7	18872.9	100280.1	1204724.0	1260582.1
第一产业	亿元	1018.5	5017.2	14717.4	88207.0	89755.2
第二产业	亿元	1755.1	7744.1	45663.7	473789.9	482588.5
第三产业	亿元	905.1	6111.6	39899.1	642727.1	688238.4
人均国内生产总值	元	385	1663	7942	85310	89358
就业和失业						
就业人员	万人	40152	64749	72085	73351	74041
#城镇就业人员	万人	9514	17041	23151	45931	47032
城镇登记失业人员	万人	530	383	595	1203	1074
居民收入						
全国居民人均可支配收入	元	171	904	3721	36883	39218
城镇居民人均可支配收入	元	343	1510	6256	49283	51821
农村居民人均可支配收入	元	134	686	2282	20133	21691
财政						
一般公共预算收入	亿元	1132.3	2937.1	13395.2	203649.3	216784.4
一般公共预算支出	亿元	1122.1	3083.6	15886.5	260552.1	274573.8
能源						
一次能源生产总量	万吨标准煤	62770	103922	138570	463808	483000
能源消费总量	万吨标准煤	57144	98703	146964	540956	572000
固定资产投资						
全社会固定资产投资总额	亿元		4517.0	32917.7	495966.4	509707.9
#房地产开发	亿元		253.3	4984.1	122697.1	110912.9
对外贸易和外商直接投资						
货物进出口总额	亿元	355.0	5560.1	39273.3	418011.6	417568.3
出口额	亿元	167.7	2985.8	20634.4	237411.5	237725.9
进口额	亿元	187.4	2574.3	18638.8	180600.1	179842.4
实际使用外资金额	亿美元		34.9	407.2	1891.3	1632.5
主要农业、工业、能源产品产量						
粮食	万吨	30477	44624	46218	68653	69541
棉花	万吨	217	451	442	598	562
油料	万吨	522	1613	2955	3654	3864
肉类	万吨	943	2857	6014	9328	9748
原煤	亿吨	6.18	10.80	13.84	45.59	47.11
原油	万吨	10405	13831	16300	20472	20903
水泥	万吨	6524	20971	59700	212927	202293
粗钢	万吨	3178	6635	12850	101796	101908
发电量	亿千瓦时	2566	6212	13556	88487	94564

1-5 国民经济与社会发展总量指标(二)

指　　标	单 位	1978年	1990年	2000年	2022年	2023年
建筑业						
建筑业总产值	亿元		1345	12498	298675	315912
消费品零售						
社会消费品零售总额	亿元	1559	8300	38447	439733	471495
运输和邮电						
客运量	万人	253993	772682	1478573	558738	930442
货运量	万吨	319431	970602	1358682	5152571	5570636
邮政业务总量	亿元	14.9	46.0	232.8	14316.7	
电信业务总量	亿元	19.2	109.6	4559.9	17501.1	18326.8
移动电话用户	万户		1.8	8453	168344	172660
固定电话用户	万户	193	685	14483	17941	17333
金融						
金融机构人民币各项存款余额	亿元	1155	13943	123804	2584998	2842623
金融机构人民币各项贷款余额	亿元	1890	17511	99371	2139853	2375905
科技、教育、卫生						
R&D经费支出	亿元			896	30783	33278
技术市场成交额	亿元			651	47791	61476
在校学生数						
#普通、职业本专科	万人	86	206	556	3659	3775
普通高中	万人	1553	717	1201	2714	2804
初中阶段	万人	4995	3917	6256	5121	5244
小学阶段	万人	14624	12241	13013	10732	10836
医院数	万个	0.93	1.44	1.63	3.70	3.84
医院床位数	万张	110	187	217	766	800
执业(助理)医师	万人	98	176	208	443	478
社会保障						
参加基本养老保险人数	万人		6166	13617	105307	106643
参加基本医疗保险人数	万人			3787	134592	133387
参加失业保险人数	万人			10408	23807	24373
参加工伤保险人数	万人			4350	29117	30170
参加生育保险人数	万人			3002	24621	24907
社会保险基金收入	亿元		187	2645	102505	112544

注：1.水泥、粗钢2023年数据统计范围为规模以上工业企业，即年主营业务收入2000万元及以上的工业企业。

2.2000年社会消费品零售总额根据第四次全国经济普查结果及有关制度规定进行了修订。

3.本表价值量指标中，邮政、电信业务总量2000年及以前按1990年不变价格计算；2021年起邮政业务总量按2020年不变价格计算,电信业务总量按上年不变价格计算；其余指标按当年价格计算。

4.2023年社会保障数据为快报数。2017年起，各省份参加新型农村合作医疗的人员逐步并入参加基本医疗保险人数中。

1-6 国民经济与社会发展速度指标(一)

指标	2023年为下列各年%				平均每年增长%		
	1978年	1990年	2000年	2022年	1979-2023年	1991-2023年	2001-2023年
人口							
年末总人口	146.4	123.3	111.2	99.9	0.9	0.6	0.5
城镇人口	540.8	308.9	203.2	101.3	3.8	3.5	3.1
乡村人口	60.4	56.7	59.0	97.1	-1.1	-1.7	-2.3
国民经济核算							
国内生产总值	4713.5	1671.8	620.0	105.2	8.9	8.9	8.3
第一产业	686.1	359.9	249.1	104.1	4.4	4.0	4.0
第二产业	7010.3	2315.5	653.6	104.7	9.9	10.0	8.5
第三产业	6859.6	1897.2	715.6	105.8	9.9	9.3	8.9
就业和失业							
就业人员	184.4	114.4	102.7	100.9	1.4	0.4	0.1
#城镇就业人员	494.3	276.0	203.2	102.4	3.6	3.1	3.1
城镇登记失业人员	202.6	280.3	180.5	89.3	1.6	3.2	2.6
能源							
一次能源生产总量	769.9	465.0	348.8	104.2	4.6	4.8	5.6
能源消费总量	1000.6	579.3	389.1	105.7	5.3	5.5	6.1
固定资产投资							
全社会固定资产投资总额		11284.2	1548.4	102.8		17.5	15.0
#房地产开发		43787.2	2225.4	90.4		24.0	18.4
对外贸易和外商直接投资							
货物进出口总额	117624.9	7510.1	1063.2	99.9	17.0	14.0	10.8
出口额	141756.6	7961.9	1152.1	100.1	17.5	14.2	11.2
进口额	95967.1	6986.1	964.9	99.6	16.5	13.7	10.4
实际使用外资金额		4677.7	400.9	86.3		12.4	6.2
主要农业、工业、能源产品产量							
粮食	228.2	155.8	150.5	101.3	1.9	1.4	1.8
棉花	259.2	124.6	127.2	93.9	2.1	0.7	1.1
油料	740.5	239.5	130.8	105.7	4.5	2.7	1.2
肉类	1033.7	341.2	162.1	104.5	5.3	3.8	2.1
原煤	762.3	436.2	340.4	103.4	4.6	4.6	5.5
原油	200.9	151.1	128.2	102.1	1.6	1.3	1.1
水泥	3100.8	964.6	338.8	95.0	7.9	7.1	5.4
粗钢	3206.7	1535.9	793.1	100.1	8.0	8.6	9.4
发电量	3686.0	1522.3	697.6	106.9	8.3	8.6	8.8

1-6　国民经济与社会发展速度指标(二)

指　　标	2023年为下列各年%				平均每年增长%		
	1978年	1990年	2000年	2022年	1979-2023年	1991-2023年	2001-2023年
建筑业							
建筑业总产值		23487.7	2527.8	105.8		18.0	15.1
消费品零售							
社会消费品零售总额	30251.2	5680.6	1226.3	107.2	13.5	13.0	11.5
运输和邮电							
客运量	366.3	120.4	62.9	166.5	2.9	0.6	-2.0
货运量	1743.9	573.9	410.0	108.1	6.6	5.4	6.3
移动电话用户		9425167.9	2042.5	102.6		41.5	14.0
固定电话用户	9001.9	2530.2	119.7	96.6	10.5	10.3	0.8
科技、教育、卫生							
R&D经费支出			3715.3	108.1			17.0
技术市场成交额			9446.2	128.6			21.9
在校学生数							
#普通、职业本专科	4410.1	1829.9	678.8	103.2	8.8	9.2	8.7
普通高中	180.5	390.9	233.4	103.3	1.3	4.2	3.8
初中阶段	105.0	133.9	83.8	102.4	0.1	0.9	-0.8
小学阶段	74.1	88.5	83.3	101.0	-0.7	-0.4	-0.8
医院数	412.7	266.8	235.0	103.7	3.2	3.0	3.8
医院床位数	727.7	428.3	369.4	104.5	4.5	4.5	5.8
执业(助理)医师	488.9	271.2	230.4	107.8	3.6	3.1	3.7

注：1.国内生产总值按可比价格计算，固定资产投资总额平均每年增长速度按累计法计算，其他价值量指标按当年价格计算。
2.能源生产和消费总量、固定资产投资2023年比上年速度按可比口径计算。
3.货物贸易进出口数据按人民币口径计算（下表同），实际使用外资金额按美元口径计算。
4.水泥、粗钢2023年数据统计范围为规模以上工业企业，即年主营业务收入2000万元及以上的工业企业。

1-7 国民经济与社会发展结构指标

单位：%

指　　标	1978年	1990年	2000年	2022年	2023年
人口					
城镇	17.92	26.41	36.22	65.22	66.16
乡村	82.08	73.59	63.78	34.78	33.84
国内生产总值					
第一产业	27.7	26.6	14.7	7.3	7.1
第二产业	47.7	41.0	45.5	39.3	38.3
第三产业	24.6	32.4	39.8	53.4	54.6
就业人员					
第一产业	70.5	60.1	50.0	24.1	22.8
第二产业	17.3	21.4	22.5	28.8	29.1
第三产业	12.2	18.5	27.5	47.1	48.1
一般公共预算收入					
中央	15.5	33.8	52.2	46.6	45.9
地方	84.5	66.2	47.8	53.4	54.1
一般公共预算支出					
中央	47.4	32.6	34.7	13.7	13.9
地方	52.6	67.4	65.3	86.3	86.1
货物进出口总额					
出口总额	47.2	53.7	52.5	56.8	56.9
初级产品		25.6	10.2	4.8	4.9
工业制品		74.4	89.8	95.2	95.1
进口总额	52.8	46.3	47.5	43.2	43.1
初级产品		18.5	20.8	40.2	42.4
工业制品		81.5	79.2	59.8	57.6
一般公共预算收入与GDP之比	30.8	15.6	13.4	16.9	17.2
一般公共预算支出与GDP之比	30.5	16.3	15.8	21.6	21.8
R&D经费支出与国内生产总值之比			0.89	2.56	2.64

1-8 “三新”经济综合情况

指　　标	单位	2021年	2022年	2023年
“三新”经济增加值	亿元	197270	210084	
第一产业	亿元	7912	8457	
第二产业	亿元	87499	92813	
第三产业	亿元	101859	108815	
规模以上高技术制造业增加值增速	%	18.2	7.4	2.7
高技术制造业投资增速	%	22.2	22.2	9.9
经济发展新动能指数	2014年=100	597.3	766.8	

1-9 文化、旅游、体育、专利密集型产业增加值情况

(2022年)

产　　业	增加值(亿元)	增加值占GDP比重(%)
文化及相关产业	**53782**	**4.46**
文化制造业	13165	1.09
文化批发和零售业	5451	0.45
文化服务业	35166	2.92
旅游及相关产业	**44672**	**3.71**
旅游业	39708	3.30
旅游相关产业	4964	0.41
体育产业	**13092**	**1.1**
体育制造业	3686	0.3
体育建筑业	226	
体育服务业	9180	0.8
专利密集型产业	**153176**	**12.7**

1-10 东部、中部、西部及东北地区主要经济指标(一)

(2023年)

指　　标	单位	东部地区	占全国比重(%)	中部地区	占全国比重(%)
人口					
年末常住人口	万人	56638	40.2	36323	25.8
国民经济核算					
地区生产总值	亿元	652084.2	52.1	269897.7	21.6
第一产业	亿元	29116.0	32.4	22390.6	24.9
第二产业	亿元	247258.8	51.6	107121.6	22.4
第三产业	亿元	375709.4	55.1	140385.5	20.6
对外贸易					
货物进出口总额	亿元	331642.3	79.4	36176.2	8.7
出口总额	亿元	186224.9	78.3	23832.7	10.0
进口总额	亿元	145417.4	80.9	12343.5	6.9
农业					
主要农产品产量					
粮食	万吨	16250.2	23.4	20296.5	29.2
棉花	万吨	24.0	4.3	22.2	4.0
油料	万吨	693.4	17.9	1746.1	45.2
工业					
规模以上工业企业利润总额	亿元	41827.9	54.4	13471.8	17.5
建筑业					
建筑业总产值	亿元	166145.1	52.6	77442.9	24.5
消费品零售					
社会消费品零售总额	亿元	238194.6	50.5	114899.5	24.4

1-10 东部、中部、西部及东北地区主要经济指标(二)

(2023年)

指标	单位	西部地区	占全国比重(%)	东北地区	占全国比重(%)
人口					
年末常住人口	万人	38223	27.1	9583	6.8
国民经济核算					
地区生产总值	亿元	269324.9	21.5	59624.5	4.8
第一产业	亿元	30501.0	34.0	7814.1	8.7
第二产业	亿元	104044.3	21.7	20610.8	4.3
第三产业	亿元	134779.5	19.8	31199.6	4.6
对外贸易					
货物进出口总额	亿元	37432.7	9.0	12317.0	2.9
出口总额	亿元	22745.0	9.6	4923.2	2.1
进口总额	亿元	14687.7	8.2	7393.8	4.1
农业					
主要农产品产量					
粮食	万吨	18456.2	26.5	14538.1	20.9
棉花	万吨	515.6	91.8		
油料	万吨	1191.1	30.8	233.1	6.0
工业					
规模以上工业企业利润总额	亿元	18852.5	24.5	2706.2	3.5
建筑业					
建筑业总产值	亿元	64351.4	20.4	7972.5	2.5
消费品零售					
社会消费品零售总额	亿元	98202.2	20.8	20146.7	4.3

注：1.东部10省(市)包括北京、天津、河北、上海、江苏、浙江、福建、山东、广东和海南；中部6省包括山西、安徽、江西、河南、湖北和湖南；西部12省(区、市)包括内蒙古、广西、重庆、四川、贵州、云南、西藏、陕西、甘肃、青海、宁夏和新疆；东北3省包括辽宁、吉林和黑龙江。
2.货物进出口分地区数据按收发货人所在地分。
3.本表除人口外，占全国比重以各地区合计数为100计算。因全国人口中还包括现役军人，东部、中部、西部、东北地区人口占比之和不为100。

1-11 京津冀、长江经济带、长江三角洲主要经济指标

(2023年)

指　　标	单位	京津冀	占全国比　重(%)	长　江经济带	占全国比　重(%)	长　江三角洲	占全国比　重(%)
人口							
年末常住人口	万人	10943	7.8	60779	43.1	23761	16.9
国民经济核算							
地区生产总值	亿元	104442.1	8.3	584274.2	46.7	305044.6	24.4
第一产业	亿元	4840.2	5.4	38377.7	42.7	11000.4	12.2
第二产业	亿元	28943.5	6.0	224665.5	46.9	121347.1	25.3
第三产业	亿元	70658.4	10.4	321231.0	47.1	172697.0	25.3
对外贸易							
货物进出口总额	亿元	50289.5	12.0	190048.1	45.5	151665.5	36.3
出口总额	亿元	13137.2	5.5	116527.7	49.0	91993.8	38.7
进口总额	亿元	37152.3	20.7	73520.4	40.9	59671.7	33.2
农业							
主要农产品产量							
粮食	万吨	4113.4	5.9	24515.8	35.3	8689.1	12.5
棉花	万吨	10.5	1.9	22.3	4.0	2.9	0.5
油料	万吨	119.7	3.1	1860.3	48.1	328.6	8.5
工业							
规模以上工业企业利润总额	亿元	4302.0	5.6	35083.3	45.6	20166.2	26.2
建筑业							
建筑业总产值	亿元	26606.0	8.4	176539.5	55.9	90246.3	28.6
消费品零售							
社会消费品零售总额	亿元	33323.8	7.1	239541.9	50.8	119621.4	25.4

注：1.长江经济带包括上海、江苏、浙江、安徽、江西、湖北、湖南、重庆、四川、贵州、云南11个省市。
2.长江三角洲包括上海、江苏、浙江和安徽4个省市。

1-12 按单位规模分组的企业主要统计数据

(2023年)

行　　业	法　人单位数(个)	营业收入(亿元)	利润总额(亿元)	平均用工人数(万人)	资产总计(亿元)	负债合计(亿元)
规模以上工业企业合计	**482192**	**1334391**	**76858**	**7351**	**1673577**	**955718**
大型企业	7979	571622	37329	2267	756451	418342
中小微型企业	474213	762769	39529	5084	917126	537376
中型企业	37342	296007	18074	1878	370022	208086
小微型企业	436871	466762	21455	3206	547105	329289
限额以上批零住餐业企业合计	**434487**	**1098177**	**19999**	**1704**	**580764**	**423399**
大型企业	5934	254363	10256	535	163418	108651
中小微型企业	428553	843813	9744	1169	417346	314749
中型企业	72373	395078	5284	594	214601	154539
小微型企业	356180	448735	4460	575	202745	160210
规模以上服务业企业合计	**223842**	**354349**	**40540**	**4127**	**1483404**	**814902**
大型企业	9215	119707	21784	1286	454895	235499
中小微型企业	192842	204570	16948	2438	806198	463948
中型企业	28976	77305	8210	1118	327772	180583
小微型企业	163866	127265	8738	1320	478426	283365

注：1.本表为快报数据，企业划分依据《统计上大中小微企业划分办法(2017)》标准。

2.规模以上服务业统计范围包括：年营业收入2000万元及以上的交通运输、仓储和邮政业，信息传输、软件和信息技术服务业，水利、环境和公共设施管理业，卫生行业法人单位；年营业收入1000万元及以上的房地产业(不含房地产开发经营)，租赁和商务服务业，科学研究和技术服务业，教育行业法人单位；以及年营业收入500万元及以上的居民服务、修理和其他服务业，文化、体育和娱乐业，社会工作行业法人单位。

3.规模以上服务业企业分项不等于合计，是因为上述标准未对铁路运输业、自有房地产经营、教育、卫生等行业作出规定，因此无法分大中小微规模。

4.规模以上服务业企业平均用工人数指标为期末用工人数。

2-1 人口数

（年末数） 单位：万人

年 份	总人口	按性别分		按城乡分	
		男	女	城镇人口	乡村人口
1978	96259	49567	46692	17245	79014
1980	98705	50785	47920	19140	79565
1981	100072	51519	48553	20171	79901
1982	101654	52352	49302	21480	80174
1983	103008	53152	49856	22274	80734
1984	104357	53848	50509	24017	80340
1985	105851	54725	51126	25094	80757
1986	107507	55581	51926	26366	81141
1987	109300	56290	53010	27674	81626
1988	111026	57201	53825	28661	82365
1989	112704	58099	54605	29540	83164
1990	114333	58904	55429	30195	84138
1991	115823	59466	56357	31203	84620
1992	117171	59811	57360	32175	84996
1993	118517	60472	58045	33173	85344
1994	119850	61246	58604	34169	85681
1995	121121	61808	59313	35174	85947
1996	122389	62200	60189	37304	85085
1997	123626	63131	60495	39449	84177
1998	124761	63940	60821	41608	83153
1999	125786	64692	61094	43748	82038
2000	126743	65437	61306	45906	80837
2001	127627	65672	61955	48064	79563
2002	128453	66115	62338	50212	78241
2003	129227	66556	62671	52376	76851
2004	129988	66976	63012	54283	75705
2005	130756	67375	63381	56212	74544
2006	131448	67728	63720	58288	73160
2007	132129	68048	64081	60633	71496
2008	132802	68357	64445	62403	70399
2009	133450	68647	64803	64512	68938
2010	134091	68748	65343	66978	67113
2011	134916	69161	65755	69927	64989
2012	135922	69660	66262	72175	63747
2013	136726	70063	66663	74502	62224
2014	137646	70522	67124	76738	60908
2015	138326	70857	67469	79302	59024
2016	139232	71307	67925	81924	57308
2017	140011	71650	68361	84343	55668
2018	140541	71864	68677	86433	54108
2019	141008	72039	68969	88426	52582
2020	141212	72357	68855	90220	50992
2021	141260	72311	68949	91425	49835
2022	141175	72206	68969	92071	49104
2023	140967	72032	68935	93267	47700

注：1.1981年及以前数据为户籍统计数，1982年、1990年、2000年、2010年和2020年数据为当年人口普查数据推算数，其余年份数据根据年度人口抽样调查数据推算，其中，2011-2019年总人口、出生率、城镇化率数据根据第七次全国人口普查修订(以下相关表同)。

2.1982年以前的城镇人口是指市辖区和建制镇内全部人口；乡村人口是指县人口，但不包括镇人口。1982年及以后的城乡人口是按国家统计局关于统计上划分城乡规定计算的。

2-2 人口出生率、死亡率、自然增长率、人口密度和城镇人口比重

年 份	出生率 (‰)	死亡率 (‰)	自然增长率 (‰)	人口密度 (人/平方公里)	城镇人口占总人口比重 (%)
1978	18.25	6.25	12.00	100	17.92
1980	18.21	6.34	11.87	103	19.39
1981	20.91	6.36	14.55	104	20.16
1982	22.28	6.60	15.68	106	21.13
1983	20.19	6.90	13.29	107	21.62
1984	19.90	6.82	13.08	109	23.01
1985	21.04	6.78	14.26	110	23.71
1986	22.43	6.86	15.57	112	24.52
1987	23.33	6.72	16.61	114	25.32
1988	22.37	6.64	15.73	116	25.81
1989	21.58	6.54	15.04	117	26.21
1990	21.06	6.67	14.39	119	26.41
1991	19.68	6.70	12.98	121	26.94
1992	18.24	6.64	11.60	122	27.46
1993	18.09	6.64	11.45	123	27.99
1994	17.70	6.49	11.21	125	28.51
1995	17.12	6.57	10.55	126	29.04
1996	16.98	6.56	10.42	127	30.48
1997	16.57	6.51	10.06	129	31.91
1998	15.64	6.50	9.14	130	33.35
1999	14.64	6.46	8.18	131	34.78
2000	14.03	6.45	7.58	132	36.22
2001	13.38	6.43	6.95	133	37.66
2002	12.86	6.41	6.45	134	39.09
2003	12.41	6.40	6.01	135	40.53
2004	12.29	6.42	5.87	135	41.76
2005	12.40	6.51	5.89	136	42.99
2006	12.09	6.81	5.28	137	44.34
2007	12.10	6.93	5.17	138	45.89
2008	12.14	7.06	5.08	138	46.99
2009	11.95	7.08	4.87	139	48.34
2010	11.90	7.11	4.79	140	49.95
2011	13.27	7.14	6.13	141	51.83
2012	14.57	7.13	7.43	142	53.10
2013	13.03	7.13	5.90	142	54.49
2014	13.83	7.12	6.71	143	55.75
2015	11.99	7.07	4.93	144	57.33
2016	13.57	7.04	6.53	145	58.84
2017	12.64	7.06	5.58	146	60.24
2018	10.86	7.08	3.78	146	61.50
2019	10.41	7.09	3.32	147	62.71
2020	8.52	7.07	1.45	147	63.89
2021	7.52	7.18	0.34	147	64.72
2022	6.77	7.37	-0.60	147	65.22
2023	6.39	7.87	-1.48	147	66.16

2-3 人口年龄结构和抚养比

年份	总人口 (年末) (万人)	各年龄段人口比重(%)			总抚养比 (%)		
		0-14岁	15-64岁	65岁及以上		少儿抚养比	老年抚养比
1982	101654	33.6	61.5	4.9	62.6	54.6	8.0
1987	109300	28.7	65.9	5.4	51.8	43.5	8.3
1990	114333	27.7	66.7	5.6	49.8	41.5	8.3
1991	115823	27.7	66.3	6.0	50.8	41.8	9.0
1992	117171	27.6	66.2	6.2	51.0	41.7	9.3
1993	118517	27.2	66.7	6.2	49.9	40.7	9.2
1994	119850	27.0	66.6	6.4	50.1	40.5	9.5
1995	121121	26.6	67.2	6.2	48.8	39.6	9.2
1996	122389	26.4	67.2	6.4	48.8	39.3	9.5
1997	123626	26.0	67.5	6.5	48.1	38.5	9.7
1998	124761	25.7	67.6	6.7	47.9	38.0	9.9
1999	125786	25.4	67.7	6.9	47.7	37.5	10.2
2000	126743	22.9	70.1	7.0	42.6	32.6	9.9
2001	127627	22.5	70.4	7.1	42.0	32.0	10.1
2002	128453	22.4	70.3	7.3	42.2	31.9	10.4
2003	129227	22.1	70.4	7.5	42.0	31.4	10.7
2004	129988	21.5	70.9	7.6	41.0	30.3	10.7
2005	130756	20.3	72.0	7.7	38.8	28.1	10.7
2006	131448	19.8	72.3	7.9	38.3	27.3	11.0
2007	132129	19.4	72.5	8.1	37.9	26.8	11.1
2008	132802	19.0	72.7	8.3	37.4	26.0	11.3
2009	133450	18.5	73.0	8.5	36.9	25.3	11.6
2010	134091	16.6	74.5	8.9	34.2	22.3	11.9
2011	134916	16.5	74.4	9.1	34.4	22.1	12.3
2012	135922	16.5	74.1	9.4	34.9	22.2	12.7
2013	136726	16.4	73.9	9.7	35.3	22.2	13.1
2014	137646	16.5	73.4	10.1	36.2	22.5	13.7
2015	138326	16.5	73.0	10.5	37.0	22.6	14.3
2016	139232	16.7	72.5	10.8	37.9	22.9	15.0
2017	140011	16.8	71.8	11.4	39.3	23.4	15.9
2018	140541	16.9	71.2	11.9	40.4	23.7	16.8
2019	141008	16.8	70.6	12.6	41.5	23.8	17.8
2020	141212	17.9	68.6	13.5	45.9	26.2	19.7
2021	141260	17.5	68.3	14.2	46.3	25.6	20.8
2022	141175	16.9	68.2	14.9	46.6	24.8	21.8
2023	140967	16.3	68.3	15.4	46.5	24.0	22.5

2-4 分地区年末常住人口

单位：万人

地 区	2014年	2015年	2016年	2017年	2018年	2019年	2020年	2021年	2022年	2023年
全 国	**137646**	**138326**	**139232**	**140011**	**140541**	**141008**	**141212**	**141260**	**141175**	**140967**
北 京	2171	2188	2195	2194	2192	2190	2189	2189	2184	2186
天 津	1429	1439	1443	1410	1383	1385	1387	1373	1363	1364
河 北	7323	7345	7375	7409	7426	7447	7464	7448	7420	7393
山 西	3528	3519	3514	3510	3502	3497	3490	3480	3481	3466
内蒙古	2449	2440	2436	2433	2422	2415	2403	2400	2401	2396
辽 宁	4358	4338	4327	4312	4291	4277	4255	4229	4197	4182
吉 林	2642	2613	2567	2526	2484	2448	2399	2375	2348	2339
黑龙江	3608	3529	3463	3399	3327	3255	3171	3125	3099	3062
上 海	2467	2458	2467	2466	2475	2481	2488	2489	2475	2487
江 苏	8281	8315	8381	8423	8446	8469	8477	8505	8515	8526
浙 江	5890	5985	6072	6170	6273	6375	6468	6540	6577	6627
安 徽	5997	6011	6033	6057	6076	6092	6105	6113	6127	6121
福 建	3945	3984	4016	4065	4104	4137	4161	4187	4188	4183
江 西	4480	4485	4496	4511	4513	4516	4519	4517	4528	4515
山 东	9808	9866	9973	10033	10077	10106	10165	10170	10163	10123
河 南	9645	9701	9778	9829	9864	9901	9941	9883	9872	9815
湖 北	5816	5850	5885	5904	5917	5927	5745	5830	5844	5838
湖 南	6611	6615	6625	6633	6635	6640	6645	6622	6604	6568
广 东	11489	11678	11908	12141	12348	12489	12624	12684	12657	12706
广 西	4770	4811	4857	4907	4947	4982	5019	5037	5047	5027
海 南	936	945	957	972	982	995	1012	1020	1027	1043
重 庆	3043	3070	3110	3144	3163	3188	3209	3212	3213	3191
四 川	8139	8196	8251	8289	8321	8351	8371	8372	8374	8368
贵 州	3677	3708	3758	3803	3822	3848	3858	3852	3856	3865
云 南	4653	4663	4677	4693	4703	4714	4722	4690	4693	4673
西 藏	325	330	340	349	354	361	366	366	364	365
陕 西	3827	3846	3874	3904	3931	3944	3955	3954	3956	3952
甘 肃	2531	2523	2520	2522	2515	2509	2501	2490	2492	2465
青 海	576	577	582	586	587	590	593	594	595	594
宁 夏	678	684	695	705	710	717	721	725	728	729
新 疆	2325	2385	2428	2480	2520	2559	2590	2589	2587	2598

注：全国数据包括中国人民解放军现役军人数，但不包括香港、澳门特别行政区和台湾地区数据；分省数据中未包括中国人民解放军现役军人数。

2-5 分地区年末城镇人口比重

单位：%

地 区	2014年	2015年	2016年	2017年	2018年	2019年	2020年	2021年	2022年	2023年
全 国	**55.75**	**57.33**	**58.84**	**60.24**	**61.50**	**62.71**	**63.89**	**64.72**	**65.22**	**66.16**
北 京	86.50	86.71	86.76	86.93	87.09	87.35	87.55	87.50	87.57	87.83
天 津	82.55	82.88	83.27	83.57	83.95	84.31	84.70	84.88	85.11	85.49
河 北	49.36	51.67	53.87	55.74	57.33	58.77	60.07	61.14	61.65	62.77
山 西	54.30	55.87	57.27	58.59	59.85	61.29	62.53	63.42	63.96	64.97
内蒙古	60.97	62.09	63.40	64.60	65.51	66.46	67.48	68.21	68.60	69.58
辽 宁	67.05	68.05	68.87	69.49	70.26	71.21	72.14	72.81	73.00	73.51
吉 林	56.81	57.64	58.75	59.71	60.85	61.63	62.64	63.36	63.72	64.73
黑龙江	59.22	60.47	61.09	61.90	63.46	64.62	65.61	65.69	66.21	67.11
上 海	89.30	88.53	89.00	89.10	89.13	89.22	89.30	89.30	89.33	89.46
江 苏	65.70	67.49	68.93	70.18	71.19	72.47	73.44	73.94	74.42	75.04
浙 江	64.96	66.32	67.72	68.91	70.02	71.58	72.17	72.66	73.38	74.23
安 徽	49.31	50.97	52.62	54.29	55.65	57.02	58.33	59.39	60.15	61.51
福 建	61.99	63.22	64.39	65.78	66.98	67.87	68.75	69.70	70.11	71.04
江 西	50.55	52.30	53.99	55.70	57.34	59.07	60.44	61.46	62.07	63.13
山 东	54.77	56.97	59.13	60.79	61.46	61.86	63.05	63.94	64.54	65.53
河 南	45.05	47.02	48.78	50.56	52.24	54.01	55.43	56.45	57.07	58.08
湖 北	55.73	57.18	58.57	59.88	61.00	61.83	62.89	64.09	64.67	65.47
湖 南	48.98	50.79	52.70	54.62	56.09	57.45	58.76	59.71	60.31	61.16
广 东	68.62	69.51	70.15	70.74	71.81	72.65	74.15	74.63	74.79	75.42
广 西	46.54	47.99	49.24	50.59	51.82	52.98	54.20	55.08	55.65	56.78
海 南	53.30	54.91	56.70	58.04	59.13	59.37	60.27	60.97	61.49	62.46
重 庆	59.74	61.47	63.33	65.00	66.61	68.24	69.46	70.32	70.96	71.67
四 川	46.51	48.27	50.00	51.78	53.50	55.36	56.73	57.82	58.35	59.49
贵 州	40.24	42.96	45.56	47.76	49.54	51.48	53.15	54.33	54.81	55.94
云 南	41.21	42.93	44.64	46.29	47.44	48.67	50.05	51.05	51.72	52.92
西 藏	26.23	28.87	31.57	33.38	33.80	34.51	35.73	36.61	37.39	38.88
陕 西	53.01	54.74	56.39	58.07	59.65	61.28	62.66	63.63	64.02	65.16
甘 肃	42.28	44.24	46.07	48.12	49.69	50.70	52.23	53.33	54.19	55.49
青 海	50.84	51.67	53.55	55.45	57.27	58.78	60.08	61.02	61.43	62.80
宁 夏	54.82	56.98	58.74	60.95	62.15	63.63	64.96	66.04	66.34	67.31
新 疆	46.79	48.78	50.42	51.90	54.01	55.51	56.53	57.26	57.89	59.24

3-1 国民总收入和国内生产总值(一)

年份	国民总收入(亿元)	国内生产总值(亿元)	第一产业	第二产业	第三产业
1978	3678.7	3678.7	1018.5	1755.1	905.1
1980	4586.1	4587.6	1359.5	2204.7	1023.4
“六五”时期	**32795.8**	**32707.6**	**10105.6**	**14340.7**	**8261.2**
1981	4933.7	4935.8	1545.7	2269.0	1121.1
1982	5380.5	5373.4	1761.7	2397.6	1214.0
1983	6043.8	6020.9	1960.9	2663.0	1397.1
1984	7314.2	7278.5	2295.6	3124.7	1858.2
1985	9123.6	9098.9	2541.7	3886.4	2670.8
“七五”时期	**73828.0**	**73783.7**	**19045.1**	**31440.9**	**23297.7**
1986	10375.4	10376.2	2764.1	4515.1	3097.0
1987	12166.6	12174.6	3204.5	5273.8	3696.3
1988	15174.4	15180.4	3831.2	6607.2	4742.0
1989	17188.4	17179.7	4228.2	7300.7	5650.8
1990	18923.3	18872.9	5017.2	7744.1	6111.6
“八五”时期	**193762.6**	**194850.7**	**39469.0**	**88456.5**	**66925.2**
1991	22050.3	22005.6	5288.8	9129.6	7587.2
1992	27208.2	27194.5	5800.3	11725.0	9669.2
1993	35599.2	35673.2	6887.6	16472.7	12313.0
1994	48548.2	48637.5	9471.8	22452.5	16713.1
1995	60356.6	61339.9	12020.5	28676.7	20642.7
“九五”时期	**421832.6**	**427568.7**	**72028.6**	**197133.4**	**158406.7**
1996	70779.6	71813.6	13878.3	33827.3	24108.0
1997	78802.9	79715.0	14265.2	37545.0	27904.8
1998	83817.6	85195.5	14618.7	39017.5	31559.3
1999	89366.5	90564.4	14549.0	41079.9	34935.5
2000	99066.1	100280.1	14717.4	45663.7	39899.1
“十五”时期	**713747.2**	**719161.6**	**91374.0**	**328826.4**	**298961.2**
2001	109276.2	110863.1	15502.5	49659.4	45701.2
2002	120480.4	121717.4	16190.2	54104.1	51423.1
2003	136576.3	137422.0	16970.2	62695.8	57756.0
2004	161415.4	161840.2	20904.3	74285.0	66650.9
2005	185998.9	187318.9	21806.7	88082.2	77430.0
“十一五”时期	**1569251.0**	**1569412.4**	**155469.9**	**732738.0**	**681204.5**
2006	219028.5	219438.5	23317.0	104359.2	91762.2
2007	270704.0	270092.3	27674.1	126630.5	115787.7
2008	321229.5	319244.6	32464.1	149952.9	136827.5
2009	347934.9	348517.7	33583.8	160168.8	154765.1
2010	410354.1	412119.3	38430.8	191626.5	182061.9
“十二五”时期	**2938814.4**	**2951904.7**	**260295.1**	**1292247.5**	**1399362.0**
2011	483392.8	487940.2	44781.5	227035.1	216123.6
2012	537329.0	538580.0	49084.6	244639.1	244856.2
2013	588141.2	592963.2	53028.1	261951.6	277983.5
2014	644380.2	643563.1	55626.3	277282.8	310654.0
2015	685571.2	688858.2	57774.6	281338.9	349744.7
“十三五”时期	**4478085.7**	**4497794.3**	**335488.4**	**1756076.4**	**2406229.5**
2016	742694.1	746395.1	60139.2	295427.8	390828.1
2017	830945.7	832035.9	62099.5	331580.5	438355.9
2018	915243.5	919281.1	64745.2	364835.2	489700.8
2019	983751.2	986515.2	70473.6	380670.6	535371.0
2020	1005451.3	1013567.0	78030.9	383562.4	551973.7
“十四五”时期					
2021	1141230.8	1149237.0	83216.5	451544.1	614476.4
2022	1194401.4	1204724.0	88207.0	473789.9	642727.1
2023	1249990.6	1260582.1	89755.2	482588.5	688238.4

注：1.本表按当年价格计算。

2.三次产业分类依据国家统计局2018年修订的《三次产业划分规定》(以下相关表同)。

3-1 国民总收入和国内生产总值(二)

年　份	#工　业	#建筑业	#批发和零售业	#交通运输、仓储和邮政业	人均国内生产总值(元)
1978	1621.4	138.9	242.4	182.0	385
1980	2014.8	196.3	193.8	213.4	468
"六五" 时期	**12943.7**	**1438.5**	**1767.4**	**1503.2**	**637**
1981	2067.7	208.0	231.2	220.8	497
1982	2183.0	221.6	171.5	246.9	533
1983	2399.0	271.7	198.7	275.0	588
1984	2815.8	317.9	363.6	338.6	702
1985	3478.2	419.3	802.5	421.8	866
"七五" 时期	**27865.7**	**3664.4**	**6201.5**	**3733.4**	**1334**
1986	4000.7	527.3	852.7	499.0	973
1987	4621.1	667.5	1059.7	568.5	1123
1988	5814.0	811.8	1483.6	685.9	1378
1989	6525.5	796.1	1536.4	812.9	1536
1990	6904.5	861.7	1269.2	1167.2	1663
"八五" 时期	**77296.0**	**11408.1**	**15610.5**	**11316.9**	**3289**
1991	8137.9	1017.7	1834.8	1420.5	1912
1992	10340.2	1417.9	2405.4	1689.2	2334
1993	14248.4	2269.9	2817.0	2174.3	3027
1994	19546.3	2968.8	3774.0	2788.2	4081
1995	25023.2	3733.7	4779.4	3244.7	5091
"九五" 时期	**172958.2**	**24729.1**	**34495.2**	**23930.9**	**6882**
1996	29528.9	4393.0	5600.5	3782.6	5898
1997	33022.6	4628.3	6328.4	4149.1	6481
1998	34133.9	4993.0	6914.3	4661.5	6860
1999	36014.4	5180.9	7492.2	5175.9	7229
2000	40258.5	5534.0	8159.8	6161.9	7942
"十五" 时期	**290724.5**	**39059.3**	**56713.1**	**42255.6**	**11149**
2001	43854.3	5945.5	9120.8	6871.3	8717
2002	47774.9	6482.1	9996.8	7494.3	9506
2003	55362.2	7510.8	11171.2	7914.8	10666
2004	65774.9	8720.5	12455.8	9306.5	12487
2005	77958.3	10400.5	13968.5	10668.8	14368
"十一五" 时期	**638866.3**	**96546.4**	**128573.2**	**78464.9**	**23664**
2006	92235.8	12450.1	16533.4	12186.3	16738
2007	111690.8	15348.0	20941.1	14605.1	20494
2008	131724.0	18807.6	26186.2	16367.6	24100
2009	138092.6	22681.5	29004.6	16522.4	26180
2010	165123.1	27259.3	35907.9	18783.6	30808
"十二五" 时期	**1094540.0**	**203882.5**	**280748.7**	**130701.8**	**43276**
2011	195139.1	32926.5	43734.5	21842.0	36277
2012	208901.4	36896.1	49835.5	23763.2	39771
2013	222333.2	40896.8	56288.9	26042.7	43497
2014	233197.4	45401.7	63170.4	28534.4	46912
2015	234968.9	47761.3	67719.6	30519.5	49922
"十三五" 时期	**1446376.6**	**317990.3**	**435521.8**	**193537.0**	**64163**
2016	245406.4	51498.9	73724.5	33028.7	53783
2017	275119.3	57905.6	81156.6	37121.9	59592
2018	301089.3	65493.0	88903.7	40337.2	65534
2019	311858.7	70648.1	95650.9	42466.3	70078
2020	312902.9	72444.7	96086.1	40582.9	71828
"十四五" 时期					
2021	374545.6	78741.2	110147.0	48423.9	81370
2022	395043.7	80766.0	116294.1	51076.9	85310
2023	399103.1	85691.1	123072.4	57819.8	89358

注：1.行业分类采用《国民经济行业分类(GB/T 4754－2017)》，其中工业包括采矿业，制造业，电力、热力、燃气及水生产和供应业(以下相关表同)。

2.各时期人均国内生产总值为该时期各年的平均数。

3-2　国内生产总值构成

(国内生产总值=100)

年　份	第一产业	第二产业	第三产业	#工　业	#建筑业	#批发和零售业	#交通运输、仓储和邮政业
1978	27.7	47.7	24.6	44.1	3.8	6.6	4.9
1980	29.6	48.1	22.3	43.9	4.3	4.2	4.7
1981	31.3	46.0	22.7	41.9	4.2	4.7	4.5
1982	32.8	44.6	22.6	40.6	4.1	3.2	4.6
1983	32.6	44.2	23.2	39.8	4.5	3.3	4.6
1984	31.5	42.9	25.5	38.7	4.4	5.0	4.7
1985	27.9	42.7	29.4	38.2	4.6	8.8	4.6
1986	26.6	43.5	29.8	38.6	5.1	8.2	4.8
1987	26.3	43.3	30.4	38.0	5.5	8.7	4.7
1988	25.2	43.5	31.2	38.3	5.3	9.8	4.5
1989	24.6	42.5	32.9	38.0	4.6	8.9	4.7
1990	26.6	41.0	32.4	36.6	4.6	6.7	6.2
1991	24.0	41.5	34.5	37.0	4.6	8.3	6.5
1992	21.3	43.1	35.6	38.0	5.2	8.8	6.2
1993	19.3	46.2	34.5	39.9	6.4	7.9	6.1
1994	19.5	46.2	34.4	40.2	6.1	7.8	5.7
1995	19.6	46.8	33.7	40.8	6.1	7.8	5.3
1996	19.3	47.1	33.6	41.1	6.1	7.8	5.3
1997	17.9	47.1	35.0	41.4	5.8	7.9	5.2
1998	17.2	45.8	37.0	40.1	5.9	8.1	5.5
1999	16.1	45.4	38.6	39.8	5.7	8.3	5.7
2000	14.7	45.5	39.8	40.1	5.5	8.1	6.1
2001	14.0	44.8	41.2	39.6	5.4	8.2	6.2
2002	13.3	44.5	42.2	39.3	5.3	8.2	6.2
2003	12.3	45.6	42.0	40.3	5.5	8.1	5.8
2004	12.9	45.9	41.2	40.6	5.4	7.7	5.8
2005	11.6	47.0	41.3	41.6	5.6	7.5	5.7
2006	10.6	47.6	41.8	42.0	5.7	7.5	5.6
2007	10.2	46.9	42.9	41.4	5.7	7.8	5.4
2008	10.2	47.0	42.9	41.3	5.9	8.2	5.1
2009	9.6	46.0	44.4	39.6	6.5	8.3	4.7
2010	9.3	46.5	44.2	40.1	6.6	8.7	4.6
2011	9.2	46.5	44.3	40.0	6.7	9.0	4.5
2012	9.1	45.4	45.5	38.8	6.9	9.3	4.4
2013	8.9	44.2	46.9	37.5	6.9	9.5	4.4
2014	8.6	43.1	48.3	36.2	7.1	9.8	4.4
2015	8.4	40.8	50.8	34.1	6.9	9.8	4.4
2016	8.1	39.6	52.4	32.9	6.9	9.9	4.4
2017	7.5	39.9	52.7	33.1	7.0	9.8	4.5
2018	7.0	39.7	53.3	32.8	7.1	9.7	4.4
2019	7.1	38.6	54.3	31.6	7.2	9.7	4.3
2020	7.7	37.8	54.5	30.9	7.1	9.5	4.0
2021	7.2	39.3	53.5	32.6	6.9	9.6	4.2
2022	7.3	39.3	53.4	32.8	6.7	9.7	4.2
2023	7.1	38.3	54.6	31.7	6.8	9.8	4.6

注：本表按当年价格计算。

3-3 国内生产总值指数(一)

(上年=100)

年份	国民总收入	国内生产总值			
			第一产业	第二产业	第三产业
1978	111.7	111.7	104.1	115.0	113.6
1980	107.8	107.8	98.5	113.5	106.1
1981	105.1	105.1	107.0	101.9	109.6
1982	109.2	109.0	111.5	105.6	112.7
1983	111.0	110.8	108.3	110.4	114.6
1984	115.3	115.2	112.9	114.4	119.4
1985	113.2	113.4	101.8	118.4	118.1
1986	108.6	108.9	103.3	110.2	112.3
1987	111.6	111.7	104.7	113.6	114.7
1988	111.3	111.2	102.5	114.3	113.2
1989	104.3	104.2	103.1	103.7	105.8
1990	104.1	103.9	107.3	103.2	102.7
1991	109.2	109.3	102.4	113.8	109.2
1992	114.1	114.2	104.7	121.0	112.6
1993	113.6	113.9	104.6	119.7	112.2
1994	113.1	113.0	103.9	118.1	111.4
1995	109.4	111.0	104.9	113.8	110.1
1996	110.1	109.9	105.0	112.1	109.2
1997	109.6	109.2	103.4	110.5	110.4
1998	107.3	107.8	103.4	108.9	108.4
1999	108.0	107.7	102.7	108.2	109.2
2000	108.6	108.5	102.3	109.5	109.8
2001	108.1	108.3	102.6	108.5	110.3
2002	109.6	109.1	102.7	109.9	110.5
2003	110.5	110.0	102.4	112.7	109.5
2004	110.5	110.1	106.1	111.1	110.1
2005	110.9	111.4	105.1	112.1	112.4
2006	113.3	112.7	104.8	113.5	114.1
2007	114.7	114.2	103.5	115.1	116.1
2008	110.1	109.7	105.2	109.8	110.5
2009	108.5	109.4	104.0	110.3	109.6
2010	110.3	110.6	104.3	112.7	109.7
2011	109.0	109.6	104.2	110.7	109.5
2012	108.6	107.9	104.5	108.4	108.0
2013	107.1	107.8	103.8	108.0	108.3
2014	108.4	107.4	104.1	107.2	108.3
2015	106.4	107.0	103.9	105.9	108.8
2016	106.8	106.8	103.3	106.0	108.1
2017	107.3	106.9	104.0	105.9	108.3
2018	106.4	106.7	103.5	105.8	108.0
2019	106.1	106.0	103.1	104.9	107.2
2020	101.7	102.2	103.1	102.5	101.9
2021	108.6	108.4	107.1	108.7	108.5
2022	102.8	103.0	104.2	102.6	103.0
2023	105.3	105.2	104.1	104.7	105.8

注：本表按不变价格计算。

3-3 国内生产总值指数(二)

(上年=100)

年 份	#工 业	#建筑业	#批发和零售业	#交通运输、仓储和邮政业	人均国内生产总值
1978	116.4	99.5	123.1	108.9	110.2
1980	112.6	126.6	98.1	104.3	106.5
1981	101.7	103.2	129.5	101.9	103.8
1982	105.8	103.4	99.3	111.4	107.4
1983	109.7	117.0	121.2	109.5	109.2
1984	114.8	110.8	124.7	114.9	113.7
1985	118.0	122.1	133.5	113.8	111.9
1986	109.6	115.8	109.4	113.9	107.3
1987	113.1	117.8	114.7	109.6	109.9
1988	115.1	108.0	111.8	112.5	109.4
1989	105.0	91.6	89.3	104.2	102.6
1990	103.4	101.2	94.7	108.3	102.4
1991	114.3	109.6	105.2	110.6	107.8
1992	121.0	121.0	110.5	110.1	112.8
1993	120.0	118.0	108.6	112.5	112.6
1994	118.8	113.6	108.2	108.5	111.8
1995	114.0	112.4	108.2	111.0	109.8
1996	112.5	108.5	107.6	111.0	108.8
1997	111.3	102.6	108.8	109.2	108.1
1998	108.9	109.0	106.5	110.6	106.8
1999	108.6	104.3	108.7	112.2	106.7
2000	109.9	105.7	109.4	108.6	107.6
2001	108.7	106.8	109.1	108.8	107.6
2002	110.0	108.8	108.8	107.1	108.4
2003	112.8	112.1	109.9	106.1	109.4
2004	111.6	108.2	106.6	114.5	109.5
2005	111.6	116.0	113.0	111.2	110.7
2006	112.9	117.2	119.5	110.0	112.1
2007	114.9	116.2	120.2	111.8	113.6
2008	110.0	109.5	115.9	107.3	109.1
2009	109.1	118.9	111.9	103.4	108.9
2010	112.6	113.8	114.6	109.5	110.1
2011	110.9	109.7	112.5	109.7	109.0
2012	108.1	109.8	110.3	106.1	107.1
2013	107.7	109.7	110.5	106.6	107.1
2014	106.7	109.6	110.3	106.9	106.8
2015	105.7	107.3	106.7	104.4	106.4
2016	105.7	107.7	107.7	106.9	106.2
2017	106.2	103.9	107.8	109.6	106.3
2018	106.1	104.8	106.7	108.3	106.3
2019	104.8	105.2	105.6	106.5	105.6
2020	102.4	102.7	99.1	100.8	102.0
2021	110.4	101.1	111.0	115.1	108.4
2022	102.7	102.9	102.5	100.7	103.0
2023	104.2	107.1	106.2	108.0	105.4

注：本表按不变价格计算。

3-3 国内生产总值指数(三)

(1978年=100)

年　　份	国民总收入	国内生产总　值	第一产业	第二产业	第三产业
1978	100.0	100.0	100.0	100.0	100.0
1980	116.0	116.0	104.6	122.8	114.4
1981	121.9	122.0	111.9	125.1	125.3
1982	133.1	132.9	124.8	132.1	141.2
1983	147.8	147.3	135.1	145.8	161.9
1984	170.5	169.6	152.6	166.9	193.2
1985	192.9	192.4	155.4	197.6	228.3
1986	209.6	209.6	160.5	217.8	256.4
1987	233.9	234.1	168.1	247.4	294.0
1988	260.3	260.4	172.3	282.8	332.7
1989	271.4	271.3	177.6	293.4	352.2
1990	282.7	281.9	190.7	302.8	361.6
1991	308.7	308.1	195.2	344.5	394.8
1992	352.1	351.9	204.2	416.9	444.6
1993	399.9	400.7	213.7	499.3	498.7
1994	452.1	453.0	222.2	589.8	555.4
1995	494.5	502.6	233.1	671.4	611.4
1996	544.5	552.5	244.9	752.6	667.7
1997	596.6	603.5	253.3	831.4	737.4
1998	640.3	650.8	262.0	905.5	799.3
1999	691.4	700.7	269.2	979.7	873.3
2000	751.0	760.2	275.4	1072.6	958.6
2001	811.8	823.6	282.7	1163.6	1057.0
2002	889.7	898.8	290.3	1278.8	1167.8
2003	982.9	989.0	297.2	1440.8	1279.2
2004	1086.2	1089.0	315.4	1601.3	1408.7
2005	1204.6	1213.1	331.4	1795.6	1582.8
2006	1364.9	1367.4	347.1	2037.1	1806.5
2007	1565.6	1562.0	359.3	2343.7	2096.8
2008	1723.4	1712.8	377.9	2574.3	2316.5
2009	1870.6	1873.8	393.0	2839.2	2538.5
2010	2064.2	2073.1	409.7	3199.3	2784.0
2011	2249.9	2271.1	426.8	3541.3	3048.1
2012	2444.0	2449.6	445.9	3837.5	3292.4
2013	2618.4	2639.9	462.8	4144.0	3565.7
2014	2839.5	2835.9	481.6	4440.5	3863.1
2015	3021.1	3035.6	500.4	4703.7	4202.2
2016	3227.4	3243.5	516.8	4987.4	4542.4
2017	3464.3	3468.8	537.2	5280.1	4918.0
2018	3686.7	3703.0	555.9	5585.9	5310.7
2019	3912.3	3923.3	573.1	5858.2	5692.0
2020	3979.0	4011.2	591.0	6002.6	5802.9
2021	4319.7	4350.0	632.8	6523.2	6295.3
2022	4440.0	4478.4	659.4	6695.3	6483.7
2023	4673.9	4713.5	686.1	7010.3	6859.6
平均每年增长(%)					
1979-2023年	8.9	8.9	4.4	9.9	9.9
1991-2023年	8.9	8.9	4.0	10.0	9.3
2001-2023年	8.3	8.3	4.0	8.5	8.9

注：本表按不变价格计算。

3-3 国内生产总值指数(四)

(1978年=100)

年份	#工业	#建筑业	#批发和零售业	#交通运输、仓储和邮政业	人均国内生产总值
1978	100.0	100.0	100.0	100.0	100.0
1980	122.4	129.2	106.7	112.9	113.1
1981	124.5	133.3	138.2	115.0	117.3
1982	131.7	137.9	137.2	128.1	126.0
1983	144.5	161.3	166.3	140.2	137.6
1984	165.9	178.8	207.4	161.1	156.4
1985	195.8	218.4	277.0	183.3	175.1
1986	214.7	253.0	303.1	208.8	187.9
1987	242.9	298.1	347.7	228.8	206.5
1988	279.5	321.8	388.7	257.5	226.0
1989	293.6	294.8	347.1	268.3	231.9
1990	303.5	298.3	328.8	290.7	237.5
1991	346.9	326.8	345.8	321.4	256.0
1992	419.9	395.4	382.2	353.7	288.8
1993	503.7	466.4	415.0	398.0	325.1
1994	598.3	530.0	449.0	432.0	363.4
1995	682.0	595.7	485.9	479.4	398.9
1996	767.2	646.4	523.0	532.3	433.9
1997	854.1	663.4	568.9	581.3	469.1
1998	930.0	723.2	605.9	642.8	501.1
1999	1009.7	754.3	658.7	721.1	534.8
2000	1109.2	797.3	720.7	782.9	575.7
2001	1205.9	851.5	786.3	851.9	619.1
2002	1327.0	926.6	855.5	912.6	671.2
2003	1496.2	1038.5	940.6	968.5	734.0
2004	1669.1	1123.2	1002.3	1108.8	803.4
2005	1863.5	1302.9	1132.9	1233.0	889.7
2006	2104.4	1527.4	1353.4	1355.9	997.3
2007	2418.9	1774.7	1627.0	1516.0	1133.3
2008	2660.1	1943.5	1884.9	1627.0	1236.3
2009	2901.9	2311.8	2109.2	1681.9	1345.8
2010	3266.9	2631.4	2417.0	1841.1	1481.8
2011	3624.4	2887.3	2718.3	2019.0	1614.5
2012	3918.9	3168.9	2998.2	2141.9	1729.6
2013	4222.0	3475.6	3313.5	2283.2	1851.6
2014	4506.5	3810.8	3653.4	2441.3	1976.6
2015	4762.9	4090.3	3899.1	2549.8	2103.5
2016	5033.4	4405.6	4198.3	2725.3	2234.7
2017	5346.7	4578.7	4526.5	2985.7	2375.6
2018	5672.6	4799.5	4829.0	3232.6	2524.1
2019	5944.3	5051.1	5099.7	3442.5	2664.8
2020	6085.4	5188.7	5054.4	3471.0	2718.0
2021	6716.8	5243.6	5608.7	3996.1	2945.0
2022	6894.9	5398.2	5747.6	4024.4	3032.3
2023	7185.8	5779.2	6104.2	4344.8	3194.8
平均每年增长(%)					
1979-2023年	10.0	9.4	9.6	8.7	8.0
1991-2023年	10.1	9.4	9.3	8.5	8.2
2001-2023年	8.5	9.0	9.7	7.7	7.7

注：本表按不变价格计算。

3-4 三次产业对国内生产总值增长的贡献率和拉动

年 份	第一产业		第二产业		第三产业	
	贡献率 (%)	拉 动 (百分点)	贡献率 (%)	拉 动 (百分点)	贡献率 (%)	拉 动 (百分点)
1990	40.2	1.6	39.8	1.6	20.0	0.8
1991	6.8	0.6	61.1	5.7	32.2	3.0
1992	8.1	1.2	63.2	9.0	28.7	4.1
1993	7.6	1.1	64.4	8.9	28.0	3.9
1994	6.3	0.8	66.3	8.6	27.4	3.6
1995	8.7	1.0	62.8	6.9	28.5	3.1
1996	9.3	0.9	62.2	6.2	28.5	2.8
1997	6.5	0.6	59.0	5.5	34.5	3.2
1998	7.2	0.6	59.7	4.7	33.0	2.6
1999	5.6	0.4	56.9	4.4	37.4	2.9
2000	4.1	0.4	59.6	5.1	36.2	3.1
2001	4.6	0.4	46.4	3.9	49.0	4.1
2002	4.1	0.4	49.4	4.5	46.5	4.2
2003	3.1	0.3	57.9	5.8	39.0	3.9
2004	7.3	0.7	51.8	5.2	40.8	4.1
2005	5.2	0.6	50.5	5.8	44.3	5.0
2006	4.4	0.6	49.7	6.3	45.9	5.8
2007	2.7	0.4	50.1	7.1	47.3	6.7
2008	5.2	0.5	48.6	4.7	46.2	4.5
2009	4.0	0.4	52.3	4.9	43.7	4.1
2010	3.6	0.4	57.4	6.1	39.0	4.2
2011	4.1	0.4	52.0	5.0	43.9	4.2
2012	5.0	0.4	50.0	3.9	45.0	3.5
2013	4.2	0.3	48.5	3.8	47.2	3.7
2014	4.5	0.3	45.6	3.4	49.9	3.7
2015	4.4	0.3	39.7	2.8	55.9	3.9
2016	4.0	0.3	36.0	2.5	60.0	4.1
2017	4.6	0.3	34.2	2.4	61.1	4.2
2018	4.1	0.3	34.4	2.3	61.5	4.2
2019	3.9	0.2	32.6	1.9	63.5	3.8
2020	10.4	0.2	43.3	1.0	46.3	1.0
2021	6.4	0.5	38.9	3.3	54.7	4.6
2022	10.8	0.3	33.9	1.0	55.3	1.6
2023	5.9	0.3	33.9	1.8	60.2	3.2

注：本表按不变价格计算。产业贡献率指各产业增加值增量与国内生产总值增量之比，产业拉动指国内生产总值增长速度与各产业贡献率之乘积。

3-5 地区生产总值

(2023年)

地 区	地 区 生产总值 (亿元)	第一产业	第二产业	第三产业	地区生产总值指数 (上年=100)	人均地区生产总值 (元)	人均地区生产总值指数 (上年=100)
北 京	43760.7	105.5	6525.6	37129.6	105.2	200278	105.2
天 津	16737.3	268.5	5982.6	10486.2	104.3	122752	104.6
河 北	43944.1	4466.2	16435.3	23042.6	105.5	59332	105.8
山 西	25698.2	1388.9	13329.7	10979.6	105.0	73984	105.2
内蒙古	24627.0	2737.3	11703.6	10186.1	107.3	102677	107.4
辽 宁	30209.4	2651.0	11734.5	15823.9	105.3	72107	105.9
吉 林	13531.2	1644.8	4585.0	7301.4	106.3	57739	107.1
黑龙江	15883.9	3518.3	4291.3	8074.3	102.6	51563	103.6
上 海	47218.7	96.1	11613.0	35509.6	105.0	190321	105.0
江 苏	128222.2	5075.8	56909.7	66236.7	105.8	150487	105.6
浙 江	82553.2	2332.0	33952.7	46268.6	106.0	125043	105.3
安 徽	47050.6	3496.6	18871.8	24682.2	105.8	76830	105.7
福 建	54355.1	3217.7	23966.4	27171.0	104.5	129865	104.5
江 西	32200.1	2450.4	13706.5	16043.2	104.1	71216	104.1
山 东	92068.7	6506.2	35987.9	49574.6	106.0	90771	106.2
河 南	59132.4	5360.1	22175.3	31597.0	104.1	60073	104.4
湖 北	55803.6	5073.4	20215.5	30514.7	106.0	95538	105.9
湖 南	50012.9	4621.3	18822.8	26568.8	104.6	75938	105.0
广 东	135673.2	5540.7	54437.3	75695.2	104.8	106985	104.7
广 西	27202.4	4468.2	8924.1	13810.1	104.1	54005	104.2
海 南	7551.2	1507.4	1448.5	4595.3	109.2	72958	108.0
重 庆	30145.8	2074.7	11699.1	16372.0	106.1	94147	106.4
四 川	60132.9	6056.6	21306.7	32769.5	106.0	71835	106.0
贵 州	20913.3	2894.3	7311.4	10707.5	104.9	54172	104.7
云 南	30021.1	4206.6	10256.3	15558.2	104.4	64107	104.6
西 藏	2392.7	215.0	883.0	1294.7	109.5	65642	109.7
陕 西	33786.1	2649.8	16068.9	15067.4	104.3	85448	104.3
甘 肃	11863.8	1641.3	4080.8	6141.8	106.4	47867	106.9
青 海	3799.1	387.0	1612.8	1799.2	105.3	63903	105.3
宁 夏	5315.0	428.1	2487.2	2399.6	106.6	72957	106.3
新 疆	19125.9	2742.2	7710.3	8673.4	106.8	73774	106.6

注：本表绝对量按当年价格计算，指数按不变价格计算。

3-6 支出法国内生产总值

单位：亿元

年　份	支 出 法 国内生产总值	最终消费 支　出	资本形成 总　额	货物和服务 净出口
1978	3605.6	2233.6	1383.3	-11.4
1980	4540.5	2967.7	1587.5	-14.7
“六五”时期	**32740.4**	**21623.7**	**11323.6**	**-206.9**
1981	4921.6	3278.2	1626.3	17.1
1982	5386.3	3576.8	1718.4	91.1
1983	6034.2	4061.2	1922.2	50.8
1984	7290.1	4786.6	2502.2	1.3
1985	9108.1	5920.8	3554.4	-367.1
“七五”时期	**74018.5**	**46859.8**	**27229.4**	**-70.8**
1986	10390.3	6730.8	3914.6	-255.2
1987	12198.0	7643.5	4543.7	10.8
1988	15210.5	9429.4	5932.2	-151.2
1989	17250.5	11043.7	6392.4	-185.5
1990	18969.3	12012.4	6446.6	510.3
“八五”时期	**194174.1**	**115205.4**	**77122.3**	**1846.4**
1991	21997.2	13625.6	7754.0	617.6
1992	27140.3	16239.3	10625.4	275.6
1993	35576.0	20814.9	15440.5	-679.5
1994	48410.3	28296.8	19479.4	634.1
1995	61050.4	36228.7	23823.0	998.6
“九五”时期	**425642.2**	**262589.0**	**149495.2**	**13557.9**
1996	71541.5	43122.3	26960.1	1459.1
1997	79415.8	47548.7	28317.1	3550.0
1998	84790.8	51501.8	29659.7	3629.3
1999	90095.1	56667.3	30891.2	2536.6
2000	99799.0	63748.9	33667.1	2383.0
“十五”时期	**717874.9**	**413890.6**	**281155.9**	**22828.4**
2001	110388.4	68661.1	39402.5	2324.7
2002	121326.7	74227.5	44005.0	3094.2
2003	137146.7	79735.0	54446.8	2964.9
2004	161355.6	89394.4	67725.6	4235.6
2005	187657.5	101872.5	75576.0	10209.1
“十一五”时期	**1564320.2**	**788120.6**	**681800.9**	**94398.7**
2006	219597.5	115364.3	87578.6	16654.6
2007	270499.4	137737.1	109339.3	23423.1
2008	318067.6	158899.2	134941.6	24226.8
2009	347650.3	174538.6	158074.5	15037.1
2010	408505.4	201581.4	191866.9	15057.1
“十二五”时期	**2958135.4**	**1536806.7**	**1344494.8**	**76833.9**
2011	484109.3	244747.3	227673.5	11688.5
2012	539039.9	275443.9	248960.0	14636.0
2013	596344.5	306663.7	275128.7	14552.1
2014	646548.0	338031.2	294906.1	13610.8
2015	692093.7	371920.7	297826.5	22346.5
“十三五”时期	**4507074.3**	**2486902.5**	**1944898.8**	**75273.0**
2016	745980.5	410806.4	318198.5	16975.6
2017	828982.8	456518.2	357886.1	14578.4
2018	915774.3	506134.9	402585.2	7054.2
2019	990708.4	552631.7	426678.7	11397.9
2020	1025628.4	560811.1	439550.3	25266.9
“十四五”时期				
2021	1145282.9	619688.2	495784.3	29810.5
2022	1202471.0	643827.8	519793.2	38849.9
2023	1258647.3	701360.6	530439.7	26847.0

注：本表按当年价格计算。

3-7 支出法国内生产总值主要构成项

单位：亿元

年　　份	最终消费支出		资本形成总额		货物和服务净出口	
	居民消费支　出	政府消费支　出	固定资本形成总额	存货变动	货物和服务出口	货物和服务进口
1978	1759.1	474.5	1079.3	304.0		
1980	2336.9	630.8	1310.2	277.3		
"六五"时期	**17032.6**	**4591.1**	**9462.4**	**1861.2**		
1981	2627.5	650.7	1345.4	280.9		
1982	2867.1	709.7	1517.4	201.0		
1983	3220.9	840.3	1696.5	225.7		
1984	3689.5	1097.1	2134.1	368.1		
1985	4627.4	1293.3	2768.9	785.5		
"七五"时期	**37086.3**	**9773.5**	**20573.1**	**6656.3**		
1986	5293.5	1437.3	3212.4	702.2		
1987	6047.6	1595.9	3720.4	823.3		
1988	7532.1	1897.2	4713.9	1218.3		
1989	8778.0	2265.7	4399.1	1993.3		
1990	9435.0	2577.4	4527.4	1919.2		
"八五"时期	**88060.3**	**27145.1**	**63730.0**	**13392.3**		
1991	10544.5	3081.1	5656.3	2097.7		
1992	12312.2	3927.1	8252.8	2372.6		
1993	15694.9	5120.1	13232.0	2208.5		
1994	21443.2	6853.6	16751.0	2728.4		
1995	28065.6	8163.2	19837.9	3985.1		
"九五"时期	**197707.6**	**64881.5**	**137587.6**	**11907.6**		
1996	33644.1	9478.1	22723.3	4236.8		
1997	36585.8	10962.9	24714.1	3603.0		
1998	38768.5	12733.3	28014.5	1645.2		
1999	41845.8	14821.5	29467.0	1424.2		
2000	46863.3	16885.6	32668.7	998.4		
"十五"时期	**303700.0**	**110190.6**	**270161.1**	**10994.8**		
2001	50464.7	18196.5	37087.6	2314.9		
2002	54667.0	19560.5	42672.1	1332.9		
2003	58689.9	21045.1	52574.5	1872.3		
2004	65724.8	23669.7	63974.9	3750.7		
2005	74153.7	27718.8	73852.0	1724.0		
"十一五"时期	**558315.7**	**229804.9**	**645756.2**	**36044.7**		
2006	82842.4	32521.9	84978.6	2600.0		
2007	98231.3	39505.8	102344.6	6994.6		
2008	112654.7	46244.5	124700.7	10240.9		
2009	123121.9	51416.7	152691.1	5383.4		
2010	141465.5	60115.9	181041.1	10825.8		
"十二五"时期	**1069893.8**	**466912.9**	**1288529.7**	**55965.1**		
2011	170390.8	74356.5	214017.2	13656.3		
2012	190584.8	84859.1	238320.7	10639.3		
2013	212477.3	94186.4	263979.9	11148.8		
2014	236238.5	101792.7	282241.6	12664.4		
2015	260202.4	111718.2	289970.2	7856.3		
"十三五"时期	**1737855.9**	**749046.6**	**1905369.0**	**39529.8**	**856113.4**	**780840.4**
2016	288668.2	122138.3	310144.8	8053.7	146176.8	129201.2
2017	320689.5	135828.7	348300.1	9586.0	163846.8	149268.4
2018	354124.4	152010.6	393847.9	8737.3	175694.0	168639.8
2019	387188.1	165443.6	422451.3	4227.4	182469.7	171071.8
2020	387185.8	173625.4	430624.9	8925.4	187926.1	162659.2
"十四五"时期						
2021	438015.2	181673.0	482119.3	13664.9	229165.8	199355.3
2022	450468.1	193359.7	504834.6	14958.6	250234.6	211384.7
2023	493247.2	208113.4	521112.3	9327.4	247945.7	221098.7

注：1.本表按当年价格计算。

2.自2016年起，增加货物和服务出口、货物和服务进口两个指标。

3-8 支出法国内生产总值构成

(支出法国内生产总值=100)

年 份	最终消费支出	居民消费支出	政府消费支出	资本形成总额	固定资本形成总额	存货变动	货物和服务净出口
1978	61.9	48.8	13.2	38.4	29.9	8.4	-0.3
1980	65.4	51.5	13.9	35.0	28.9	6.1	-0.3
1981	66.6	53.4	13.2	33.0	27.3	5.7	0.3
1982	66.4	53.2	13.2	31.9	28.2	3.7	1.7
1983	67.3	53.4	13.9	31.9	28.1	3.7	0.8
1984	65.7	50.6	15.0	34.3	29.3	5.0	0.0
1985	65.0	50.8	14.2	39.0	30.4	8.6	-4.0
1986	64.8	50.9	13.8	37.7	30.9	6.8	-2.5
1987	62.7	49.6	13.1	37.2	30.5	6.7	0.1
1988	62.0	49.5	12.5	39.0	31.0	8.0	-1.0
1989	64.0	50.9	13.1	37.1	25.5	11.6	-1.1
1990	63.3	49.7	13.6	34.0	23.9	10.1	2.7
1991	61.9	47.9	14.0	35.2	25.7	9.5	2.8
1992	59.8	45.4	14.5	39.1	30.4	8.7	1.0
1993	58.5	44.1	14.4	43.4	37.2	6.2	-1.9
1994	58.5	44.3	14.2	40.2	34.6	5.6	1.3
1995	59.3	46.0	13.4	39.0	32.5	6.5	1.6
1996	60.3	47.0	13.2	37.7	31.8	5.9	2.0
1997	59.9	46.1	13.8	35.7	31.1	4.5	4.5
1998	60.7	45.7	15.0	35.0	33.0	1.9	4.3
1999	62.9	46.4	16.5	34.3	32.7	1.6	2.8
2000	63.9	47.0	16.9	33.7	32.7	1.0	2.4
2001	62.2	45.7	16.5	35.7	33.6	2.1	2.1
2002	61.2	45.1	16.1	36.3	35.2	1.1	2.6
2003	58.1	42.8	15.3	39.7	38.3	1.4	2.2
2004	55.4	40.7	14.7	42.0	39.6	2.3	2.6
2005	54.3	39.5	14.8	40.3	39.4	0.9	5.4
2006	52.5	37.7	14.8	39.9	38.7	1.2	7.6
2007	50.9	36.3	14.6	40.4	37.8	2.6	8.7
2008	50.0	35.4	14.5	42.4	39.2	3.2	7.6
2009	50.2	35.4	14.8	45.5	43.9	1.5	4.3
2010	49.3	34.6	14.7	47.0	44.3	2.7	3.7
2011	50.6	35.2	15.4	47.0	44.2	2.8	2.4
2012	51.1	35.4	15.7	46.2	44.2	2.0	2.7
2013	51.4	35.6	15.8	46.1	44.3	1.9	2.4
2014	52.3	36.5	15.7	45.6	43.7	2.0	2.1
2015	53.7	37.6	16.1	43.0	41.9	1.1	3.2
2016	55.1	38.7	16.4	42.7	41.6	1.1	2.3
2017	55.1	38.7	16.4	43.2	42.0	1.2	1.8
2018	55.3	38.7	16.6	44.0	43.0	1.0	0.8
2019	55.8	39.1	16.7	43.1	42.6	0.4	1.2
2020	54.7	37.8	16.9	42.9	42.0	0.9	2.5
2021	54.1	38.2	15.9	43.3	42.1	1.2	2.6
2022	53.5	37.5	16.1	43.2	42.0	1.2	3.2
2023	55.7	39.2	16.5	42.1	41.4	0.7	2.1

注：本表按当年价格计算。

3-9 三大需求对国内生产总值增长的贡献率和拉动

年份	最终消费支出		资本形成总额		货物和服务净出口	
	贡献率 (%)	拉动 (百分点)	贡献率 (%)	拉动 (百分点)	贡献率 (%)	拉动 (百分点)
1978	38.7	4.5	66.7	7.8	-5.4	-0.6
1980	78.1	6.1	20.1	1.6	1.8	0.1
1981	89.4	4.6	-1.7	-0.1	12.3	0.6
1982	56.7	5.1	22.6	2.0	20.7	1.9
1983	75.0	8.1	33.0	3.6	-8.0	-0.9
1984	69.3	10.5	41.3	6.3	-10.6	-1.6
1985	71.9	9.7	79.6	10.7	-51.5	-6.9
1986	50.6	4.5	15.2	1.4	34.2	3.1
1987	41.5	4.8	25.9	3.0	32.6	3.8
1988	43.8	4.9	55.3	6.2	0.9	0.1
1989	79.4	3.3	0.0	0.0	20.6	0.9
1990	89.0	3.5	-69.4	-2.7	80.5	3.2
1991	61.2	5.7	37.2	3.4	1.6	0.2
1992	56.9	8.1	52.3	7.4	-9.2	-1.3
1993	58.5	8.1	54.8	7.6	-13.3	-1.9
1994	35.1	4.6	33.7	4.4	31.2	4.1
1995	46.7	5.1	46.1	5.0	7.2	0.8
1996	62.3	6.2	33.8	3.4	3.8	0.4
1997	42.6	3.9	14.5	1.3	42.9	4.0
1998	65.6	5.1	27.7	2.2	6.7	0.5
1999	88.7	6.8	21.2	1.6	-9.9	-0.8
2000	78.8	6.7	21.7	1.8	-0.5	0.0
2001	50.0	4.2	63.5	5.3	-13.5	-1.1
2002	58.1	5.3	40.0	3.7	1.9	0.2
2003	36.1	3.6	68.8	6.9	-4.9	-0.5
2004	42.9	4.3	62.0	6.3	-4.9	-0.5
2005	56.8	6.5	33.1	3.8	10.1	1.1
2006	43.2	5.5	42.5	5.4	14.3	1.8
2007	47.9	6.8	44.2	6.3	7.8	1.1
2008	44.0	4.2	53.3	5.1	2.7	0.3
2009	57.6	5.4	85.3	8.0	-42.8	-4.0
2010	47.4	5.0	63.4	6.7	-10.8	-1.1
2011	65.7	6.3	41.1	3.9	-6.8	-0.6
2012	55.4	4.4	42.1	3.3	2.5	0.2
2013	50.2	3.9	53.1	4.1	-3.3	-0.3
2014	56.3	4.2	45.0	3.3	-1.3	-0.1
2015	69.0	4.9	22.6	1.6	8.4	0.6
2016	66.0	4.5	45.7	3.1	-11.7	-0.8
2017	55.9	3.9	39.5	2.7	4.7	0.3
2018	64.0	4.3	43.2	2.9	-7.2	-0.5
2019	58.6	3.5	28.9	1.7	12.6	0.7
2020	-6.8	-0.2	81.5	1.8	25.3	0.6
2021	58.3	4.9	19.8	1.7	21.9	1.9
2022	39.4	1.2	46.8	1.4	13.8	0.4
2023	82.5	4.3	28.9	1.5	-11.4	-0.6

注：1.本表按不变价格计算。三大需求指支出法国内生产总值的三大构成项目,即最终消费支出、资本形成总额、货物和服务净出口。
2.贡献率指三大需求增量分别与支出法国内生产总值增量之比。
3.拉动指国内生产总值增长速度分别与三大需求贡献率的乘积。

3-10 居民消费水平

年 份	绝对数(元)			指数（1978年=100）		
	全体居民	城镇居民	农村居民	全体居民	城镇居民	农村居民
1978	184	393	139	100.0	100.0	100.0
1980	238	490	178	116.8	113.8	115.0
1981	264	517	202	126.1	117.3	126.5
1982	284	504	227	133.1	111.9	139.8
1983	315	547	252	145.3	119.1	153.1
1984	356	621	280	160.9	131.9	167.2
1985	440	750	346	181.3	141.6	191.3
1986	496	847	385	191.6	150.2	199.6
1987	558	953	427	203.1	156.8	211.3
1988	684	1200	506	212.6	164.7	218.5
1989	785	1345	588	221.3	166.3	231.0
1990	831	1404	627	227.5	168.6	238.8
1991	916	1619	661	242.2	186.7	244.4
1992	1057	2009	701	265.8	218.7	248.9
1993	1332	2661	822	293.8	251.3	260.0
1994	1799	3644	1073	313.7	268.6	273.1
1995	2329	4767	1344	339.7	294.2	286.9
1996	2763	5378	1655	372.3	305.9	326.6
1997	2974	5635	1768	389.2	311.2	339.7
1998	3122	5896	1778	411.0	328.6	344.3
1999	3340	6335	1793	445.2	358.6	352.0
2000	3712	6972	1917	491.9	393.0	375.2
2001	3968	7272	2032	520.7	406.5	392.7
2002	4270	7662	2157	563.1	430.6	418.5
2003	4555	7977	2292	593.4	443.4	437.7
2004	5071	8718	2521	632.7	466.6	454.9
2005	5688	9637	2784	693.0	505.4	485.8
2006	6319	10516	3066	748.3	535.4	521.4
2007	7454	12217	3538	841.4	595.5	566.8
2008	8504	13722	3981	904.2	632.2	593.8
2009	9249	14687	4295	999.4	686.6	654.0
2010	10575	16570	4782	1074.7	726.9	689.2
2011	12668	19218	5880	1179.7	776.3	764.0
2012	14074	20869	6573	1286.9	831.0	826.1
2013	15586	22620	7397	1388.9	878.2	903.9
2014	17220	24430	8365	1505.1	930.3	1002.3
2015	18857	26119	9409	1648.4	994.3	1129.1
2016	20801	28154	10609	1783.2	1050.4	1251.4
2017	22968	30323	12145	1901.7	1092.0	1386.6
2018	25245	32483	13985	2041.9	1143.0	1558.8
2019	27504	34900	15382	2166.0	1195.9	1668.2
2020	27439	34043	16046	2111.9	1140.7	1697.9
2021	31013	37995	18434	2352.8	1254.0	1927.1
2022	31899	38574	19520	2374.1	1248.9	2002.1
2023	34964	42050	21398	2586.5	1353.3	2181.6

注：1.本表绝对数按当年价格计算，指数按不变价格计算。
2.居民消费水平指按年中常住人口计算的人均居民消费支出。

3-11　2022年资金流量表(非金融交易)(一)

单位：亿元

机构部门	非金融企业部门		金融机构部门		广义政府部门	
交易项目	运　用	来　源	运　用	来　源	运　用	来　源
一、净出口						
二、增加值		**762031.6**		**93285.3**		**121378.7**
三、劳动者报酬	**343518.0**		**24562.4**		**107395.5**	
四、生产税净额	**93601.2**		**9997.9**		**329.7**	**103532.8**
五、财产收入	**93200.1**	**35659.4**	**96044.3**	**87484.5**	**14592.6**	**31387.7**
(一)利息	42314.3	22521.4	84897.2	83701.1	12434.8	8176.7
(二)红利	35853.7	12931.4	5325.5	3783.4		7892.7
(三)地租	15005.6					15009.8
(四)其他	26.4	206.6	5821.6		2157.8	308.5
六、初次分配总收入		**267371.8**		**50165.2**		**133981.4**
七、经常转移	**41423.2**	**3113.9**	**17065.1**	**8011.2**	**82849.2**	**147910.3**
(一)所得税、财产税等经常税	34387.2		9308.2			58627.3
(二)社会保险缴款						79504.4
(三)社会保险福利					65947.0	
(四)社会补助	774.0				16640.2	
(五)其他	6262.0	3113.9	7756.9	8011.2	262.0	9778.5
八、可支配总收入		**229062.5**		**41111.2**		**199042.5**
九、实物社会转移					**79883.5**	
十、调整后可支配总收入		**229062.5**		**41111.2**		**119158.9**
十一、实际最终消费					**113476.2**	
(一)居民实际最终消费						
(二)政府实际最终消费					113476.2	
十二、总储蓄		**229062.5**		**41111.2**		**5682.7**
十三、资本转移		**10299.4**			**10335.5**	**16.0**
(一)投资性补助		10299.4			10299.4	
(二)其他					36.1	16.0
十四、资本形成总额	**338229.0**		**2552.4**		**63517.5**	
(一)固定资本形成总额	325102.9		2552.4		63499.3	
(二)存货变动	13126.1				18.2	
十五、其他非金融资产获得减处置	**56966.0**				**-32891.3**	
十六、净金融投资	**-155833.0**		**38558.8**		**-35263.0**	

注：2022年实行一次性退还增值税存量留抵退税政策，根据权责发生制原则，该部分税额将在以往年份进行分摊。

3-11 2022年资金流量表(非金融交易)(二)

单位：亿元

机构部门	住户部门		国内合计	
交易项目	运 用	来 源	运 用	来 源
一、净出口				
二、增加值		**228028.3**		**1204724.0**
三、劳动者报酬	**158614.9**	**634272.7**	**634090.9**	**634272.7**
四、生产税净额	**-396.1**		**103532.8**	**103532.8**
五、财产收入	**17609.0**	**56409.9**	**221445.9**	**210941.5**
(一)利息	17604.8	42959.9	157251.0	157359.1
(二)红利		5735.4	41179.3	30342.9
(三)地租	4.2		15009.8	15009.8
(四)其他		7714.6	8005.8	8229.7
六、初次分配总收入		**742883.0**		**1194401.4**
七、经常转移	**107322.4**	**90980.5**	**248660.0**	**250015.9**
(一)所得税、财产税等经常税	14932.0		58627.3	58627.3
(二)社会保险缴款	79504.4		79504.4	79504.4
(三)社会保险福利		65947.0	65947.0	65947.0
(四)社会补助		17414.2	17414.2	17414.2
(五)其他	12886.1	7619.3	27167.0	28522.9
八、可支配总收入		**726541.1**		**1195757.3**
九、实物社会转移		**79883.5**	**79883.5**	**79883.5**
十、调整后可支配总收入		**806424.6**		**1195757.3**
十一、实际最终消费	**530351.6**		**643827.8**	
(一)居民实际最终消费	530351.6		530351.6	
(二)政府实际最终消费			113476.2	
十二、总储蓄		**276073.0**		**551929.5**
十三、资本转移			**10335.5**	**10315.4**
(一)投资性补助			10299.4	10299.4
(二)其他			36.1	16.0
十四、资本形成总额	**115494.3**		**519793.2**	
(一)固定资本形成总额	113680.0		504834.6	
(二)存货变动	1814.2		14958.6	
十五、其他非金融资产获得减处置	**-24074.6**			
十六、净金融投资	**184653.4**		**32116.2**	

3-11 2022年资金流量表(非金融交易)(三)

单位：亿元

机构部门 交易项目	国外		合计	
	运用	来源	运用	来源
一、净出口		**-38930.5**		**-38930.5**
二、增加值				**1204724.0**
三、劳动者报酬	**1383.8**	**1202.0**	**635474.7**	**635474.7**
四、生产税净额			**103532.8**	**103532.8**
五、财产收入	**16878.8**	**27383.2**	**238324.7**	**238324.7**
(一)利息	3665.4	3557.3	160916.4	160916.4
(二)红利	12931.4	23767.7	54110.7	54110.7
(三)地租			15009.8	15009.8
(四)其他	282.0	58.2	8287.8	8287.8
六、初次分配总收入				**1194401.4**
七、经常转移	**2984.9**	**1629.0**	**251644.9**	**251644.9**
(一)所得税、财产税等经常税			58627.3	58627.3
(二)社会保险缴款			79504.4	79504.4
(三)社会保险福利			65947.0	65947.0
(四)社会补助			17414.2	17414.2
(五)其他	2984.9	1629.0	30151.9	30151.9
八、可支配总收入				**1195757.3**
九、实物社会转移			**79883.5**	**79883.5**
十、调整后可支配总收入				**1195757.3**
十一、实际最终消费			**643827.8**	
(一)居民实际最终消费			530351.6	
(二)政府实际最终消费			113476.2	
十二、总储蓄		**-29963.8**		**521965.7**
十三、资本转移	**16.0**	**36.1**	**10351.6**	**10351.6**
(一)投资性补助			10299.4	10299.4
(二)其他	16.0	36.1	52.2	52.2
十四、资本形成总额			**519793.2**	
(一)固定资本形成总额			504834.6	
(二)存货变动			14958.6	
十五、其他非金融资产获得减处置				
十六、净金融投资	**-29943.8**		**2172.4**	

4-1 分城乡就业人数及构成

年份	就业人员总计(万人)	城镇(万人)	城镇比重(%)	乡村(万人)	乡村比重(%)
1978	40152	9514	23.7	30638	76.3
1980	42361	10525	24.8	31836	75.2
1981	43725	11053	25.3	32672	74.7
1982	45295	11428	25.2	33867	74.8
1983	46436	11746	25.3	34690	74.7
1984	48197	12229	25.4	35968	74.6
1985	49873	12808	25.7	37065	74.3
1986	51282	13292	25.9	37990	74.1
1987	52783	13783	26.1	39000	73.9
1988	54334	14267	26.3	40067	73.7
1989	55329	14390	26.0	40939	74.0
1990	64749	17041	26.3	47708	73.7
1991	65491	17465	26.7	48026	73.3
1992	66152	17861	27.0	48291	73.0
1993	66808	18262	27.3	48546	72.7
1994	67455	18653	27.7	48802	72.3
1995	68065	19040	28.0	49025	72.0
1996	68950	19922	28.9	49028	71.1
1997	69820	20781	29.8	49039	70.2
1998	70637	21616	30.6	49021	69.4
1999	71394	22412	31.4	48982	68.6
2000	72085	23151	32.1	48934	67.9
2001	72797	24123	33.1	48674	66.9
2002	73280	25159	34.3	48121	65.7
2003	73736	26230	35.6	47506	64.4
2004	74264	27293	36.8	46971	63.2
2005	74647	28389	38.0	46258	62.0
2006	74978	29630	39.5	45348	60.5
2007	75321	30953	41.1	44368	58.9
2008	75564	32103	42.5	43461	57.5
2009	75828	33322	43.9	42506	56.1
2010	76105	34687	45.6	41418	54.4
2011	76196	36003	47.3	40193	52.7
2012	76254	37287	48.9	38967	51.1
2013	76301	38527	50.5	37774	49.5
2014	76349	39703	52.0	36646	48.0
2015	76320	40916	53.6	35404	46.4
2016	76245	42051	55.2	34194	44.8
2017	76058	43208	56.8	32850	43.2
2018	75782	44292	58.4	31490	41.6
2019	75447	45249	60.0	30198	40.0
2020	75064	46271	61.6	28793	38.4
2021	74652	46773	62.7	27879	37.3
2022	73351	45931	62.6	27420	37.4
2023	74041	47032	63.5	27009	36.5

注：1990年以后数据根据劳动力调查、全国人口普查推算，其中1991-2019年非普查年份数据已根据历次人口普查修订(以下相关表同)。

4-2 分三次产业就业人数及构成

年份	就业人员总计（万人）	第一产业（万人）	比重（%）	第二产业（万人）	比重（%）	第三产业（万人）	比重（%）
1978	40152	28318	70.5	6945	17.3	4890	12.2
1980	42361	29122	68.7	7707	18.2	5532	13.1
1981	43725	29777	68.1	8003	18.3	5945	13.6
1982	45295	30859	68.1	8346	18.4	6090	13.5
1983	46436	31151	67.1	8679	18.7	6606	14.2
1984	48197	30868	64.0	9590	19.9	7739	16.1
1985	49873	31130	62.4	10384	20.8	8359	16.8
1986	51282	31254	60.9	11216	21.9	8811	17.2
1987	52783	31663	60.0	11726	22.2	9395	17.8
1988	54334	32249	59.3	12152	22.4	9933	18.3
1989	55329	33225	60.1	11976	21.6	10129	18.3
1990	64749	38914	60.1	13856	21.4	11979	18.5
1991	65491	39098	59.7	14015	21.4	12378	18.9
1992	66152	38699	58.5	14355	21.7	13098	19.8
1993	66808	37680	56.4	14965	22.4	14163	21.2
1994	67455	36628	54.3	15312	22.7	15515	23.0
1995	68065	35530	52.2	15655	23.0	16880	24.8
1996	68950	34820	50.5	16203	23.5	17927	26.0
1997	69820	34840	49.9	16547	23.7	18432	26.4
1998	70637	35177	49.8	16600	23.5	18860	26.7
1999	71394	35768	50.1	16421	23.0	19205	26.9
2000	72085	36043	50.0	16219	22.5	19823	27.5
2001	72797	36399	50.0	16234	22.3	20165	27.7
2002	73280	36640	50.0	15682	21.4	20958	28.6
2003	73736	36204	49.1	15927	21.6	21605	29.3
2004	74264	34830	46.9	16709	22.5	22725	30.6
2005	74647	33442	44.8	17766	23.8	23439	31.4
2006	74978	31941	42.6	18894	25.2	24143	32.2
2007	75321	30731	40.8	20186	26.8	24404	32.4
2008	75564	29923	39.6	20553	27.2	25087	33.2
2009	75828	28890	38.1	21080	27.8	25857	34.1
2010	76105	27931	36.7	21842	28.7	26332	34.6
2011	76196	26472	34.7	22539	29.6	27185	35.7
2012	76254	25535	33.5	23226	30.4	27493	36.1
2013	76301	23838	31.3	23142	30.3	29321	38.4
2014	76349	22372	29.3	23057	30.2	30920	40.5
2015	76320	21418	28.0	22644	29.7	32258	42.3
2016	76245	20908	27.4	22295	29.3	33042	43.3
2017	76058	20295	26.7	21762	28.6	34001	44.7
2018	75782	19515	25.7	21356	28.2	34911	46.1
2019	75447	18652	24.7	21234	28.2	35561	47.1
2020	75064	17715	23.6	21543	28.7	35806	47.7
2021	74652	17072	22.9	21712	29.1	35868	48.0
2022	73351	17663	24.1	21105	28.8	34583	47.1
2023	74041	16882	22.8	21520	29.1	35639	48.1

4-3 城镇调查失业率和城镇登记失业人数

（年底数）

年 份	城镇调查失业率（%）	城镇登记失业率（%）	城镇登记失业人数（万人）
1978		5.3	530
1980		4.9	542
1981		3.8	440
1982		3.2	379
1983		2.3	271
1984		1.9	236
1985		1.8	239
1986		2.0	264
1987		2.0	277
1988		2.0	296
1989		2.6	378
1990		2.5	383
1991		2.3	352
1992		2.3	364
1993		2.6	420
1994		2.8	476
1995		2.9	520
1996		3.0	553
1997		3.1	577
1998		3.1	571
1999		3.1	575
2000		3.1	595
2001		3.6	681
2002		4.0	770
2003		4.3	800
2004		4.2	827
2005		4.2	839
2006		4.1	847
2007		4.0	830
2008		4.2	886
2009		4.3	921
2010		4.1	908
2011		4.1	922
2012		4.1	917
2013		4.05	926
2014		4.09	952
2015		4.05	966
2016		4.02	982
2017		3.90	972
2018	4.9	3.80	974
2019	5.2	3.62	945
2020	5.2	4.24	1160
2021	5.1	3.96	1040
2022	5.5		1203
2023	5.1		1074

注：2022年起人力资源和社会保障部不再发布城镇登记失业率数据。

4-4 城镇非私营单位就业人员工资和指数

年 份	工资总额		平均工资			
	绝对数(亿元)	名义指数(上年=100)	绝对数(元)	名义指数(上年=100)	实际指数(1978年=100)	实际指数(上年=100)
1978	568.9	110.5	615	106.8	100.0	106.0
1980	772.4	119.4	762	114.1	113.2	106.1
1981	820.0	106.2	772	101.3	111.9	98.8
1982	882.0	107.6	798	103.4	113.4	101.3
1983	934.6	106.0	826	103.5	115.1	101.5
1984	1133.4	121.3	974	117.9	132.1	114.8
1985	1383.0	122.0	1148	117.9	139.0	105.3
1986	1659.7	120.0	1329	115.8	150.4	108.2
1987	1881.1	113.3	1459	109.8	151.9	100.9
1988	2316.2	123.1	1747	119.7	150.7	99.2
1989	2618.5	113.1	1935	110.8	143.5	95.2
1990	2951.1	119.0	2140	110.6	156.7	109.2
1991	3323.9	112.6	2340	109.3	162.9	104.0
1992	3939.2	118.5	2711	115.9	173.8	106.7
1993	4916.2	124.8	3371	124.3	186.1	107.1
1994	6656.4	135.4	4538	134.6	200.4	107.7
1995	8055.8	119.0	5348	118.9	204.0	101.8
1996	8964.4	111.3	5980	111.8	209.7	102.8
1997	9602.4	107.1	6444	107.8	219.1	104.5
1998	9540.2	99.4	7446	115.5	254.7	116.2
1999	10155.9	106.5	8319	111.7	288.3	113.2
2000	10954.7	107.9	9333	112.2	320.9	111.3
2001	12205.4	111.4	10834	116.1	370.0	115.3
2002	13638.1	111.7	12373	114.2	426.8	115.4
2003	15329.6	112.4	13969	112.9	477.5	111.9
2004	17615.0	114.9	15920	114.0	526.8	110.3
2005	20627.1	117.1	18200	114.3	592.8	112.5
2006	24262.3	117.6	20856	114.6	669.3	112.9
2007	29471.5	121.5	24721	118.5	758.9	113.4
2008	35289.5	119.7	28898	116.9	840.1	110.7
2009	40288.2	114.2	32244	111.6	946.1	112.6
2010	47269.9	117.3	36539	113.3	1038.7	109.8
2011	59954.7	126.8	41799	114.4	1128.4	108.6
2012	70914.2	118.3	46769	111.9	1230.0	109.0
2013	93064.3	131.2	51483	110.1	1319.9	107.3
2014	102817.2	110.5	56360	109.5	1415.2	107.2
2015	112007.8	108.9	62029	110.1	1535.5	108.5
2016	120074.8	107.2	67569	108.9	1637.7	106.7
2017	129889.1	108.2	74318	110.0	1771.4	108.2
2018	141480.0	108.9	82413	110.9	1923.9	108.6
2019	154296.1	109.1	90501	109.8	2055.2	106.8
2020	164126.9	106.4	97379	107.6	2161.7	105.2
2021	180817.5	110.2	106837	109.7	2348.2	108.6
2022	190820.2	105.5	114029	106.7	2457.1	104.6
2023	197416.7	103.5	120698	105.8	2593.0	105.5

注：2013年工资总额增加较多，系将原属于乡镇企业的规模以上法人单位纳入劳动工资统计范围所致。

5-1 价格指数

(上年=100)

年 份	居 民 消 费 价格指数	农产品 生产者 价格指数	工业生产者 出 厂 价格指数	工业生产者 购 进 价格指数
1978	100.7	103.9	100.1	
1980	107.5	107.1	100.5	
1981	102.5	105.9	100.2	
1982	102.0	102.2	99.8	
1983	102.0	104.4	99.9	
1984	102.7	104.0	101.4	
1985	109.3	108.6	108.7	
1986	106.5	106.4	103.8	
1987	107.3	112.0	107.9	
1988	118.8	123.0	115.0	
1989	118.0	115.0	118.6	126.4
1990	103.1	97.4	104.1	105.6
1991	103.4	98.0	106.2	109.1
1992	106.4	103.4	106.8	111.0
1993	114.7	113.4	124.0	135.1
1994	124.1	139.9	119.5	118.2
1995	117.1	119.9	114.9	115.3
1996	108.3	104.2	102.9	103.9
1997	102.8	95.5	99.7	101.3
1998	99.2	92.0	95.9	95.8
1999	98.6	87.8	97.6	96.7
2000	100.4	96.4	102.8	105.1
2001	100.7	103.1	98.7	99.8
2002	99.2	99.7	97.8	97.7
2003	101.2	104.4	102.3	104.8
2004	103.9	113.1	106.1	111.4
2005	101.8	101.4	104.9	108.3
2006	101.5	101.2	103.0	106.0
2007	104.8	118.5	103.1	104.4
2008	105.9	114.1	106.9	110.5
2009	99.3	97.6	94.6	92.1
2010	103.3	110.9	105.5	109.6
2011	105.4	116.5	106.0	109.1
2012	102.6	102.7	98.3	98.2
2013	102.6	103.2	98.1	98.0
2014	102.0	99.8	98.1	97.8
2015	101.4	101.7	94.8	93.9
2016	102.0	103.4	98.6	98.0
2017	101.6	96.5	106.3	108.1
2018	102.1	99.1	103.5	104.1
2019	102.9	114.5	99.7	99.3
2020	102.5	115.0	98.2	97.7
2021	100.9	97.8	108.1	111.0
2022	102.0	100.4	104.1	106.1
2023	100.2	97.7	97.0	96.4

注：1.居民消费价格指数1985年及以前为职工生活费用价格指数(以下相关表同)。

2.从2011年起工业品出厂价格指数改为工业生产者出厂价格指数，原材料、燃料、动力购进价格指数改为工业生产者购进价格指数(以下相关表同)。

5-2 价格定基指数

年 份	居 民 消 费 价格指数 (1978年 =100)	农产品 生产者 价格指数 (1978年 =100)	工业生产 者出厂 价格指数 (1985年 =100)	工业生产 者购进 价格指数 (1990年 =100)
1978	100.0	100.0		
1980	109.5	130.8		
1981	112.2	138.5		
1982	114.4	141.5		
1983	116.7	147.8		
1984	119.9	153.7		
1985	131.1	166.9	100.0	
1986	139.6	177.6	103.8	
1987	149.8	198.9	112.0	
1988	177.9	244.6	128.8	
1989	209.9	281.3	152.8	
1990	216.4	274.0	159.0	100.0
1991	223.8	268.5	168.9	109.1
1992	238.1	277.6	180.4	121.1
1993	273.1	314.8	223.7	163.6
1994	339.0	440.5	267.3	193.4
1995	396.9	528.1	307.1	222.9
1996	429.9	550.3	316.0	231.6
1997	441.9	525.5	315.0	234.6
1998	438.4	483.5	302.1	224.7
1999	432.2	424.5	294.8	217.3
2000	434.0	409.2	303.1	228.4
2001	437.0	421.9	299.2	227.9
2002	433.5	420.6	292.6	222.7
2003	438.7	439.0	299.3	233.4
2004	455.8	496.5	317.6	260.0
2005	464.0	503.4	333.2	281.6
2006	471.0	509.4	343.2	298.5
2007	493.6	603.6	353.8	311.6
2008	522.7	688.5	378.2	344.3
2009	519.0	672.0	357.8	317.2
2010	536.1	745.5	377.5	347.7
2011	565.0	868.2	400.2	379.3
2012	579.7	892.0	393.4	372.5
2013	594.8	920.7	385.9	365.1
2014	606.7	919.2	378.6	357.1
2015	615.2	934.5	358.9	335.3
2016	627.5	966.4	353.9	328.6
2017	637.5	932.3	376.2	355.2
2018	650.9	923.6	389.4	369.8
2019	669.8	1057.6	388.2	367.2
2020	686.5	1216.4	381.2	358.8
2021	692.7	1189.6	412.1	398.3
2022	706.6	1193.8	429.0	422.6
2023	708.0	1166.5	416.1	407.4

5-3　分地区居民消费价格指数

(上年=100)

地　区	2017年	2018年	2019年	2020年	2021年	2022年	2023年
全　国	**101.6**	**102.1**	**102.9**	**102.5**	**100.9**	**102.0**	**100.2**
北　京	101.9	102.5	102.3	101.7	101.1	101.8	100.4
天　津	102.1	102.0	102.7	102.0	101.3	101.9	100.4
河　北	101.7	102.4	103.0	102.1	101.0	101.8	100.6
山　西	101.1	101.8	102.7	102.9	101.0	102.1	99.9
内蒙古	101.7	101.8	102.4	101.9	100.9	101.8	100.6
辽　宁	101.4	102.5	102.4	102.4	101.1	102.0	100.1
吉　林	101.6	102.1	103.0	102.3	100.6	102.1	99.9
黑龙江	101.3	102.0	102.8	102.3	100.6	101.9	100.6
上　海	101.7	101.6	102.5	101.7	101.2	102.5	100.3
江　苏	101.7	102.3	103.1	102.5	101.6	102.2	100.4
浙　江	102.1	102.3	102.9	102.3	101.5	102.2	100.3
安　徽	101.2	102.0	102.7	102.7	100.9	102.0	100.2
福　建	101.2	101.5	102.6	102.2	100.7	101.9	100.0
江　西	102.0	102.1	102.9	102.6	100.9	102.0	100.3
山　东	101.5	102.5	103.2	102.8	101.2	101.7	100.1
河　南	101.4	102.3	103.0	102.8	100.9	101.5	99.8
湖　北	101.5	101.9	103.1	102.7	100.3	102.1	100.1
湖　南	101.4	102.0	102.9	102.3	100.5	101.8	100.2
广　东	101.5	102.2	103.4	102.6	100.8	102.2	100.4
广　西	101.6	102.3	103.7	102.8	100.9	101.9	99.8
海　南	102.8	102.5	103.4	102.3	100.3	101.6	100.3
重　庆	101.0	102.0	102.7	102.3	100.3	102.1	99.7
四　川	101.4	101.7	103.2	103.2	100.3	102.0	100.0
贵　州	100.9	101.8	102.4	102.6	100.1	101.6	99.7
云　南	100.9	101.6	102.5	103.6	100.2	101.6	100.3
西　藏	101.6	101.7	102.3	102.2	100.9	101.5	99.9
陕　西	101.6	102.1	102.9	102.5	101.5	102.1	100.1
甘　肃	101.4	102.0	102.3	102.0	100.9	101.9	100.5
青　海	101.5	102.5	102.5	102.6	101.3	102.4	100.5
宁　夏	101.6	102.3	102.1	101.5	101.4	102.3	100.4
新　疆	102.2	102.0	101.9	101.5	101.2	101.8	100.0

5-4 分地区居民消费价格分类指数

(2023年) (上年=100)

地区	居民消费价格指数	食品烟酒	衣着	居住	生活用品及服务	交通通信	教育文化娱乐	医疗保健	其他用品及服务
全国	**100.2**	**100.3**	**101.0**	**100.0**	**100.1**	**97.7**	**102.0**	**101.1**	**103.2**
北京	100.4	100.1	100.6	100.3	100.3	98.3	102.8	100.2	104.2
天津	100.4	100.5	101.0	100.5	100.0	97.2	103.1	100.4	103.6
河北	100.6	100.5	102.3	100.3	100.6	97.6	101.5	103.2	103.2
山西	99.9	99.8	100.3	100.0	100.3	98.0	100.4	100.9	102.4
内蒙古	100.6	100.6	101.2	100.1	100.5	98.0	101.5	103.3	103.5
辽宁	100.1	100.1	100.5	100.4	100.2	98.1	101.0	100.1	103.1
吉林	99.9	99.3	100.1	100.0	100.2	97.8	101.4	100.7	103.4
黑龙江	100.6	100.6	101.7	100.1	100.3	98.1	101.6	102.5	102.8
上海	100.3	98.8	102.0	100.2	100.4	99.1	103.6	100.2	104.8
江苏	100.4	101.0	101.4	100.0	100.6	96.7	101.8	103.2	103.9
浙江	100.3	100.6	101.0	99.6	100.4	97.9	102.8	101.0	103.6
安徽	100.2	100.5	101.6	99.7	100.1	97.5	102.0	100.7	103.2
福建	100.0	100.9	100.0	99.8	99.9	96.7	101.6	100.7	103.1
江西	100.3	100.4	101.9	100.1	99.8	97.5	102.3	100.7	103.3
山东	100.1	100.3	100.6	100.1	100.0	97.7	102.0	100.2	103.7
河南	99.8	99.6	99.8	99.6	99.6	97.9	101.4	100.9	103.2
湖北	100.1	99.9	101.3	100.4	100.2	97.5	101.8	100.5	102.9
湖南	100.2	99.4	101.0	100.4	100.1	98.0	101.6	102.0	103.0
广东	100.4	101.4	101.8	99.5	99.9	97.7	102.7	100.4	102.3
广西	99.8	100.0	102.1	99.1	99.0	96.9	101.8	101.5	102.1
海南	100.3	101.3	99.8	99.4	100.2	98.5	101.8	99.8	102.0
重庆	99.7	98.6	101.0	100.2	99.8	98.8	101.3	100.2	102.4
四川	100.0	99.8	99.0	100.4	100.0	97.9	102.5	100.6	102.6
贵州	99.7	99.8	102.0	99.8	100.0	97.3	100.4	100.0	101.9
云南	100.3	100.9	100.5	100.3	100.2	97.2	102.2	100.7	103.0
西藏	99.9	99.9	100.1	100.2	100.0	98.1	100.6	101.0	103.7
陕西	100.1	99.8	100.4	100.4	99.7	97.9	101.0	101.4	103.8
甘肃	100.5	100.3	100.2	99.6	100.0	99.2	101.6	103.5	103.2
青海	100.5	99.4	100.5	100.1	100.1	99.2	104.2	102.1	103.5
宁夏	100.4	100.3	100.5	100.6	99.8	98.5	101.7	100.8	104.6
新疆	100.0	99.6	102.5	100.0	99.4	98.0	101.0	100.3	104.4

5–5 农产品生产者价格指数

（上年＝100）

指　标	2017年	2018年	2019年	2020年	2021年	2022年	2023年
农产品生产者价格指数	**96.5**	**99.1**	**114.5**	**115.0**	**97.8**	**100.4**	**97.7**
农业产品	**99.5**	**101.2**	**100.8**	**102.8**	**110.6**	**102.9**	**99.2**
谷物	100.5	102.3	100.3	104.1	113.8	104.3	100.6
#小麦	104.4	100.1	100.1	100.5	106.6	112.8	97.3
稻谷	100.7	99.7	96.5	100.8	101.9	99.7	101.7
玉米	97.1	105.1	102.0	107.6	125.5	102.7	101.6
大豆	97.7	97.9	100.1	105.5	112.8	105.3	98.1
油料	100.5	99.1	105.2	107.9	107.2	105.0	104.4
棉花	100.8	97.9	97.8	98.5	117.3	102.9	101.0
糖料	106.3	98.8	97.7	103.1	100.9	104.5	103.5
蔬菜	95.6	103.6	101.2	105.2	105.6	101.4	95.9
水果	104.8	101.1	103.6	95.3	99.7	106.6	102.3
林业产品	**104.9**	**98.9**	**100.1**	**100.7**	**102.4**	**98.4**	**97.3**
饲养动物及其产品	**90.8**	**95.6**	**133.5**	**132.4**	**82.1**	**95.7**	**91.7**
生猪	86.0	85.6	150.5	155.7	64.9	90.2	86.0
活牛	98.8	104.9	112.5	110.5	106.1	98.1	92.2
活羊	107.1	114.7	114.3	110.4	102.3	93.3	95.1
活家禽	96.7	107.7	107.8	92.9	104.7	103.8	100.1
禽蛋	92.8	117.6	102.1	85.9	115.5	107.3	99.4
生奶	100.0	101.3	105.6	101.5	107.8	100.0	94.9
渔业产品	**104.9**	**102.6**	**99.4**	**100.2**	**108.8**	**100.4**	**99.4**
海水养殖产品	107.9	101.4	97.2	96.3	105.6	101.1	99.6
海水捕捞产品	103.1	104.7	100.6	99.6	103.0	102.3	102.6
淡水养殖产品	102.4	102.2	99.8	102.0	112.4	99.3	97.6

5-6　分地区农产品生产者价格指数

(上年=100)

地　区	2017年	2018年	2019年	2020年	2021年	2022年	2023年
全　国	**96.5**	**99.1**	**114.5**	**115.0**	**97.8**	**100.4**	**97.7**
北　京	96.2	103.6	109.9	110.9	98.2	102.7	99.7
天　津	95.5	104.2	108.8	114.9	109.8	98.4	98.1
河　北	96.2	104.7	107.1	111.5	108.1	103.5	95.5
山　西	95.9	104.7	115.2	109.4	104.8	104.0	101.6
内蒙古	95.6	102.0	105.6	111.0	107.6	100.8	97.8
辽　宁	93.6	103.7	107.6	108.1	105.1	103.6	98.8
吉　林	89.5	106.1	108.7	117.1	109.3	100.7	95.8
黑龙江	95.1	100.8	106.2	118.5	111.1	102.5	100.6
上　海	98.4	100.5	105.6	106.7	104.4	102.6	98.4
江　苏	97.9	100.9	109.3	107.5	100.3	100.1	98.3
浙　江	99.1	100.8	109.9	107.3	99.3	101.5	101.2
安　徽	98.4	99.0	109.3	115.6	101.3	102.8	96.7
福　建	98.9	102.6	106.9	102.3	104.5	100.8	99.8
江　西	97.3	97.4	113.2	111.0	96.1	97.5	95.3
山　东	98.6	100.5	112.2	108.7	104.2	100.6	101.0
河　南	94.9	97.9	119.9	116.8	98.0	97.2	91.4
湖　北	99.3	96.6	110.1	118.1	101.0	100.6	97.1
湖　南	98.0	95.4	118.0	123.3	90.1	103.6	97.6
广　东	99.4	101.3	107.3	104.7	98.8	100.1	98.0
广　西	98.2	97.3	115.5	115.5	94.9	100.8	97.1
海　南	101.9	97.3	109.2	112.8	106.3	106.8	98.2
重　庆	96.8	99.7	112.1	113.6	98.4	98.7	97.5
四　川	97.8	100.2	115.6	116.1	94.3	99.1	95.6
贵　州	96.7	92.6	116.2	122.6	86.4	95.9	95.1
云　南	98.7	96.9	109.6	120.2	96.8	96.7	98.8
西　藏							
陕　西	98.4	100.9	107.7	112.3	99.3	104.4	101.3
甘　肃	99.1	101.7	109.9	106.6	101.9	100.2	103.3
青　海	101.0	100.3	109.6	122.6	104.1	98.4	97.4
宁　夏	99.3	105.0	106.4	113.1	106.5	98.3	96.6
新　疆	100.7	106.3	99.6	111.0	114.2	99.6	102.4

5-7 工业生产者出厂价格指数

(上年=100)

项　　目	2017年	2018年	2019年	2020年	2021年	2022年	2023年
工业生产者出厂价格指数	**106.3**	**103.5**	**99.7**	**98.2**	**108.1**	**104.1**	**97.0**
生产资料	**108.3**	**104.6**	**99.2**	**97.3**	**110.7**	**104.9**	**96.1**
采掘工业	120.7	108.8	102.4	94.8	134.4	116.5	92.3
原材料工业	111.5	106.3	97.4	94.4	115.8	110.3	95.6
加工工业	106.1	103.5	99.7	98.7	106.6	101.5	96.7
生活资料	**100.7**	**100.5**	**100.9**	**100.5**	**100.4**	**101.5**	**99.9**
食品类	100.6	100.5	102.7	102.9	101.4	102.7	100.2
衣着类	101.2	100.8	101.1	99.0	99.8	101.8	101.1
一般日用品类	101.3	101.0	100.4	99.7	100.5	101.6	100.5
耐用消费品类	99.9	99.8	98.8	98.2	99.4	100.1	98.9

5-8 工业生产者购进价格指数

(上年=100)

项　　目	2017年	2018年	2019年	2020年	2021年	2022年	2023年
工业生产者购进价格指数	**108.1**	**104.1**	**99.3**	**97.7**	**111.0**	**106.1**	**96.4**
燃料、动力类	113.0	107.1	98.2	91.6	120.5	120.9	94.7
黑色金属材料类	115.9	106.1	102.3	100.5	120.3	96.4	93.8
有色金属材料类	115.3	103.9	97.6	99.8	120.9	105.4	99.3
化工原料类	108.4	104.6	94.8	92.7	115.1	106.5	91.7
木材及纸浆类	106.2	105.4	97.5	98.1	105.6	104.5	96.9
建筑材料及非金属类	108.6	110.5	104.2	100.5	105.5	103.1	94.1
农副产品类	101.5	99.6	102.8	105.4	104.4	105.1	97.8
纺织原料类	104.0	102.2	99.3	96.8	105.0	105.0	97.0

5-9 按行业分工业生产者出厂价格指数

(上年=100)

行　　业	2019年	2020年	2021年	2022年	2023年
工业生产者出厂价格指数	**99.7**	**98.2**	**108.1**	**104.1**	**97.0**
煤炭开采和洗选业	100.8	94.6	145.1	117.0	88.1
石油和天然气开采业	96.4	72.6	138.7	135.9	89.8
黑色金属矿采选业	112.3	107.0	131.0	84.6	98.1
有色金属矿采选业	101.2	104.8	113.1	108.3	106.0
非金属矿采选业	104.8	101.5	103.1	105.9	100.2
开采辅助活动	101.4	99.1	98.4	99.0	100.5
农副食品加工业	103.0	104.8	103.9	104.7	99.4
食品制造业	101.3	100.6	101.8	103.7	99.4
酒、饮料和精制茶制造业	101.2	100.7	101.6	101.0	101.2
烟草制品业	102.3	101.4	100.6	100.6	100.9
纺织业	99.4	95.3	104.1	103.6	96.8
纺织服装、服饰业	100.6	98.8	99.9	101.3	100.8
皮革、毛皮、羽毛及其制品和制鞋业	101.4	99.3	99.7	101.8	101.9
木材加工和木、竹、藤、棕、草制品业	100.9	99.3	101.4	101.8	98.6
家具制造业	101.3	100.0	100.2	101.7	100.6
造纸和纸制品业	95.0	97.2	104.9	100.6	94.7
印刷和记录媒介复制业	100.2	98.7	100.5	101.0	99.4
文教、工美、体育和娱乐用品制造业	102.7	103.3	101.7	103.2	104.8
石油、煤炭及其他燃料加工业	96.4	85.7	128.2	123.6	91.7
化学原料和化学制品制造业	96.1	94.1	119.1	107.7	91.0
医药制造业	101.7	100.6	99.6	100.3	100.3
化学纤维制造业	93.9	86.5	116.1	104.1	97.3
橡胶和塑料制品业	99.4	98.1	103.2	101.3	96.5
非金属矿物制品业	102.2	98.4	103.7	101.2	93.3
黑色金属冶炼和压延加工业	98.2	97.9	128.5	94.2	90.4
有色金属冶炼和压延加工业	99.3	100.8	122.7	105.4	97.0
金属制品业	100.9	99.9	106.7	102.2	96.9
通用设备制造业	100.8	99.7	101.4	101.1	99.7
专用设备制造业	100.4	100.0	100.4	100.7	99.7
汽车制造业	99.3	99.6	99.6	100.2	98.8
铁路、船舶、航空航天和其他运输设备制造业	100.3	100.4	100.6	101.5	100.2
电气机械和器材制造业	98.0	97.4	104.4	104.6	98.5
计算机、通信和其他电子设备制造业	99.1	98.5	99.9	100.7	98.3
仪器仪表制造业	100.8	100.2	99.7	101.5	100.8
其他制造业	101.2	100.3	100.6	102.2	99.6
废弃资源综合利用业	104.1	100.2	117.5	103.2	91.9
金属制品、机械和设备修理业	102.8	103.6	99.7	102.1	102.9
电力、热力生产和供应业	99.1	98.1	100.2	108.6	101.2
燃气生产和供应业	103.1	95.7	105.1	115.9	101.1
水的生产和供应业	102.1	100.1	101.1	101.3	100.6

注：本表2018年及之后工业行业划分标准依据《国民经济行业分类》(GB/T 4754-2017)。

5-10 分行业进出口商品价格指数

(上年=100)

行业	出口		进口	
	2022年	2023年	2022年	2023年
商品价格指数	**112.5**	**97.5**	**111.9**	**96.9**
农、林、牧、渔业	100.4	101.5	114.2	96.2
农业	100.0	102.3	118.9	96.6
林业	106.8	95.1	102.8	91.1
畜牧业	92.4	95.6	102.0	93.3
渔业	109.7	99.0	113.5	101.7
采矿业	119.1	98.2	118.2	92.1
煤炭开采和洗选业	160.9	88.1	132.3	76.8
石油和天然气开采业	154.3	100.0	148.0	87.7
黑色金属矿采选业	88.2	91.1	75.2	104.6
有色金属矿采选业	123.4	100.5	100.4	100.9
非金属矿采选业	118.4	103.6	113.3	106.5
制造业	112.4	97.3	110.2	100.2
农副食品加工业	109.2	97.6	117.0	93.6
食品制造业	114.6	99.3	116.8	109.6
酒、饮料和精制茶制造业	103.5	108.1	108.1	113.9
烟草制品业	99.7	85.3	108.9	120.5
纺织业	108.7	98.2	109.6	102.5
纺织服装、服饰业	108.0	98.4	126.2	109.9
皮革、毛皮、羽毛及其制品和制鞋业	113.0	97.2	106.6	109.5
木材加工和木、竹、藤、棕、草制品业	109.7	96.4	114.6	95.2
家具制造业	113.3	96.5	125.0	116.5
造纸和纸制品业	108.2	90.7	116.5	89.6
印刷和记录媒介复制业	112.7	97.8	139.0	82.9
文教、工美、体育和娱乐用品制造业	108.7	96.0	102.3	105.4
石油、煤炭及其他燃料加工业	164.8	87.6	129.5	86.7
化学原料和化学制品制造业	120.0	83.4	110.5	92.9
医药制造业	108.2	90.9	99.9	97.8
化学纤维制造业	107.5	93.2	112.8	99.0
橡胶和塑料制品业	109.8	96.0	106.5	106.9
非金属矿物制品业	116.1	89.6	116.5	100.8
黑色金属冶炼和压延加工业	116.2	80.0	111.0	88.3
有色金属冶炼和压延加工业	112.6	93.3	104.0	104.5
金属制品业	113.7	94.4	102.8	108.7
通用设备制造业	112.8	102.6	100.5	113.0
专用设备制造业	109.0	102.8	99.5	113.6
汽车制造业	111.3	106.9	103.8	102.8
铁路、船舶、航空航天和其他运输设备制造业	110.2	99.8	107.7	106.2
电气机械和器材制造业	115.5	103.5	109.5	109.0
计算机、通信和其他电子设备制造业	110.5	98.4	113.2	98.3
仪器仪表制造业	110.2	105.8	116.5	112.6
其他制造业	100.2	97.4	104.9	105.3
废弃资源综合利用业	110.6	76.4	107.2	98.8
电力、热力、燃气及水生产和供应业	107.3	104.0	100.8	101.4
电力、热力生产和供应业	107.3	104.0	100.8	101.4
文化、体育和娱乐业	110.6		103.0	
新闻和出版业	110.6		103.0	

6-1　居民人均可支配收入

单位：元

指　　标	2018年	2019年	2020年	2021年	2022年	2023年
全国居民可支配收入	**28228**	**30733**	**32189**	**35128**	**36883**	**39218**
1.工资性收入	15829	17186	17917	19629	20590	22053
2.经营净收入	4852	5247	5307	5893	6175	6542
3.财产净收入	2379	2619	2791	3076	3227	3362
4.转移净收入	5168	5680	6173	6531	6892	7261
城镇居民可支配收入	**39251**	**42359**	**43834**	**47412**	**49283**	**51821**
1.工资性收入	23792	25565	26381	28481	29578	31321
2.经营净收入	4443	4840	4711	5382	5584	5903
3.财产净收入	4028	4391	4627	5052	5238	5392
4.转移净收入	6988	7563	8116	8497	8882	9205
农村居民可支配收入	**14617**	**16021**	**17131**	**18931**	**20133**	**21691**
1.工资性收入	5996	6583	6974	7958	8449	9163
2.经营净收入	5358	5762	6077	6566	6972	7431
3.财产净收入	342	377	419	469	509	540
4.转移净收入	2920	3298	3661	3937	4203	4557

6-2 居民人均消费支出

单位：元

指　　标	2018年	2019年	2020年	2021年	2022年	2023年
全国居民消费支出	**19853**	**21559**	**21210**	**24100**	**24538**	**26796**
#服务性消费	8781	9886	9037	10645	10590	12114
1.食品烟酒	5631	6084	6397	7178	7481	7983
2.衣着	1289	1338	1238	1419	1365	1479
3.居住	4647	5055	5215	5641	5882	6095
4.生活用品及服务	1223	1281	1260	1423	1432	1526
5.交通通信	2675	2862	2762	3156	3195	3652
6.教育文化娱乐	2226	2513	2032	2599	2469	2904
7.医疗保健	1685	1902	1843	2115	2120	2460
8.其他用品及服务	477	524	462	569	595	697
城镇居民消费支出	**26112**	**28063**	**27007**	**30307**	**30391**	**32994**
#服务性消费	12130	13518	12013	14058	13723	15673
1.食品烟酒	7239	7733	7881	8678	8958	9495
2.衣着	1808	1832	1645	1843	1735	1880
3.居住	6255	6780	6958	7405	7644	7822
4.生活用品及服务	1629	1689	1640	1820	1800	1910
5.交通通信	3473	3671	3474	3932	3909	4495
6.教育文化娱乐	2974	3328	2592	3322	3050	3589
7.医疗保健	2046	2283	2172	2521	2481	2850
8.其他用品及服务	687	747	646	786	814	953
农村居民消费支出	**12124**	**13328**	**13713**	**15916**	**16632**	**18175**
#服务性消费	4645	5290	5190	6143	6358	7164
1.食品烟酒	3646	3998	4479	5200	5485	5880
2.衣着	648	713	713	859	864	921
3.居住	2661	2871	2962	3315	3503	3694
4.生活用品及服务	720	764	768	900	934	992
5.交通通信	1690	1837	1841	2132	2230	2480
6.教育文化娱乐	1302	1482	1309	1645	1683	1951
7.医疗保健	1240	1421	1418	1580	1632	1916
8.其他用品及服务	218	241	224	284	300	341

注：服务性消费支出指住户用于各种生活服务的消费支出，包括餐饮服务、衣着鞋类加工服务、居住服务、家庭服务、交通通信服务、教育文化娱乐服务、医疗服务和其他服务等。

6-3 按东部、中部、西部及东北地区分组的居民人均可支配收入

单位：元

组　别	2018年	2019年	2020年	2021年	2022年	2023年
全国居民						
东部地区	36298	39439	41240	44980	47027	49822
中部地区	23798	26025	27152	29650	31434	33328
西部地区	21936	23986	25416	27798	29267	31100
东北地区	25543	27371	28266	30518	31405	33207
城镇居民						
东部地区	46433	50145	52027	56378	58460	61472
中部地区	33803	36607	37658	40707	42733	44706
西部地区	33389	36041	37548	40583	42173	44136
东北地区	32994	35130	35700	38225	39098	41009
农村居民						
东部地区	18286	19989	21286	23556	25037	26907
中部地区	13954	15290	16213	17858	19080	20518
西部地区	11831	13035	14111	15608	16632	17911
东北地区	14080	15357	16582	18280	18919	20300

6-4 按五等份分组的居民人均可支配收入

单位：元

指　　标	2018年	2019年	2020年	2021年	2022年	2023年
全国居民						
低收入户　(20%)	6440	7380	7869	8333	8601	9215
中间偏下户　(20%)	14361	15777	16443	18445	19303	20442
中间收入户　(20%)	23189	25035	26249	29053	30598	32195
中间偏上户　(20%)	36471	39230	41172	44949	47397	50220
高收入户　(20%)	70640	76401	80294	85836	90116	95055
城镇居民						
低收入户　(20%)	14387	15549	15598	16746	16971	17478
中间偏下户　(20%)	24857	26784	27501	30133	31180	32202
中间收入户　(20%)	35196	37876	39278	42498	44283	46276
中间偏上户　(20%)	49174	52907	54910	59005	61724	65430
高收入户　(20%)	84907	91683	96062	102596	107224	110639
农村居民						
低收入户　(20%)	3666	4263	4681	4856	5025	5264
中间偏下户　(20%)	8508	9754	10392	11586	11965	12864
中间收入户　(20%)	12530	13984	14712	16546	17451	18479
中间偏上户　(20%)	18051	19732	20884	23167	24646	25981
高收入户　(20%)	34043	36049	38520	43082	46075	50136

6-5 居民年末主要耐用消费品拥有量

单位：平均每百户

指　标		2018年	2019年	2020年	2021年	2022年	2023年
全国居民							
家用汽车	(辆)	33.0	35.3	37.1	41.8	43.5	49.7
摩托车	(辆)	35.7	34.2	33.1	31.5	30.8	24.5
洗衣机	(台)	93.8	96.0	96.7	98.7	99.0	98.2
电冰箱/柜	(台)	98.8	100.9	101.8	103.9	104.2	103.4
彩色电视机	(台)	119.3	120.6	120.8	118.7	118.9	107.8
空调	(台)	109.3	115.6	117.7	131.2	133.9	145.9
移动电话	(部)	249.1	253.2	253.8	259.1	259.4	251.9
计算机	(台)	53.4	53.2	54.2	47.0	47.5	44.5
城镇居民							
家用汽车	(辆)	41.0	43.2	44.9	50.1	51.4	55.9
摩托车	(辆)	19.5	18.7	18.2	18.2	17.9	13.7
洗衣机	(台)	97.7	99.2	99.7	100.5	100.6	98.5
电冰箱/柜	(台)	100.9	102.5	103.1	104.2	104.4	101.9
彩色电视机	(台)	121.3	122.8	123.0	120.3	120.6	107.2
空调	(台)	142.2	148.3	149.6	161.7	163.5	171.7
移动电话	(部)	243.1	247.4	248.7	253.6	254.0	239.5
计算机	(台)	73.1	72.2	72.9	63.2	63.4	58.2
农村居民							
家用汽车	(辆)	22.3	24.7	26.4	30.2	32.4	40.0
摩托车	(辆)	57.4	55.1	53.6	49.9	49.0	41.4
洗衣机	(台)	88.5	91.6	92.6	96.1	96.8	97.6
电冰箱/柜	(台)	95.9	98.6	100.1	103.5	103.9	105.7
彩色电视机	(台)	116.6	117.6	117.8	116.3	116.5	108.8
空调	(台)	65.2	71.3	73.8	89.0	92.2	105.7
移动电话	(部)	257.0	261.2	260.9	266.6	266.9	271.2
计算机	(台)	26.9	27.5	28.3	24.6	25.0	23.1

6-6 居民人均可支配收入和指数

年 份	全国居民人均可支配收入		城镇居民人均可支配收入		农村居民人均可支配收入	
	绝对数（元）	指数（1978年=100）	绝对数（元）	指数（1978年=100）	绝对数（元）	指数（1978年=100）
1978	171	100.0	343	100.0	134	100.0
1980	247	131.6	478	127.0	191	139.0
1985	479	213.2	739	160.4	398	268.9
1990	904	243.8	1510	198.1	686	311.2
1995	2363	347.6	4283	290.3	1578	383.6
2000	3721	500.7	6256	382.3	2282	489.6
2001	4070	543.8	6824	414.1	2407	512.3
2002	4532	610.4	7652	469.1	2529	539.2
2003	5007	666.3	8406	510.6	2690	564.9
2004	5661	725.1	9335	549.0	3027	606.1
2005	6385	803.4	10382	600.9	3370	646.6
2006	7229	896.2	11620	662.5	3731	697.6
2007	8584	1015.4	13603	742.2	4327	767.7
2008	9957	1112.2	15549	803.5	4999	833.1
2009	10977	1234.8	16901	881.0	5435	908.3
2010	12520	1363.3	18779	948.5	6272	1012.1
2011	14551	1503.3	21427	1028.1	7394	1127.4
2012	16510	1662.5	24127	1126.8	8389	1248.1
2013	18311	1797.1	26467	1205.4	9430	1364.5
2014	20167	1940.5	28844	1287.1	10489	1490.5
2015	21966	2084.4	31195	1371.5	11422	1602.3
2016	23821	2216.1	33616	1448.0	12363	1702.1
2017	25974	2378.4	36396	1541.6	13432	1825.5
2018	28228	2532.1	39251	1627.6	14617	1945.3
2019	30733	2679.7	42359	1708.4	16021	2066.0
2020	32189	2737.3	43834	1728.4	17131	2144.2
2021	35128	2959.7	47412	1851.6	18931	2352.9
2022	36883	3046.8	49283	1886.1	20133	2452.1
2023	39218	3232.2	51821	1976.4	21691	2638.2

注：1.本表2013-2023年人均可支配收入来源于住户收支与生活状况调查，1978-2012年数据是根据历史数据按住户收支与生活状况调查可比口径推算获得。可支配收入绝对数按当年价计算，指数按可比价计算。

2.全国居民人均收入是根据全国十几万户抽样调查基础数据，依据每个样本户所代表的户数加权汇总而成。由于受城镇化和人口迁移等因素影响，各时期的分城乡、分地区人口构成发生变化，有时会导致全国居民收入增速超出分城乡居民收入增速区间的现象发生。主要是在城镇化过程中，一部分在农村收入较高的人口进入城镇地区，但在城镇属于较低收入人群，他们的迁移对城乡居民收入均有拉低作用；但无论在城镇还是农村，其收入增长效应都会体现在全体居民收入增长中。

6-7 居民人均消费支出和指数

年 份	全国居民人均消费支出		城镇居民人均消费支出		农村居民人均消费支出	
	绝对数(元)	指数(1978年=100)	绝对数(元)	指数(1978年=100)	绝对数(元)	指数(1978年=100)
1978	151	100.0	311	100.0	116	100.0
1980	211	127.4	412	121.0	162	131.2
1985	402	203.0	673	161.2	317	220.6
1990	768	234.9	1279	185.1	585	246.3
1995	1957	326.4	3538	264.6	1310	312.8
2000	2914	444.6	5027	338.9	1714	380.0
2001	3139	475.5	5350	358.3	1803	396.4
2002	3548	541.8	6089	411.8	1917	423.2
2003	3889	586.8	6587	441.5	2050	445.5
2004	4395	638.4	7280	472.4	2326	482.6
2005	5035	718.4	8068	515.5	2749	543.6
2006	5634	792.0	8851	557.3	3072	598.7
2007	6592	884.1	10196	614.3	3536	653.6
2008	7548	955.9	11489	655.6	4054	703.6
2009	8377	1068.4	12558	723.2	4464	777.1
2010	9378	1158.0	13821	771.0	4945	830.7
2011	10820	1267.5	15554	823.4	5892	935.4
2012	12054	1376.3	17107	881.9	6667	1032.7
2013	13220	1471.2	18488	928.9	7485	1127.8
2014	14491	1581.0	19968	982.7	8383	1240.7
2015	15712	1690.6	21392	1037.2	9223	1347.5
2016	17111	1804.9	23079	1096.0	10130	1452.5
2017	18322	1902.3	24445	1141.4	10955	1550.6
2018	19853	2019.7	26112	1194.0	12124	1681.2
2019	21559	2131.6	28063	1248.6	13328	1790.4
2020	21210	2046.3	27007	1174.1	13713	1788.6
2021	24100	2303.8	30307	1304.3	15916	2062.1
2022	24538	2299.3	30391	1282.6	16632	2112.7
2023	26796	2505.8	32994	1388.7	18175	2306.9

注：本表2013—2023年人均消费支出来源于住户收支与生活状况调查，1978—2012年数据是根据历史数据按住户收支与生活状况调查可比口径推算获得。消费支出绝对数按当年价计算，指数按可比价计算。

6-8 分地区全体居民人均可支配收入

单位：元

地 区	2018年	2019年	2020年	2021年	2022年	2023年
全 国	**28228**	**30733**	**32189**	**35128**	**36883**	**39218**
北 京	62361	67756	69434	75002	77415	81752
天 津	39506	42404	43854	47449	48976	51271
河 北	23446	25665	27136	29383	30867	32903
山 西	21990	23828	25214	27426	29178	30924
内蒙古	28376	30555	31497	34108	35921	38130
辽 宁	29701	31820	32738	35112	36089	37992
吉 林	22798	24563	25751	27770	27975	29797
黑龙江	22726	24254	24902	27159	28346	29694
上 海	64183	69442	72232	78027	79610	84834
江 苏	38096	41400	43390	47498	49862	52674
浙 江	45840	49899	52397	57541	60302	63830
安 徽	23984	26415	28103	30904	32745	34893
福 建	32644	35616	37202	40659	43118	45426
江 西	24080	26262	28017	30610	32419	34242
山 东	29205	31597	32886	35705	37560	39890
河 南	21964	23903	24810	26811	28222	29933
湖 北	25815	28319	27881	30829	32914	35146
湖 南	25241	27680	29380	31993	34036	35895
广 东	35810	39014	41029	44993	47065	49327
广 西	21485	23328	24562	26727	27981	29514
海 南	24579	26679	27904	30457	30957	33192
重 庆	26386	28920	30824	33803	35666	37595
四 川	22461	24703	26522	29080	30679	32514
贵 州	18430	20397	21795	23996	25508	27098
云 南	20084	22082	23295	25666	26937	28421
西 藏	17286	19501	21744	24950	26675	28983
陕 西	22528	24666	26226	28568	30116	32128
甘 肃	17488	19139	20335	22066	23273	25011
青 海	20757	22618	24037	25919	27000	28587
宁 夏	22400	24412	25735	27904	29599	31604
新 疆	21500	23103	23845	26075	27063	28947

6-9 分地区全体居民人均消费支出

单位：元

地区	2018年	2019年	2020年	2021年	2022年	2023年
全国	**19853**	**21559**	**21210**	**24100**	**24538**	**26796**
北京	39843	43038	38903	43640	42683	47586
天津	29903	31854	28461	33188	31324	34914
河北	16722	17987	18037	19954	20890	22920
山西	14810	15863	15733	17191	17537	19756
内蒙古	19665	20743	19794	22658	22298	27025
辽宁	21398	22203	20672	23831	22604	24865
吉林	17200	18075	17318	19605	17898	21411
黑龙江	16994	18111	17056	20636	20412	22052
上海	43351	45605	42536	48879	46045	52508
江苏	25007	26697	26225	31451	32848	35491
浙江	29471	32026	31295	36668	38971	42194
安徽	17045	19137	18877	21911	22542	23607
福建	22996	25314	25126	28440	30042	31869
江西	15792	17650	17955	20290	21708	23379
山东	18780	20427	20940	22821	22640	24293
河南	15169	16332	16143	18391	19019	21011
湖北	19538	21567	19246	23846	24828	27106
湖南	18808	20479	20998	22798	24083	25462
广东	26054	28995	28492	31589	32169	34331
广西	14935	16418	16357	18088	18343	19749
海南	17528	19555	18972	22242	21500	23752
重庆	19248	20774	21678	24598	25371	26515
四川	17664	19338	19783	21518	22302	23550
贵州	13798	14780	14874	17957	17939	20161
云南	14250	15780	16792	18851	18951	20995
西藏	11520	13029	13225	15342	15886	17220
陕西	16160	17465	17418	19347	19848	22012
甘肃	14624	15879	16175	17456	17489	19013
青海	16557	17545	18284	19020	17261	20327
宁夏	16715	18297	17506	20024	19136	21629
新疆	16189	17397	16512	18961	17927	19715

6-10 分地区城镇居民人均可支配收入

单位：元

地 区	2018年	2019年	2020年	2021年	2022年	2023年
全 国	**39251**	**42359**	**43834**	**47412**	**49283**	**51821**
北 京	67990	73849	75602	81518	84023	88650
天 津	42976	46119	47659	51486	53003	55355
河 北	32977	35738	37286	39791	41278	43631
山 西	31035	33262	34793	37433	39532	41327
内蒙古	38305	40782	41353	44377	46295	48676
辽 宁	37342	39777	40376	43051	44003	45896
吉 林	30172	32299	33396	35646	35471	37503
黑龙江	29191	30945	31115	33646	35042	36492
上 海	68034	73615	76437	82429	84034	89477
江 苏	47200	51056	53102	57743	60178	63211
浙 江	55574	60182	62699	68487	71268	74997
安 徽	34393	37540	39442	43009	45133	47446
福 建	42121	45620	47160	51140	53817	56153
江 西	33819	36546	38556	41684	43697	45554
山 东	39549	42329	43726	47066	49050	51571
河 南	31874	34201	34750	37095	38484	40234
湖 北	34455	37601	36706	40278	42626	44990
湖 南	36698	39842	41698	44866	47301	49243
广 东	44341	48118	50257	54854	56905	59307
广 西	32436	34745	35859	38530	39703	41287
海 南	33349	36017	37097	40213	40118	42661
重 庆	34889	37939	40006	43502	45509	47435
四 川	33216	36154	38253	41444	43233	45227
贵 州	31592	34404	36096	39211	41086	42772
云 南	33488	36238	37500	40905	42168	43563
西 藏	33797	37410	41156	46503	48753	51900
陕 西	33319	36098	37868	40713	42431	44713
甘 肃	29957	32323	33822	36187	37572	39833
青 海	31515	33830	35506	37745	38736	40408
宁 夏	31895	34328	35720	38291	40194	42395
新 疆	32764	34664	34838	37642	38410	40578

6-11 分地区城镇居民人均消费支出

单位：元

地 区	2018年	2019年	2020年	2021年	2022年	2023年
全 国	**26112**	**28063**	**27007**	**30307**	**30391**	**32994**
北 京	42926	46358	41726	46776	45617	50897
天 津	32655	34811	30895	36067	33824	37586
河 北	22127	23483	23167	24192	25071	27906
山 西	19790	21159	20332	21965	21923	24524
内蒙古	24437	25383	23888	27194	26667	32249
辽 宁	26448	27355	24849	28438	26652	29091
吉 林	22394	23394	21623	24421	21835	26677
黑龙江	21035	22165	20397	24422	24011	25882
上 海	46015	48272	44839	51295	48111	54919
江 苏	29462	31329	30882	36558	37796	40461
浙 江	34598	37508	36197	42193	44511	47762
安 徽	21523	23782	22683	26495	26832	27900
福 建	28145	30946	30487	33942	35692	37674
江 西	20760	22714	22134	24587	25976	27733
山 东	24798	26731	27291	29314	28555	30251
河 南	20989	21972	20645	23178	23539	25570
湖 北	23996	26422	22885	28506	29121	31500
湖 南	25064	26924	26796	28294	29580	31035
广 东	30924	34424	33511	36621	36936	39333
广 西	20159	21591	20907	22555	22438	24427
海 南	22971	25317	23560	27565	26418	28930
重 庆	24154	25785	26464	29850	30574	31531
四 川	23484	25367	25133	26971	27637	29280
贵 州	20788	21402	20587	25333	24230	27693
云 南	21626	23455	24569	27441	26240	28338
西 藏	23029	25637	24927	28159	28265	28858
陕 西	21966	23514	22866	24784	24766	27303
甘 肃	22606	24454	24615	25757	25207	27044
青 海	22998	23799	24315	24513	21700	25373
宁 夏	21977	24161	22379	25386	24213	27076
新 疆	24191	25594	22952	25724	24142	26134

6-12 分地区农村居民人均可支配收入

单位：元

地　区	2018年	2019年	2020年	2021年	2022年	2023年
全　国	**14617**	**16021**	**17131**	**18931**	**20133**	**21691**
北　京	26490	28928	30126	33303	34754	37358
天　津	23065	24804	25691	27955	29018	30851
河　北	14031	15373	16467	18179	19364	20688
山　西	11750	12902	13878	15308	16323	17677
内蒙古	13803	15283	16567	18337	19641	21221
辽　宁	14656	16108	17450	19217	19908	21483
吉　林	13748	14936	16067	17642	18134	19472
黑龙江	13804	14982	16168	17889	18577	19756
上　海	30375	33195	34911	38521	39729	42988
江　苏	20845	22675	24198	26791	28486	30488
浙　江	27302	29876	31930	35247	37565	40311
安　徽	13996	15416	16620	18372	19575	21144
福　建	17821	19568	20880	23229	24987	26722
江　西	14460	15796	16981	18684	19936	21358
山　东	16297	17775	18753	20794	22110	23776
河　南	13831	15164	16108	17533	18697	20053
湖　北	14978	16391	16306	18259	19709	21293
湖　南	14093	15395	16585	18295	19546	20921
广　东	17168	18818	20143	22306	23598	25142
广　西	12435	13676	14815	16363	17433	18656
海　南	13989	15113	16279	18076	19117	20708
重　庆	13781	15133	16361	18100	19313	20820
四　川	13331	14670	15929	17575	18672	19978
贵　州	9716	10756	11642	12856	13707	14817
云　南	10768	11902	12842	14197	15147	16361
西　藏	11450	12951	14598	16932	18209	19924
陕　西	11213	12326	13316	14745	15704	16992
甘　肃	8804	9629	10344	11433	12165	13131
青　海	10393	11499	12342	13604	14456	15614
宁　夏	11708	12858	13889	15337	16430	17772
新　疆	11975	13122	14056	15575	16550	17948

6-13 分地区农村居民人均消费支出

单位：元

地 区	2018年	2019年	2020年	2021年	2022年	2023年
全 国	**12124**	**13328**	**13713**	**15916**	**16632**	**18175**
北 京	20195	21881	20913	23574	23745	26277
天 津	16863	17843	16844	19285	18934	21553
河 北	11383	12372	12644	15391	16271	17244
山 西	9172	9728	10290	11410	12091	13684
内蒙古	12661	13816	13594	15691	15444	18650
辽 宁	11455	12030	12311	14606	14326	16040
吉 林	10826	11457	11864	13411	12729	14354
黑龙江	11417	12495	12360	15225	15162	16453
上 海	19965	22449	22095	27205	27430	30782
江 苏	16567	17716	17022	21130	22597	25029
浙 江	19707	21352	21555	25415	27483	30468
安 徽	12748	14546	15024	17163	17980	18905
福 建	14943	16281	16339	19290	20467	21746
江 西	10885	12497	13579	15663	16984	18421
山 东	11270	12309	12660	14299	14687	16075
河 南	10392	11546	12201	14073	14824	16638
湖 北	13946	15328	14472	17647	18991	20922
湖 南	12721	13969	14974	16951	18078	19210
广 东	15411	16949	17132	20012	20800	22209
广 西	10617	12045	12431	14165	14658	15435
海 南	10956	12418	13169	15487	15145	16924
重 庆	11977	13112	14140	16096	16727	17964
四 川	12723	14056	14953	16444	17199	17901
贵 州	9170	10222	10818	12557	13172	14260
云 南	9123	10260	11069	12386	13309	15147
西 藏	7452	8418	8917	10577	11139	12619
陕 西	10071	10935	11376	13158	14094	15647
甘 肃	9065	9694	9923	11206	11494	12575
青 海	10352	11343	12134	13300	12516	14790
宁 夏	10790	11465	11724	13536	12825	14649
新 疆	9421	10318	10778	12821	12169	13645

6-14 中西部22省(区、市)脱贫县农村居民人均可支配收入

地　区	2022年	2023年	
	绝对数(元)	绝对数(元)	比上年增长(%)
全　国	**15111**	**16396**	**8.5**
河　北	15425	16700	8.3
山　西	12724	13937	9.5
内蒙古	16223	17751	9.4
吉　林	13667	14990	9.7
黑龙江	14393	15583	8.3
安　徽	17781	19232	8.2
江　西	15741	17210	9.3
河　南	16880	18221	7.9
湖　北	16188	17612	8.8
湖　南	14714	16036	9.0
广　西	15796	17066	8.0
海　南	16935	18516	9.3
重　庆	17875	19299	8.0
四　川	15949	17196	7.8
贵　州	13569	14688	8.2
云　南	14027	15218	8.5
西　藏	18209	19924	9.4
陕　西	14838	16074	8.3
甘　肃	11190	12107	8.2
青　海	14456	15614	8.0
宁　夏	14151	15339	8.4
新　疆	15417	16881	9.5

注：脱贫县包括原832个国家扶贫开发工作重点县和集中连片特困地区县，以及新疆阿克苏地区7个市县。

7-1 一般公共预算收支总额和指数

年份	一般公共预算收入(亿元)	一般公共预算支出(亿元)	指数（上年=100）		一般公共预算收入相当于国内生产总值的比重(%)	一般公共预算支出相当于国内生产总值的比重(%)
			一般公共预算收入	一般公共预算支出		
1978	1132.26	1122.09	129.5	133.0	30.8	30.5
1980	1159.93	1228.83	101.2	95.9	25.3	26.8
“六五”时期	**7402.75**	**7483.18**	**111.6**	**110.3**		
1981	1175.79	1138.41	101.4	92.6	23.8	23.1
1982	1212.33	1229.98	103.1	108.0	22.6	22.9
1983	1366.95	1409.52	112.8	114.6	22.7	23.4
1984	1642.86	1701.02	120.2	120.7	22.6	23.4
1985	2004.82	2004.25	122.0	117.8	22.0	22.0
“七五”时期	**12280.60**	**12865.67**	**107.9**	**109.0**		
1986	2122.01	2204.91	105.8	110.0	20.5	21.2
1987	2199.35	2262.18	103.6	102.6	18.1	18.6
1988	2357.24	2491.21	107.2	110.1	15.5	16.4
1989	2664.90	2823.78	113.1	113.3	15.5	16.4
1990	2937.10	3083.59	110.2	109.2	15.6	16.3
“八五”时期	**22442.10**	**24387.46**	**116.3**	**117.2**		
1991	3149.48	3386.62	107.2	109.8	14.3	15.4
1992	3483.37	3742.20	110.6	110.5	12.8	13.8
1993	4348.95	4642.30	124.8	124.1	12.2	13.0
1994	5218.10	5792.62	120.0	124.8	10.7	11.9
1995	6242.20	6823.72	119.6	117.8	10.2	11.1
“九五”时期	**50774.39**	**57043.46**	**116.5**	**118.4**		
1996	7407.99	7937.55	118.7	116.3	10.3	11.1
1997	8651.14	9233.56	116.8	116.3	10.9	11.6
1998	9875.95	10798.18	114.2	116.9	11.6	12.7
1999	11444.08	13187.67	115.9	122.1	12.6	14.6
2000	13395.23	15886.50	117.0	120.5	13.4	15.8
“十五”时期	**115050.69**	**128022.85**	**118.8**	**116.4**		
2001	16386.04	18902.58	122.3	119.0	14.8	17.1
2002	18903.64	22053.15	115.4	116.7	15.5	18.1
2003	21715.25	24649.95	114.9	111.8	15.8	17.9
2004	26396.47	28486.89	121.6	115.6	16.3	17.6
2005	31649.29	33930.28	119.9	119.1	16.9	18.1
“十一五”时期	**303032.14**	**318970.83**	**121.3**	**121.5**		
2006	38760.20	40422.73	122.5	119.1	17.7	18.4
2007	51321.78	49781.35	132.4	123.2	19.0	18.4
2008	61330.35	62592.66	119.5	125.7	19.2	19.6
2009	68518.30	76299.93	111.7	121.9	19.7	21.9
2010	83101.51	89874.16	121.3	117.8	20.2	21.8
“十二五”时期	**642976.85**	**703076.19**	**112.9**	**114.4**		
2011	103874.43	109247.79	125.0	121.6	21.3	22.4
2012	117253.52	125952.97	112.9	115.3	21.8	23.4
2013	129209.64	140212.10	110.2	111.3	21.8	23.6
2014	140370.03	151785.56	108.6	108.3	21.8	23.6
2015	152269.23	175877.77	105.8	113.2	22.1	25.5
“十三五”时期	**888861.54**	**1096282.23**	**103.7**	**106.9**		
2016	159604.97	187755.21	104.5	106.3	21.4	25.2
2017	172592.77	203085.49	107.4	107.6	20.7	24.4
2018	183359.84	220904.13	106.2	108.7	19.9	24.0
2019	190390.08	238858.37	103.8	108.1	19.3	24.2
2020	182913.88	245679.03	96.1	102.9	18.0	24.2
“十四五”时期						
2021	202554.64	245673.00	110.7	100.0	17.6	21.4
2022	203649.29	260552.12	100.5	106.1	16.9	21.6
2023	216784.37	274573.81	106.4	105.4	17.2	21.8

注：1.本表及其他各表有关财政数据由财政部提供。2023年全国数据为预算执行数，以前各年数据为财政决算数(以下相关表同)。

2.各时期指数为该时期年平均发展速度。2016-2023年一般公共预算收入、支出指数均为按同口径计算(以下相关表同)。

7-2 中央和地方一般公共预算收支

单位：亿元

年 份	一般公共预算收入	中 央	地 方	一般公共预算支出	中 央	地 方
1978	1132.26	175.77	956.49	1122.09	532.12	589.97
1980	1159.93	284.45	875.48	1228.83	666.81	562.02
“六五”时期	**7402.75**	**2583.02**	**4819.73**	**7483.18**	**3725.64**	**3757.54**
1981	1175.79	311.07	864.72	1138.41	625.65	512.76
1982	1212.33	346.84	865.49	1229.98	651.81	578.17
1983	1366.95	490.01	876.94	1409.52	759.60	649.92
1984	1642.86	665.47	977.39	1701.02	893.33	807.69
1985	2004.82	769.63	1235.19	2004.25	795.25	1209.00
“七五”时期	**12280.60**	**4104.41**	**8176.19**	**12865.67**	**4420.27**	**8445.40**
1986	2122.01	778.42	1343.59	2204.91	836.36	1368.55
1987	2199.35	736.29	1463.06	2262.18	845.63	1416.55
1988	2357.24	774.76	1582.48	2491.21	845.04	1646.17
1989	2664.90	822.52	1842.38	2823.78	888.77	1935.01
1990	2937.10	992.42	1944.68	3083.59	1004.47	2079.12
“八五”时期	**22442.10**	**9038.39**	**13403.71**	**24387.46**	**7323.13**	**17064.33**
1991	3149.48	938.25	2211.23	3386.62	1090.81	2295.81
1992	3483.37	979.51	2503.86	3742.20	1170.44	2571.76
1993	4348.95	957.51	3391.44	4642.30	1312.06	3330.24
1994	5218.10	2906.50	2311.60	5792.62	1754.43	4038.19
1995	6242.20	3256.62	2985.58	6823.72	1995.39	4828.33
“九五”时期	**50774.39**	**25618.37**	**25156.02**	**57043.46**	**17481.55**	**39561.91**
1996	7407.99	3661.07	3746.92	7937.55	2151.27	5786.28
1997	8651.14	4226.92	4424.22	9233.56	2532.50	6701.06
1998	9875.95	4892.00	4983.95	10798.18	3125.60	7672.58
1999	11444.08	5849.21	5594.87	13187.67	4152.33	9035.34
2000	13395.23	6989.17	6406.06	15886.50	5519.85	10366.65
“十五”时期	**115050.69**	**61888.28**	**53162.41**	**128022.85**	**36629.87**	**91392.98**
2001	16386.04	8582.74	7803.30	18902.58	5768.02	13134.56
2002	18903.64	10388.64	8515.00	22053.15	6771.70	15281.45
2003	21715.25	11865.27	9849.98	24649.95	7420.10	17229.85
2004	26396.47	14503.10	11893.37	28486.89	7894.08	20592.81
2005	31649.29	16548.53	15100.76	33930.28	8775.97	25154.31
“十一五”时期	**303032.14**	**159290.52**	**143741.62**	**318970.83**	**66023.15**	**252947.68**
2006	38760.20	20456.62	18303.58	40422.73	9991.40	30431.33
2007	51321.78	27749.16	23572.62	49781.35	11442.06	38339.29
2008	61330.35	32680.56	28649.79	62592.66	13344.17	49248.49
2009	68518.30	35915.71	32602.59	76299.93	15255.79	61044.14
2010	83101.51	42488.47	40613.04	89874.16	15989.73	73884.43
“十二五”时期	**642976.85**	**301461.67**	**341515.18**	**703076.19**	**103862.72**	**599213.47**
2011	103874.43	51327.32	52547.11	109247.79	16514.11	92733.68
2012	117253.52	56175.23	61078.29	125952.97	18764.63	107188.34
2013	129209.64	60198.48	69011.16	140212.10	20471.76	119740.34
2014	140370.03	64493.45	75876.58	151785.56	22570.07	129215.49
2015	152269.23	69267.19	83002.04	175877.77	25542.15	150335.62
“十三五”时期	**888861.54**	**411025.63**	**477835.91**	**1096282.23**	**160179.53**	**936102.70**
2016	159604.97	72365.62	87239.35	187755.21	27403.85	160351.36
2017	172592.77	81123.36	91469.41	203085.49	29857.15	173228.34
2018	183359.84	85456.46	97903.38	220904.13	32707.81	188196.32
2019	190390.08	89309.47	101080.61	238858.37	35115.15	203743.22
2020	182913.88	82770.72	100143.16	245679.03	35095.57	210583.46
“十四五”时期						
2021	202554.64	91470.41	111084.23	245673.00	35049.96	210623.04
2022	203649.29	94887.14	108762.15	260552.12	35570.83	224981.29
2023	216784.37	99565.82	117218.55	274573.81	38219.39	236354.42

注：中央、地方一般公共预算收支均为本级收支(以下相关表同)。

7-3 一般公共预算收支和国债余额

单位：亿元

指　　标	2018年	2019年	2020年	2021年	2022年	2023年
一般公共预算收入	**183359.8**	**190390.1**	**182913.9**	**202554.6**	**203649.3**	**216784.4**
中央	85456.5	89309.5	82770.7	91470.4	94887.1	99565.8
地方	97903.4	101080.6	100143.2	111084.2	108762.2	117218.6
一般公共预算收入按项目分						
#各项税收	156402.9	158000.5	154312.3	172735.7	166620.1	181129.4
#国内增值税	61530.8	62347.4	56791.2	63519.6	48717.7	69332.0
国内消费税	10631.8	12564.4	12028.1	13880.7	16698.8	16117.8
企业所得税	35323.7	37303.8	36425.8	42042.4	43695.4	41097.6
个人所得税	13872.0	10388.5	11568.3	13992.7	14922.9	14775.3
关税	2847.8	2889.1	2564.3	2806.1	2860.3	2590.9
一般公共预算支出	**220904.1**	**238858.4**	**245679.0**	**245673.0**	**260552.1**	**274573.8**
中央	32707.8	35115.2	35095.6	35050.0	35570.8	38219.4
地方	188196.3	203743.2	210583.5	210623.0	224981.3	236354.4
一般公共预算支出按项目分						
#一般公共服务	18374.7	20344.7	20061.1	19880.2	20879.4	21246.7
国防	11280.5	12122.1	12918.8	13787.2	14752.2	15805.1
教育	32169.5	34796.9	36359.9	37468.9	39447.6	41242.4
科学技术	8326.7	9470.8	9018.3	9669.8	10032.0	10823.0
社会保障和就业	27012.1	29379.1	32568.5	33788.3	36609.2	39882.8
卫生健康	15623.6	16665.3	19216.2	19142.7	22536.7	22392.9
节能环保	6297.6	7390.2	6333.4	5525.1	5412.8	5632.7
城乡社区	22124.1	24895.2	19945.9	19454.0	19425.2	20529.8
农林水	21085.6	22862.8	23948.5	22034.5	22499.8	23967.1
交通运输	11282.8	11817.6	12197.9	11420.7	12044.1	12205.7
年末国债余额	**149607.4**	**168038.0**	**208905.9**	**232697.3**	**258692.8**	**300325.5**
内债余额	148208.6	166032.1	206290.3	229643.7	255591.6	296979.2
外债余额	1398.8	2005.9	2615.6	3053.6	3101.2	3346.3

注：本表一般公共预算支出项目按当年《政府收支分类科目》设置。

7-4 分地区一般公共预算收入

单位：亿元

地　区	2018年	2019年	2020年	2021年	2022年	2023年
地方总计	**97903.4**	**101080.6**	**100143.2**	**111084.2**	**108762.2**	**117218.6**
北　京	5785.9	5817.1	5483.9	5932.3	5714.4	6181.1
天　津	2106.2	2410.4	1923.1	2141.1	1846.7	2027.3
河　北	3513.9	3739.0	3826.5	4167.6	4056.3	4286.2
山　西	2292.7	2347.7	2296.6	2834.5	3454.0	3479.2
内蒙古	1857.6	2059.7	2051.2	2349.9	2824.4	3083.4
辽　宁	2616.1	2652.4	2655.8	2765.6	2525.1	2754.0
吉　林	1240.9	1116.9	1085.0	1144.0	851.0	1074.8
黑龙江	1282.6	1262.8	1152.5	1300.5	1290.7	1396.0
上　海	7108.1	7165.1	7046.3	7771.8	7608.2	8312.5
江　苏	8630.2	8802.4	9059.0	10015.2	9258.9	9930.2
浙　江	6598.2	7048.6	7248.2	8262.6	8039.9	8600.0
安　徽	3048.7	3182.7	3216.0	3498.2	3589.1	3939.0
福　建	3007.4	3052.9	3079.0	3383.4	3339.2	3591.9
江　西	2373.0	2487.4	2507.5	2812.2	2948.3	3059.6
山　东	6485.4	6526.7	6559.9	7284.5	7104.1	7464.7
河　南	3766.0	4041.9	4168.8	4353.9	4250.4	4512.1
湖　北	3307.1	3388.6	2511.5	3283.3	3281.1	3692.3
湖　南	2860.8	3007.1	3008.7	3250.7	3101.8	3360.5
广　东	12105.3	12654.5	12923.8	14105.0	13260.9	13851.3
广　西	1681.4	1811.9	1716.9	1800.2	1687.7	1783.8
海　南	752.7	814.1	816.1	921.2	832.4	900.7
重　庆	2265.5	2134.9	2094.9	2285.5	2103.4	2440.7
四　川	3911.0	4070.8	4260.9	4773.2	4880.5	5529.1
贵　州	1726.9	1767.5	1786.8	1969.4	1886.4	2078.3
云　南	1994.3	2073.6	2116.7	2278.3	1949.5	2149.4
西　藏	230.4	222.0	221.0	215.6	179.6	236.6
陕　西	2243.1	2287.9	2257.3	2775.4	3311.6	3437.4
甘　肃	871.1	850.5	874.6	1001.9	907.6	1003.5
青　海	272.9	282.2	298.0	328.8	329.1	381.3
宁　夏	436.5	423.6	419.4	460.0	460.1	502.3
新　疆	1531.4	1577.6	1477.2	1618.6	1889.8	2179.7

注：由于体制调整，2022年起新疆数据包含新疆生产建设兵团。

7-5　分地区一般公共预算支出

单位：亿元

地　区	2018年	2019年	2020年	2021年	2022年	2023年
地方总计	**188196.3**	**203743.2**	**210583.5**	**210623.0**	**224981.3**	**236354.4**
北　京	7471.4	7408.2	7116.2	7205.1	7469.2	7971.6
天　津	3103.2	3555.7	3151.4	3152.5	2729.8	3280.5
河　北	7726.2	8309.0	9022.8	8848.2	9305.6	9605.7
山　西	4283.9	4710.8	5110.9	5046.6	5876.5	6351.2
内蒙古	4831.5	5100.9	5270.2	5239.6	5887.7	6817.5
辽　宁	5337.7	5745.1	6014.2	5879.2	6261.4	6567.3
吉　林	3789.6	3933.4	4127.2	3696.8	4044.0	4406.9
黑龙江	4676.8	5011.6	5449.4	5104.8	5452.0	5776.7
上　海	8351.5	8179.3	8102.1	8430.9	9393.2	9638.5
江　苏	11657.4	12573.6	13681.6	14585.3	14901.4	15242.7
浙　江	8629.5	10053.0	10082.0	11014.6	12017.8	12353.1
安　徽	6572.1	7392.2	7473.6	7591.1	8379.8	8638.2
福　建	4832.7	5077.9	5216.1	5204.7	5691.2	5868.4
江　西	5667.5	6386.8	6674.1	6778.9	7289.1	7500.6
山　东	10101.0	10739.8	11233.5	11713.2	12128.6	12582.7
河　南	9217.7	10163.9	10372.7	9784.3	10646.7	11062.6
湖　北	7258.3	7970.2	8442.9	7933.7	8623.9	9295.8
湖　南	7479.6	8034.4	8403.1	8325.5	8991.6	9584.5
广　东	15729.3	17297.9	17430.8	18247.0	18533.1	18510.9
广　西	5310.7	5851.0	6179.5	5806.5	5893.3	6102.6
海　南	1691.3	1858.6	1972.5	1971.4	2097.4	2257.3
重　庆	4540.9	4847.7	4893.9	4835.1	4892.8	5304.6
四　川	9707.5	10348.2	11198.5	11215.7	11914.7	12731.7
贵　州	5029.7	5948.7	5739.5	5590.0	5851.4	6202.8
云　南	6075.0	6770.1	6974.0	6634.4	6699.8	6730.3
西　藏	1970.7	2187.7	2210.9	2027.0	2593.0	2809.1
陕　西	5302.4	5718.5	5930.3	6069.2	6761.0	7180.9
甘　肃	3772.2	3951.6	4163.4	4032.6	4257.2	4518.5
青　海	1647.4	1863.7	1932.8	1854.5	1975.1	2188.7
宁　夏	1419.1	1438.3	1480.4	1427.9	1587.8	1751.5
新　疆	5012.5	5315.5	5533.2	5376.9	6835.4	7521.3

注：由于体制调整，2022年起新疆数据包含新疆生产建设兵团。

8-1 生态环境主要指标

项　　目	单　位	2018年	2019年	2020年	2021年	2022年	2023年
水环境							
水资源总量	亿立方米	27463	29041	31605	29638	27088	24780
人均水资源量	立方米/人	1958	2063	2240	2098	1918	1757
用水总量	亿立方米	6016	6021	5813	5920	5998	5907
#农业	亿立方米	3693	3682	3612	3644	3781	
工业	亿立方米	1262	1218	1030	1050	968	
生活	亿立方米	860	872	863	909	906	
生态	亿立方米	201	250	307	317	343	
化学需氧量排放量	万吨	584	567	2565	2531	2596	
大气环境							
二氧化硫排放量	万吨	516	457	318	275	244	
氮氧化物排放量	万吨	1288	1234	1020	988	896	
颗粒物排放量	万吨	1132	1089	611	537	493	
固体废物							
一般工业固体废物综合利用量	万吨	216860	232079	203798	226659	237025	
城市生活垃圾清运量	万吨	22802	24206	23512	24869	24445	
生态环境							
森林面积	万公顷	22045					
森林覆盖率	%	22.96					
造林面积	万公顷	730	739	693	375	420	400
国家级自然保护区数	个	474	474	474	474		
国家级自然保护区面积	万公顷	9861	9811	9821	9821		
自然灾害							
发生地质灾害次数	次	2966	6181	7840	4761	5659	
发生地震灾害次数	次	11	16	5	19	27	11

注：1.2020年生态环境部对排放源统计调查的部分调查范围、指标及方式方法进行了修订，化学需氧量排放量与以前年份不可比。

2.森林面积和森林覆盖率为第九次全国森林资源清查(2014-2018年)资料。

8-2　一次能源生产总量和构成

年　份	一次能源生产总　　量(万吨标准煤)	构成(一次能源生产总量=100)			
		原　煤	原　油	天然气	一次电力及其他能源
1978	62770	70.3	23.7	2.9	3.1
1980	63735	69.4	23.8	3.0	3.8
1981	63227	70.2	22.9	2.7	4.2
1982	66778	71.3	21.8	2.4	4.5
1983	71270	71.6	21.3	2.3	4.8
1984	77855	72.4	21.0	2.1	4.5
1985	85546	72.8	20.9	2.0	4.3
1986	88124	72.4	21.2	2.1	4.3
1987	91266	72.6	21.0	2.0	4.4
1988	95801	73.1	20.4	2.0	4.5
1989	101639	74.1	19.3	2.0	4.6
1990	103922	74.2	19.0	2.0	4.8
1991	104844	74.1	19.2	2.0	4.7
1992	107256	74.3	18.9	2.0	4.8
1993	111059	74.0	18.7	2.0	5.3
1994	118729	74.6	17.6	1.9	5.9
1995	129034	75.3	16.6	1.9	6.2
1996	133032	75.0	16.9	2.0	6.1
1997	133460	74.2	17.2	2.1	6.5
1998	129834	73.3	17.7	2.2	6.8
1999	131935	73.9	17.3	2.5	6.3
2000	138570	72.9	16.8	2.6	7.7
2001	147425	72.6	15.9	2.7	8.8
2002	156277	73.1	15.3	2.8	8.8
2003	178299	75.7	13.6	2.6	8.1
2004	206108	76.7	12.2	2.7	8.4
2005	229037	77.4	11.3	2.9	8.4
2006	244763	77.5	10.8	3.2	8.5
2007	264173	77.8	10.1	3.5	8.6
2008	277419	76.8	9.8	3.9	9.5
2009	286092	76.8	9.4	4.0	9.8
2010	312125	76.2	9.3	4.1	10.4
2011	340178	77.8	8.5	4.1	9.6
2012	351041	76.2	8.5	4.1	11.2
2013	358784	75.4	8.4	4.4	11.8
2014	362212	73.5	8.3	4.7	13.5
2015	362193	72.2	8.5	4.8	14.5
2016	345954	69.8	8.3	5.2	16.7
2017	358867	69.6	7.6	5.4	17.4
2018	378859	69.2	7.2	5.4	18.2
2019	397317	68.5	6.9	5.6	19.0
2020	407295	67.5	6.8	6.0	19.7
2021	427115	66.7	6.7	6.0	20.6
2022	463808	67.2	6.3	5.9	20.6
2023	483000	66.6	6.2	6.0	21.2

注：1.电力折算标准煤的系数采用当年平均发电煤耗计算(以下相关表同)。
　　2.2023年数据为初步核算数。

8-3 能源消费总量和构成

年 份	能源消费总 量(万吨标准煤)	构成(能源消费总量=100)			
		煤 炭	石 油	天然气	一次电力及其他能源
1978	57144	70.7	22.7	3.2	3.4
1980	60275	72.2	20.7	3.1	4.0
1981	59447	72.7	20.0	2.8	4.5
1982	62067	73.7	18.9	2.5	4.9
1983	66040	74.2	18.1	2.4	5.3
1984	70904	75.3	17.4	2.4	4.9
1985	76682	75.8	17.1	2.2	4.9
1986	80850	75.8	17.2	2.3	4.7
1987	86632	76.2	17.0	2.1	4.7
1988	92997	76.1	17.1	2.1	4.7
1989	96934	76.1	17.1	2.1	4.7
1990	98703	76.2	16.6	2.1	5.1
1991	103783	76.1	17.1	2.0	4.8
1992	109170	75.7	17.5	1.9	4.9
1993	115993	74.7	18.2	1.9	5.2
1994	122737	75.0	17.4	1.9	5.7
1995	131176	74.6	17.5	1.8	6.1
1996	135192	73.5	18.7	1.8	6.0
1997	135909	71.4	20.4	1.8	6.4
1998	136184	70.9	20.8	1.8	6.5
1999	140569	70.6	21.5	2.0	5.9
2000	146964	68.5	22.0	2.2	7.3
2001	155547	68.0	21.2	2.4	8.4
2002	169577	68.5	21.0	2.3	8.2
2003	197083	70.2	20.1	2.3	7.4
2004	230281	70.2	19.9	2.3	7.6
2005	261369	72.4	17.8	2.4	7.4
2006	286467	72.4	17.5	2.7	7.4
2007	311442	72.5	17.0	3.0	7.5
2008	320611	71.5	16.7	3.4	8.4
2009	336126	71.6	16.4	3.5	8.5
2010	360648	69.2	17.4	4.0	9.4
2011	387043	70.2	16.8	4.6	8.4
2012	402138	68.5	17.0	4.8	9.7
2013	416913	67.4	17.1	5.3	10.2
2014	428334	65.8	17.3	5.6	11.3
2015	434113	63.8	18.4	5.8	12.0
2016	441492	62.2	18.7	6.1	13.0
2017	455827	60.6	18.9	6.9	13.6
2018	471925	59.0	18.9	7.6	14.5
2019	487488	57.7	19.0	8.0	15.3
2020	498314	56.9	18.8	8.4	15.9
2021	525896	55.9	18.6	8.8	16.7
2022	540956	56.0	18.0	8.4	17.6
2023	572000	55.3	18.3	8.5	17.9

注：2023年数据为初步核算数。

8-4 综合能源平衡表

单位：万吨标准煤

项　　目	2000年	2010年	2021年	2022年
可供消费的能源总量	**144234**	**365588**	**533841**	**556234**
一次能源生产总量	138570	312125	427115	463808
回收能	3087	8958		
进口量	14327	57671	124807	120236
出口量(-)	9327	8803	13122	12197
年初年末库存差额	-2424	-4363	-4959	-15612
能源消费总量	**146964**	**360648**	**525896**	**540956**
在总量中:				
1.农、林、牧、渔业	4233	7266	9661	10090
2.工　业	103014	261377	348551	363782
3.建筑业	2207	5533	9608	8371
4.交通运输、仓储和邮政业	11447	27102	43935	40434
5.批发和零售业、住宿和餐饮业	3251	7847	14898	15342
6.其　他	6118	15052	31762	32375
7.居民生活	16695	36470	67481	70563
在总量中:				
(一) 终端消费	140476	337469	514744	530867
#工　业	96871	238652	337621	353950
(二) 加工转换损失量	2472	14294	24311	24800
#炼　焦	526	1595	3840	4005
炼油及煤制油	781	1960	6421	5904
(三) 回收能(-)			23296	24255
(四) 损失量	4016	8885	10138	9543
平衡差额	**-2730**	**4940**	**7945**	**15279**

注：1.电力按等价热值折算，因此加工转换损失量中不包括发电损失量。
2.进口量包括境内飞机和轮船在境外的加油量；出口量包括境外飞机和轮船在境内的加油量。

8-5 电力平衡表

单位：亿千瓦时

项　　目	1990年	2000年	2010年	2021年	2022年
可供量	**6230**	**13473**	**41936**	**85200**	**88358**
生产量	6212	13556	42072	85343	88487
水　电	1267	2224	7222	13390	13522
火　电	4945	11142	33319	58059	58888
核　电		167	739	4075	4178
风　电			446	6561	7627
进口量	19	15	55	59	71
出口量(-)	1	99	191	202	201
消费量	**6230**	**13472**	**41934**	**85200**	**88358**
在消费量中:					
1.农、林、牧、渔业	427	533	976	1597	1757
2.工　业	4873	10005	30872	56622	57413
3.建筑业	65	160	483	1133	1091
4.交通运输、仓储和邮政业	106	281	735	1993	2041
5.批发和零售业、住宿和餐饮业	76	419	1292	3870	4043
6.其　他	202	623	2452	7707	8077
7.居民生活	481	1452	5125	12279	13936
在消费量中:					
(一) 终端消费	5796	12536	39366	81944	85295
#工　业	4439	9068	28304	53366	54350
(二) 输配电损失量	435	937	2568	3256	3063

8-6 发电装机容量

单位：万千瓦

年 份	发电装机容量	火电	水电	核电	风电	太阳能发电	其他
2000	31932	23754	7935	210	34		
2001	33849	25301	8301	210	38		
2002	35657	26555	8607	447	47		
2003	39141	28977	9490	619	55		
2004	44239	32948	10524	696	82		
2005	51718	39138	11739	696	106		
2006	62370	48382	13029	696	207		
2007	71822	55607	14823	908	420		
2008	79273	60286	17260	908	839		
2009	87410	65108	19629	908	1760	3	3
2010	96641	70967	21606	1082	2958	26	3
2011	106253	76834	23298	1257	4623	212	19
2012	114676	81968	24947	1257	6142	341	20
2013	125768	87009	28044	1466	7652	1589	8
2014	137887	93232	30486	2008	9657	2486	19
2015	152527	100554	31954	2717	13075	4218	9
2016	165051	106094	33207	3364	14747	7631	7
2017	177708	110495	34359	3582	16325	12942	7
2018	189997	114408	35259	4466	18427	17433	5
2019	200985	118957	35804	4874	20915	20429	5
2020	220504	124960	37028	4989	28165	25356	5
2021	237689	129739	39094	5326	32871	30654	5
2022	256317	133527	41396	5557	36564	39268	5
2023	291965	139032	42154	5691	44134	60949	5

注：本表数据来源于中国电力企业联合会，2023年数据为快报数。

8-7 分地区用电量

单位：亿千瓦时

地 区	2017年	2018年	2019年	2020年	2021年	2022年	2023年
北 京	1067	1142	1166	1140	1233	1281	1358
天 津	806	855	878	875	982	991	1051
河 北	3442	3666	3856	3934	4294	4344	4757
山 西	1991	2161	2262	2342	2608	2721	2885
内蒙古	2892	3353	3653	3900	3957	4291	4823
辽 宁	2135	2302	2401	2423	2576	2551	2663
吉 林	703	751	780	805	843	852	928
黑龙江	929	974	996	1014	1089	1139	1184
上 海	1527	1567	1569	1576	1750	1746	1849
江 苏	5808	6128	6264	6374	7101	7400	7833
浙 江	4193	4533	4706	4830	5514	5799	6192
安 徽	1921	2135	2301	2428	2715	2993	3214
福 建	2113	2314	2402	2483	2837	2900	3090
江 西	1294	1429	1536	1627	1863	1983	2026
山 东	5430	6084	6219	6940	7383	7559	7966
河 南	3166	3418	3364	3392	3647	3908	4090
湖 北	1869	2071	2214	2144	2472	2648	2706
湖 南	1582	1745	1864	1929	2155	2236	2277
广 东	5959	6323	6696	6926	7867	7870	8502
广 西	1445	1703	1907	2029	2238	2217	2449
海 南	305	327	355	363	405	415	482
重 庆	997	1119	1160	1186	1341	1404	1453
四 川	2205	2459	2636	2865	3275	3447	3711
贵 州	1385	1482	1541	1586	1743	1743	1783
云 南	1538	1679	1812	2025	2139	2390	2513
西 藏	58	69	78	82	101	119	135
陕 西	1495	1594	1912	1741	2217	2372	2450
甘 肃	1164	1290	1288	1376	1495	1501	1645
青 海	687	738	716	742	858	922	1018
宁 夏	978	1065	1084	1038	1158	1250	1387
新 疆	2543	2686	2868	3099	3460	3487	3821

注：本表数据来源于中国电力企业联合会，2023年数据为快报数。

8-8 万元国内生产总值能源消费量

年份	万元国内生产总值能源消费量(吨标准煤/万元)	万元国内生产总值煤 炭消费量(吨/万元)	万元国内生产总值焦 炭消费量(吨/万元)	万元国内生产总值石 油消费量(吨/万元)	万元国内生产总值原 油消费量(吨/万元)	万元国内生产总值燃料油消费量(吨/万元)	万元国内生产总值电力消费量(万千瓦时/万元)
国内生产总值按1980年可比价格计算							
1980	13.14	13.30	0.94	1.91	2.01	0.67	0.66
1981	12.33	12.56	0.81	1.93	1.81	0.59	0.64
1982	11.81	12.20	0.76	1.56	1.65	0.53	0.62
1983	11.34	11.80	0.71	1.44	1.56	0.49	0.60
1984	10.57	11.18	0.66	1.29	1.37	0.43	0.56
1985	10.08	10.72	0.62	1.21	1.25	0.37	0.54
1986	9.75	10.38	0.63	1.17	1.23	0.36	0.54
1987	9.36	10.03	0.62	1.11	1.15	0.34	0.54
1988	9.03	9.65	0.59	1.08	1.09	0.31	0.53
1989	9.04	9.64	0.59	1.08	1.08	0.32	0.55
1990	8.85	9.47	0.62	1.03	1.06	0.30	0.56
国内生产总值按1990年可比价格计算							
1990	5.23	5.59	0.37	0.61	0.62	0.18	0.33
1991	5.03	5.36	0.35	0.60	0.60	0.17	0.33
1992	4.63	4.84	0.33	0.57	0.56	0.15	0.32
1993	4.32	4.51	0.33	0.55	0.52	0.14	0.31
1994	4.05	4.24	0.30	0.49	0.46	0.12	0.31
1995	3.90	4.09	0.32	0.48	0.44	0.11	0.30
1996	3.66	3.79	0.32	0.48	0.43	0.10	0.29
1997	3.36	3.41	0.27	0.48	0.43	0.09	0.28
1998	3.13	3.10	0.26	0.45	0.40	0.09	0.27
1999	3.00	2.97	0.23	0.45	0.40	0.08	0.26
2000	2.89	2.67	0.21	0.44	0.42	0.08	0.26
国内生产总值按2000年可比价格计算							
2000	1.47	1.35	0.11	0.22	0.21	0.04	0.13
2001	1.43	1.32	0.11	0.21	0.20	0.04	0.14
2002	1.43	1.30	0.11	0.21	0.19	0.03	0.14
2003	1.51	1.41	0.12	0.21	0.19	0.03	0.15
2004	1.60	1.48	0.13	0.22	0.20	0.03	0.15
2005	1.63	1.52	0.16	0.20	0.19	0.03	0.16
国内生产总值按2005年可比价格计算							
2005	1.40	1.30	0.13	0.17	0.16	0.02	0.13
2006	1.36	1.28	0.13	0.17	0.15	0.02	0.14
2007	1.29	1.20	0.13	0.15	0.14	0.02	0.14
2008	1.21	1.14	0.12	0.14	0.13	0.01	0.13
2009	1.16	1.12	0.13	0.13	0.13	0.01	0.13
2010	1.13	1.09	0.12	0.14	0.13	0.01	0.13
国内生产总值按2010年可比价格计算							
2010	0.88	0.85	0.09	0.11	0.10	0.01	0.10
2011	0.86	0.86	0.09	0.10	0.10	0.01	0.10
2012	0.83	0.85	0.09	0.10	0.10	0.01	0.10
2013	0.79	0.81	0.09	0.10	0.09	0.01	0.10
2014	0.76	0.73	0.08	0.09	0.09	0.01	0.10
2015	0.72	0.66	0.07	0.09	0.09	0.01	0.10
国内生产总值按2015年可比价格计算							
2015	0.63	0.58	0.06	0.08	0.08	0.01	0.08
2016	0.60	0.53	0.06	0.08	0.08	0.01	0.08
2017	0.58	0.50	0.06	0.08	0.08	0.01	0.08
2018	0.56	0.47	0.05	0.07	0.07	0.01	0.09
2019	0.55	0.45	0.05	0.07	0.08	0.01	0.08
2020	0.55	0.44	0.05	0.07	0.08	0.01	0.09
国内生产总值按2020年可比价格计算							
2020	0.49	0.40	0.05	0.06	0.07	0.01	0.08
2021	0.48	0.39	0.04	0.06	0.07	0.00	0.08
2022	0.48	0.40	0.04	0.06	0.06	0.00	0.08

8-9　主要能源产品产量

年　份	原　煤 (亿吨)	原　油 (万吨)	天然气 (亿立方米)	焦　炭 (万吨)	发电量 (亿千瓦时)	#火　电	#水　电
1978	6.18	10405.0	137.3	4690.0	2565.5	2119.6	445.9
1980	6.20	10594.6	142.7	4343.0	3006.3	2424.2	582.1
1981	6.22	10122.0	127.4	3895.0	3092.7	2437.2	655.5
1982	6.66	10212.0	119.3	4019.0	3276.8	2532.8	744.0
1983	7.15	10607.0	122.1	4220.0	3514.4	2650.8	863.6
1984	7.89	11461.0	124.3	4557.2	3769.9	2902.1	867.8
1985	8.72	12489.5	129.3	4802.1	4106.9	3183.2	923.7
1986	8.94	13069.0	137.6	5275.5	4495.3	3550.0	945.3
1987	9.28	13414.0	138.9	5795.1	4972.7	3972.6	1000.1
1988	9.80	13705.0	142.6	6108.0	5452.1	4360.6	1091.5
1989	10.54	13764.0	150.5	6624.0	5848.1	4664.2	1183.9
1990	10.80	13830.6	153.0	7328.3	6212.0	4944.8	1267.2
1991	10.87	14099.0	160.7	7351.6	6775.5	5524.6	1250.9
1992	11.16	14210.0	157.9	7983.9	7539.4	6214.7	1324.7
1993	11.51	14517.0	167.7	9282.5	8382.6	6838.8	1543.8
1994	12.40	14608.0	175.6	9780.7	9280.8	7459.2	1821.6
1995	13.61	15004.4	179.5	13424.5	10077.3	8043.2	1905.8
1996	13.97	15733.4	201.1	13643.0	10813.1	8777.0	1879.7
1997	13.88	16074.1	227.0	13731.0	11355.5	9241.0	1959.8
1998	13.32	16100.0	232.8	12806.0	11670.0	9267.0	1988.9
1999	13.64	16000.0	252.0	12073.7	12393.0	9868.0	1965.8
2000	13.84	16300.0	272.0	12184.0	13556.0	11141.9	2224.1
2001	14.72	16395.9	303.3	13130.7	14808.0	11768.0	2774.3
2002	15.50	16700.0	326.6	14279.8	16540.0	13274.0	2879.7
2003	18.35	16960.0	350.2	17775.7	19105.8	15804.0	2836.8
2004	21.23	17587.3	414.6	20619.0	22033.1	17956.0	3535.4
2005	23.65	18135.3	493.2	26511.7	25002.6	20473.4	3970.2
2006	25.70	18476.6	585.5	30074.4	28657.3	23696.0	4357.9
2007	27.60	18631.8	692.4	33105.3	32815.5	27229.3	4852.6
2008	29.03	19044.0	803.0	32313.9	34668.8	27072.3	5851.9
2009	31.15	18949.0	852.7	35744.1	37146.5	29827.8	6156.4
2010	34.28	20301.4	957.9	38657.8	42071.6	33319.3	7221.7
2011	37.64	20287.6	1053.4	43433.0	47130.2	38337.0	6989.5
2012	39.45	20747.8	1106.1	43831.5	49875.5	38928.1	8721.1
2013	39.74	20991.9	1208.6	48179.4	54316.4	42470.1	9202.9
2014	38.74	21142.9	1301.6	47980.9	57944.6	44001.1	10728.8
2015	37.47	21455.6	1346.1	44822.5	58145.7	42841.9	11302.7
2016	34.11	19968.5	1368.7	44911.5	61331.6	44370.7	11840.5
2017	35.24	19150.6	1480.3	43142.6	66044.5	47546.0	11978.7
2018	36.98	18932.4	1601.6	44834.2	71661.3	50963.2	12317.9
2019	38.46	19162.8	1753.6	47126.2	75034.3	52201.5	13044.4
2020	39.02	19476.9	1925.0	47116.1	77790.6	53302.5	13552.1
2021	41.26	19888.1	2075.8	46445.8	85342.5	58058.7	13390.0
2022	45.59	20472.2	2201.1	47343.6	88487.1	58887.9	13522.0
2023	47.11	20902.6	2324.3	49260.0	94564.4	62657.4	12858.5

8-10 分地区主要能源产品产量

(2023年)

地区	原煤 (万吨)	原油 (万吨)	天然气 (亿立方米)	发电量 (亿千瓦时)
全国总计	**471128.7**	**20902.6**	**2324.3**	**94564.4**
北京			1.2	471.6
天津		3769.1	41.7	837.5
河北	4630.2	471.0	5.9	4125.9
山西	137752.0		145.9	4572.8
内蒙古	123366.3	159.2	305.7	7629.9
辽宁	2861.5	982.0	8.3	2362.9
吉林	924.7	407.8	19.3	1158.7
黑龙江	6918.6	2971.0	59.4	1327.4
上海		49.3	36.1	1006.6
江苏	814.0	157.0	0.7	6390.5
浙江				4580.7
安徽	11206.5		2.6	3549.4
福建	401.7			3302.5
江西	237.8		0.1	1852.6
山东	8705.8	2214.1	8.5	6508.1
河南	10236.7	235.3	4.4	3534.6
湖北	76.6	53.6	1.7	3206.0
湖南	944.5			1797.5
广东		1998.1	123.7	7010.3
广西	352.3	67.8	0.4	2382.9
海南		56.2	35.0	478.9
重庆		1.6	95.6	1120.2
四川	2054.1	19.6	602.0	5006.5
贵州	13215.2		10.5	2368.8
云南	7661.6		0.2	4151.0
西藏				163.0
陕西	76179.7	2489.8	328.5	3103.8
甘肃	6019.7	1166.4	7.5	2109.0
青海	772.9	235.0	60.0	1009.7
宁夏	9896.3	128.6	2.2	2314.3
新疆	45900.0	3270.1	417.3	5130.7

注：因四舍五入原因，各地区数据之和与全国数据存在误差。

9-1 全社会固定资产投资

年　份	全社会固定资产投资（亿元）	#房地产	比上年增长（%）
“六五”时期	**7997.6**		**19.4**
1981	961.0		5.5
1982	1230.4		28.0
1983	1430.1		16.2
1984	1832.9		28.2
1985	2543.2		38.8
“七五”时期	**20593.5**	**1034.1**	**16.5**
1986	3120.6	101.0	22.7
1987	3791.7	149.9	21.5
1988	4753.8	257.2	25.4
1989	4410.4	272.7	-7.2
1990	4517.0	253.3	2.4
“八五”时期	**63808.3**	**8708.0**	**36.9**
1991	5594.5	336.2	23.9
1992	8080.1	731.2	44.4
1993	13072.3	1937.5	61.8
1994	17042.1	2554.1	30.4
1995	20019.3	3149.0	17.5
“九五”时期	**139033.2**	**19096.3**	**11.2**
1996	22974.0	3216.4	14.8
1997	24941.1	3178.4	8.8
1998	28406.2	3614.2	13.9
1999	29854.7	4103.2	5.1
2000	32917.7	4984.1	10.3
“十五”时期	**281783.1**	**53356.4**	**18.5**
2001	37213.5	6344.1	13.0
2002	43499.9	7790.9	16.9
2003	53841.2	10153.8	23.8
2004	66235.0	13158.3	23.0
2005	80993.6	15909.2	22.3
“十一五”时期	**741072.7**	**159659.2**	**20.9**
2006	97583.1	19422.9	20.5
2007	118323.2	25288.8	21.3
2008	144586.8	31203.2	22.2
2009	181760.4	36241.8	25.7
2010	218833.6	47502.4	20.4
“十二五”时期	**1397425.6**	**391440.5**	**11.6**
2011	205036.4	60027.4	20.1
2012	241745.5	69044.1	17.9
2013	282485.5	81921.6	16.9
2014	320330.9	89916.7	13.4
2015	347827.4	90530.7	8.6
“十三五”时期	**2075858.0**	**564568.1**	**6.0**
2016	372020.7	96383.9	7.0
2017	394926.2	102758.5	6.2
2018	418215.2	111980.3	5.9
2019	439541.2	122629.3	5.1
2020	451154.8	130816.2	2.6
“十四五”时期			
2021	473002.5	136275.2	4.8
2022	495966.4	122697.1	4.9
2023	509707.9	110912.9	2.8
平均每年增长(%)			
1982-2023年	17.8		
1991-2023年	17.5	24.0	
2001-2023年	15.0	18.4	

注：1.1997年起，除房地产投资、农村集体投资、农村个人投资外，其他固定资产投资的统计起点由5万元提高到50万元。2011年，除房地产投资、农村个人投资外，固定资产投资统计起点由50万元提高到500万元。

2.本资料对2010年以来全国固定资产投资主要指标总量及增速进行了修订，主要原因是：①加强投资项目审核管理，剔除流动资产、消耗性生物资产等不符合固定资产投资统计范围的项目。②改进和完善数据质量审核管理方法，剔除不应纳入报告期完成投资的前期土地费用以及跨地区、跨行业重复统计数据。③加强统计执法，对统计执法检查中发现的问题数据，按照相关规定进行了改正。

3.本表增长速度均未扣除价格因素，平均每年增长速度按累计法计算(以下相关表同)。

9-2 全社会固定资产投资实际到位资金增速

单位：%

年 份	本年实际到位资金小计	国家预算资 金	国内贷款	利用外资	自筹资金	其他资金
1996	14.1	1.4	9.0	19.7	5.2	58.9
1997	8.1	11.3	4.6	-2.3	12.6	6.5
1998	13.7	71.9	15.9	-2.5	11.6	17.7
1999	3.6	54.7	3.3	-23.3	4.4	3.5
2000	11.3	13.9	17.5	-15.5	11.5	13.2
2001	14.7	20.7	7.6	2.0	15.9	20.7
2002	18.6	24.1	22.4	20.5	20.6	7.5
2003	30.1	-15.0	36.0	24.7	37.8	21.0
2004	27.2	21.1	14.5	26.4	31.2	31.8
2005	26.9	27.6	18.4	21.1	33.5	16.0
2006	25.8	12.5	20.0	8.9	29.0	28.3
2007	26.8	25.4	17.6	18.4	28.6	31.7
2008	21.3	35.8	14.8	3.5	29.7	-2.8
2009	36.8	59.5	48.6	-13.0	29.5	62.4
2010	24.3	15.7	20.2	7.9	28.4	17.1
2011	21.1	14.1	5.3	7.6	28.3	11.2
2012	18.4	27.7	11.3	-11.7	21.1	12.9
2013	20.0	17.7	15.2	-3.3	20.3	25.3
2014	10.6	19.9	9.7	-6.2	13.6	-5.0
2015	7.5	15.6	-6.4	-29.6	9.2	10.1
2016	5.6	17.1	10.1	-20.5	-0.2	30.7
2017	4.7	7.8	8.7	-3.1	2.2	11.5
2018	3.4	0.1	-5.4	-2.3	3.7	8.7
2019	4.1	-0.9	2.0	33.3	1.4	11.4
2020	7.3	32.8	0.0	-4.4	6.7	7.5
2021	4.3	-3.8	-3.1	-10.9	5.7	7.2
2022	0.5	39.3	-6.0	-19.8	9.0	-19.8
2023	-1.4	9.0	5.1	-17.5	1.1	-13.4

9-3 三次产业固定资产投资(不含农户)

单位：亿元

年 份	投资额			
		第一产业	第二产业	第三产业
2003	44389	518	16112	27759
2004	55475	595	21017	33862
2005	68514	727	27588	40199
2006	82830	898	33263	48670
2007	101212	1096	41001	59114
2008	124434	1588	50365	72481
2009	156933	2220	61177	93536
2010	189964	2493	72647	114825
2011	195947	2542	71626	121780
2012	231905	3041	81454	147410
2013	271939	3696	91211	177032
2014	309575	4527	99583	205465
2015	337418	5542	105319	226557
2016	362056	6261	107694	248100
2017	385372	6716	109853	268803
2018	408176	7582	116872	283722
2019	430145	7628	120495	302022
2020	442791	9115	120787	312889
2021	464665	10018	134722	319926
2022	488549	10098	148800	329652
2023	503036	10085	162136	330815

注：2003-2010年为城镇固定资产投资口径；2011-2023年为固定资产投资(不含农户)口径。

9-4 民间固定资产投资

年 份	完成投资额(亿元)	增长速度(%)
2012	125300	
2013	150542	20.1
2014	174306	15.8
2015	189659	8.8
2016	194952	2.8
2017	205153	5.2
2018	223001	8.7
2019	233482	4.7
2020	235701	1.0
2021	252082	7.0
2022	254451	0.9
2023	253544	-0.4

注：国家统计局于2012年初印发了《关于民间固定资产投资定义和统计范围的规定》(国统投资字〔2012〕2号)。民间固定资产投资是指具有集体、私营、个人性质的内资企事业单位以及由其控股(包括绝对控股和相对控股)的企业单位建造或购置固定资产的投资。

9-5 按行业分固定资产投资(不含农户)增长速度(一)

单位：%

行　　　业	2021年	2022年	2023年
全 国 总 计	**4.9**	**5.1**	**3.0**
农、林、牧、渔业	**9.3**	**4.2**	**1.2**
农业	3.4	16.1	9.3
林业	-4.0	8.9	1.5
畜牧业	20.3	-22.7	-18.2
渔业	4.9	31.8	8.7
农、林、牧、渔专业及辅助性活动	10.5	32.1	7.4
采矿业	**10.9**	**4.5**	**2.1**
#煤炭开采和洗选业	11.1	24.4	12.1
石油和天然气开采业	4.2	15.5	15.2
黑色金属矿采选业	26.9	33.3	-6.8
有色金属矿采选业	1.9	8.4	42.7
非金属矿采选业	26.9	17.3	16.2
制造业	**13.5**	**9.1**	**6.5**
农副食品加工业	18.8	15.5	7.7
食品制造业	10.4	13.7	12.5
酒、饮料和精制茶制造业	16.8	27.2	7.6
烟草制品业	34.5	-15.0	46.6
纺织业	11.9	4.7	-0.4
纺织服装、服饰业	4.1	25.3	-2.2
皮革、毛皮、羽毛及其制品和制鞋业	2.0	24.1	-3.0
木材加工及木、竹、藤、棕、草制品业	13.7	19.6	2.8
家具制造业	1.7	13.2	-7.7
造纸及纸制品业	13.3	8.3	10.1
印刷和记录媒介复制业	6.7	8.0	-0.9
文教、工美、体育和娱乐用品制造业	11.2	17.3	0.1
石油、煤炭及其他燃料加工业	8.0	-10.7	-18.9
化学原料和化学制品制造业	15.7	18.8	13.4
医药制造业	10.6	5.9	1.8
化学纤维制造业	31.8	21.4	-9.8
橡胶和塑料制品业	13.2	8.7	4.6
非金属矿物制品业	14.1	6.7	0.6
黑色金属冶炼和压延加工业	14.6	-0.1	0.2
有色金属冶炼和压延加工业	4.6	15.7	12.5
金属制品业	11.4	11.8	3.5
通用设备制造业	9.8	14.8	4.8
专用设备制造业	24.3	12.1	10.4
汽车制造业	-3.7	12.6	19.4
铁路、船舶、航空航天和其他运输设备制造业	20.5	1.7	3.1

9-5 按行业分固定资产投资(不含农户)增长速度(二)

单位：%

行　　业	2021年	2022年	2023年
电气机械和器材制造业	23.3	42.6	32.2
计算机、通信和其他电子设备制造业	22.3	18.8	9.3
仪器仪表制造业	12.0	37.8	14.4
其他制造业	8.7	-36.9	-22.0
废弃资源综合利用业	6.7	22.3	6.8
金属制品、机械和设备修理业	43.6	-22.4	71.4
电力、热力、燃气及水生产和供应业	**1.1**	**19.3**	**23.0**
电力、热力生产和供应业	3.2	24.3	27.3
燃气生产和供应业	-2.2	6.6	16.7
水的生产和供应业	-4.2	7.3	7.6
建筑业	**1.6**	**2.0**	**22.5**
批发和零售业	**-5.9**	**5.3**	**-0.4**
交通运输、仓储和邮政业	**1.6**	**9.1**	**10.5**
#铁路运输业	-1.8	1.8	25.2
道路运输业	-1.2	3.7	-0.7
水上运输业	17.9	16.5	22.0
航空运输业	18.8	4.8	4.1
管道运输业	-1.4	11.2	2.0
住宿和餐饮业	**6.6**	**7.5**	**8.2**
信息传输、软件和信息技术服务业	**-12.1**	**21.8**	**13.8**
#电信、广播电视和卫星传输服务	-7.0	2.4	2.8
金融业	**1.9**	**10.5**	**-11.9**
房地产业	**5.0**	**-8.4**	**-8.1**
租赁和商务服务业	**13.6**	**14.5**	**9.9**
科学研究和技术服务业	**14.5**	**21.0**	**18.1**
水利、环境和公共设施管理业	**-1.2**	**10.3**	**0.1**
水利管理业	1.3	13.6	5.2
生态保护和环境治理业	-2.6	6.0	-2.9
公共设施管理业	-1.3	10.1	-0.8
居民服务、修理和其他服务业	**-10.3**	**21.8**	**15.8**
教育	**11.7**	**5.4**	**2.8**
卫生和社会工作	**19.5**	**26.1**	**-3.8**
#卫生	24.5	27.3	-4.4
文化、体育和娱乐业	**1.6**	**3.5**	**2.6**
#文化艺术业	6.4	9.4	6.1
公共管理、社会保障和社会组织	**-38.2**	**42.1**	**-37.0**
国际组织			

9-6 分地区固定资产投资(不含农户)增长速度

单位：%

地区	2021年	2022年	2023年
全国总计	**4.9**	**5.1**	**3.0**
北京	4.9	3.6	4.9
天津	4.8	-9.9	-16.4
河北	3.0	7.9	6.3
山西	8.7	5.9	-6.6
内蒙古	9.8	17.6	19.8
辽宁	2.6	3.6	4.0
吉林	11.0	-2.4	0.3
黑龙江	6.4	0.6	-14.8
上海	8.0	-1.0	13.8
江苏	5.8	3.8	5.2
浙江	10.8	9.1	6.1
安徽	9.4	9.0	4.0
福建	6.0	7.5	2.5
江西	10.8	8.6	-5.9
山东	6.0	6.1	5.2
河南	4.5	6.7	2.1
湖北	20.4	15.0	5.0
湖南	8.0	6.6	-3.1
广东	6.3	-2.6	2.5
广西	7.6	0.1	-15.5
海南	10.2	-4.2	1.1
重庆	6.1	0.7	4.3
四川	5.9	6.0	2.4
贵州	-3.1	-5.1	-5.7
云南	4.0	7.5	-10.6
西藏	-14.2	-18.0	35.1
陕西	-3.0	8.1	0.2
甘肃	11.1	10.1	5.9
青海	-2.9	-7.6	-7.5
宁夏	2.2	10.2	5.5
新疆	15.0	7.6	12.4

9-7 房地产开发企业主要指标(一)

指　　标	单位	2019年	2020年	2021年	2022年	2023年
房地产开发投资	**亿元**	**122629.3**	**130816.2**	**136275.2**	**122697.1**	**110912.9**
按工程用途分						
其中：住宅	亿元	89571.3	96039.4	102034.6	92367.9	83820.0
办公楼	亿元	5837.1	6138.5	5646.8	5001.1	4530.8
商业营业用房	亿元	12080.7	11920.2	11332.8	9696.0	8054.8
按构成分						
建筑安装工程	亿元	72886.9	77711.2	83512.7	74262.3	65486.3
设备工器具购置	亿元	1480.0	1242.6	1145.0	1016.5	986.7
其他费用	亿元	48262.4	51862.5	51617.6	47418.3	44439.8
本年实际到位资金	**亿元**	**178608.6**	**193114.9**	**201132.2**	**147453.9**	**127459.2**
其中：国内贷款	亿元	25228.8	26675.9	23295.8	17311.6	15595.0
利用外资	亿元	175.7	192.0	107.4	78.0	47.5
自筹资金	亿元	58157.8	63376.6	65427.7	51932.0	41989.1
定金及预收款	亿元	61358.9	66546.8	73945.7	49065.2	43202.3
个人按揭贷款	亿元	27281.0	29975.8	32388.2	23649.9	21489.1
房屋建筑面积						
施工面积	万平方米	893821	926759	975387	903747	838364
其中：住宅	万平方米	627673	655558	690319	638784	589884
办公楼	万平方米	37252	37084	37730	34909	33132
商业营业用房	万平方米	100389	93198	90677	79806	72181

注：本资料对2010年度以来房地产开发投资、新建商品房销售等指标数据进行了修订，主要原因是：①加强在建房地产开发项目审核，剔除单纯一级土地开发等非房地产开发项目。②加强商品房销售数据审核，剔除退房和具有抵押性质等非商品房销售数据。③加强统计执法，对发现的问题数据按照相关规定进行了改正。

9-7 房地产开发企业主要指标(二)

指　　标	单位	2019年	2020年	2021年	2022年	2023年
新开工面积	万平方米	227154	224433	198895	119868	95376
其中：住宅	万平方米	167463	164329	146379	87574	69286
办公楼	万平方米	7084	6604	5224	3176	2589
商业营业用房	万平方米	18936	18012	14106	8114	6459
竣工面积	万平方米	95942	91218	101412	85333	99831
其中：住宅	万平方米	68011	65910	73016	61829	72433
办公楼	万平方米	3923	3042	3376	2608	2890
商业营业用房	万平方米	10814	8621	8718	6713	7023
新建商品房销售和待售						
新建商品房销售面积	万平方米	155416	158819	161354	122127	111735
其中：住宅	万平方米	136265	139927	141007	103281	94796
办公楼	万平方米	3420	3057	3088	2986	2717
商业营业用房	万平方米	8990	8172	7934	7227	6356
新建商品房销售额	亿元	150335.9	162752.3	170158.7	124682.5	116622.2
其中：住宅	亿元	131727.4	145319.7	152636.7	109547.3	102989.6
办公楼	亿元	5075.5	4798.2	4459.7	4295.1	3742.2
商业营业用房	亿元	10041.3	8896.9	8702.2	7296.9	6618.6
新建商品房待售面积	万平方米	49821	49850	51023	56556	67295
其中：住宅	万平方米	22473	22379	22761	27093	33119
办公楼	万平方米	3800	3796	3795	4122	4854
商业营业用房	万平方米	13282	12934	12767	12557	14231

9-8 分地区房地产开发企业投资

(2023年) 单位：亿元

地 区	房地产开发投资	#住宅	#办公楼	#商业营业用 房
全国总计	**110912.9**	**83820.0**	**4530.8**	**8054.8**
北 京	4195.7	2713.2	268.4	190.2
天 津	1231.5	973.6	32.2	64.5
河 北	3093.5	2605.5	37.7	145.5
山 西	1751.5	1416.5	22.7	121.3
内蒙古	963.4	753.0	10.7	74.9
辽 宁	1744.7	1379.2	54.2	163.6
吉 林	823.8	614.2	16.5	77.9
黑龙江	457.0	371.7	4.5	39.5
上 海	5885.8	3403.2	724.5	461.3
江 苏	11891.3	9583.6	371.4	811.4
浙 江	13197.9	9179.7	568.1	840.3
安 徽	4659.4	3753.6	85.7	356.9
福 建	4403.4	3203.9	114.4	274.3
江 西	1580.7	1318.1	34.6	135.0
山 东	8168.9	6562.3	320.1	522.8
河 南	4189.4	3637.2	101.6	214.2
湖 北	5409.0	4297.3	244.2	408.9
湖 南	3833.1	3118.2	82.0	341.7
广 东	13465.9	9711.5	864.8	1042.6
广 西	1337.0	1057.2	24.9	91.4
海 南	1170.7	841.7	73.9	104.6
重 庆	2792.4	2105.9	45.1	294.0
四 川	5320.6	4002.0	188.5	420.8
贵 州	1188.3	981.3	10.2	86.7
云 南	2066.6	1542.9	68.7	207.8
西 藏	79.2	60.4	4.5	10.5
陕 西	2943.3	2276.8	117.4	190.5
甘 肃	1263.1	1028.6	17.7	87.7
青 海	201.4	158.5	4.4	20.7
宁 夏	436.1	346.1	2.5	40.3
新 疆	1168.5	823.0	14.9	213.0

9-9 分地区房地产开发企业房屋施工、竣工面积

(2023年)

单位：万平方米

地 区	房屋施工面 积	#住宅	#新开工面 积	#住宅	房屋竣工面 积	#住宅
全国总计	**838364**	**589884**	**95376**	**69286**	**99831**	**72433**
北 京	12531	6256	1257	715	2042	1136
天 津	9718	6729	1032	730	1814	1434
河 北	31675	24775	4953	3973	3421	2721
山 西	24535	18480	2499	2013	2345	1873
内蒙古	13649	9833	1428	1082	1217	938
辽 宁	20860	15408	1578	1255	2242	1736
吉 林	10529	7499	949	723	671	507
黑龙江	9080	6623	735	615	829	655
上 海	17216	8021	2374	1356	2096	1173
江 苏	57386	41789	8234	5802	8817	6515
浙 江	55611	33749	7537	4628	9934	6316
安 徽	34994	26135	5175	3844	5634	4206
福 建	27664	18386	3526	2295	4265	2911
江 西	21609	16743	2688	2149	1935	1508
山 东	71308	52051	7928	5804	8862	6518
河 南	52066	40876	5628	4787	6044	4833
湖 北	31570	23478	3599	2836	3779	3015
湖 南	31939	24420	3880	3111	4274	3298
广 东	82982	55397	6880	4741	8017	5408
广 西	29532	21685	1863	1426	2615	2018
海 南	9091	5891	1053	723	741	516
重 庆	20530	13608	1971	1360	3257	2280
四 川	47770	31910	5819	3916	4118	2770
贵 州	24785	17432	1809	1331	1579	1190
云 南	25039	16806	2155	1516	3195	2352
西 藏	646	467	44	32	67	41
陕 西	28573	20467	4270	3218	2172	1654
甘 肃	12102	8874	1578	1211	1241	977
青 海	3150	2251	233	196	270	200
宁 夏	4851	3378	754	593	1039	781
新 疆	15376	10468	1946	1305	1298	950

9-10　分地区房地产开发企业新建商品房销售面积、销售额和待售面积

(2023年)

地　区	新建商品房销售面积(万平方米)	#住宅	新建商品房销售额(亿元)	#住宅	新建商品房待售面积(万平方米)	#住宅
全国总计	**111735**	**94796**	**116622.2**	**102989.6**	**67295**	**33119**
北　京	1123	811	4233.2	3809.3	2950	1064
天　津	1177	1109	1893.4	1810.2	1226	724
河　北	4323	4071	3538.6	3374.1	1240	956
山　西	2353	2255	1588.2	1505.1	895	621
内蒙古	1512	1396	993.1	902.8	1181	732
辽　宁	2071	1867	1557.0	1404.8	3220	2090
吉　林	1057	988	730.2	671.9	1345	893
黑龙江	858	772	554.4	488.5	1558	918
上　海	1808	1454	7260.0	6685.2	2920	790
江　苏	11019	9073	12682.1	11269.7	4208	2166
浙　江	6106	5112	11503.8	10147.4	2813	1297
安　徽	4678	4214	3872.8	3563.8	2429	1169
福　建	4225	3078	4656.7	3811.3	2341	891
江　西	3433	2911	2482.4	2100.7	751	372
山　东	11287	9444	9541.5	8174.2	3545	2233
河　南	6965	6520	4546.5	4209.8	2703	1836
湖　北	5265	4537	4619.5	3970.5	2303	1466
湖　南	5637	5097	3700.1	3299.7	1297	702
广　东	9622	7698	15135.5	13005.5	10547	4774
广　西	2917	2342	1685.6	1438.5	2468	1280
海　南	900	774	1493.8	1290.3	1118	703
重　庆	3572	2269	2475.0	1953.3	3064	621
四　川	8006	6364	7170.2	6286.1	2821	745
贵　州	2215	2028	1251.7	1123.6	1187	562
云　南	2491	2100	1702.2	1486.1	2502	1160
西　藏	80	69	66.8	55.4	97	57
陕　西	2711	2446	2973.5	2721.1	1090	578
甘　肃	1497	1427	900.8	845.7	658	384
青　海	236	221	166.5	154.4	196	126
宁　夏	690	637	479.4	441.0	749	282
新　疆	1903	1711	1167.5	989.7	1873	928

10-1 货物进出口总额

年　份	进出口总额（亿元人民币）	出口额	进口额	进出口总额（亿美元）	出口额	进口额
1978	355.0	167.7	187.4	206.4	97.5	108.9
1980	570.0	271.2	298.8	381.4	181.2	200.2
“六五”时期	**5634.6**	**2609.2**	**3025.4**	**2524.0**	**1200.4**	**1323.5**
1981	735.3	367.6	367.7	440.2	220.1	220.2
1982	771.4	413.8	357.5	416.1	223.2	192.9
1983	860.2	438.3	421.8	436.2	222.3	213.9
1984	1201.0	580.6	620.5	535.5	261.4	274.1
1985	2066.7	808.9	1257.9	696.0	273.5	422.5
“七五”时期	**19202.4**	**9260.7**	**9941.7**	**4864.0**	**2325.2**	**2538.7**
1986	2580.4	1082.1	1498.3	738.5	309.4	429.0
1987	3084.2	1470.0	1614.2	826.5	394.4	432.2
1988	3821.8	1766.7	2055.1	1027.8	475.2	552.7
1989	4155.9	1956.1	2199.9	1116.8	525.4	591.4
1990	5560.1	2985.8	2574.3	1154.4	620.9	533.5
“八五”时期	**71498.2**	**36661.9**	**34836.4**	**10143.5**	**5183.1**	**4960.3**
1991	7225.8	3827.1	3398.7	1356.3	718.4	637.9
1992	9119.6	4676.3	4443.3	1655.3	849.4	805.9
1993	11271.0	5284.8	5986.2	1957.0	917.4	1039.6
1994	20381.9	10421.8	9960.1	2366.2	1210.1	1156.2
1995	23499.9	12451.8	11048.1	2808.6	1487.8	1320.8
“九五”时期	**147120.3**	**79754.9**	**67365.4**	**17739.2**	**9616.9**	**8122.3**
1996	24133.9	12576.4	11557.4	2898.8	1510.5	1388.3
1997	26967.2	15160.7	11806.6	3251.6	1827.9	1423.7
1998	26849.7	15223.5	11626.1	3239.5	1837.1	1402.4
1999	29896.2	16159.8	13736.5	3606.3	1949.3	1657.0
2000	39273.3	20634.4	18638.8	4743.0	2492.0	2250.9
“十五”时期	**376506.1**	**197011.6**	**179494.5**	**45578.7**	**23852.0**	**21726.7**
2001	42183.6	22024.4	20159.2	5096.5	2661.0	2435.5
2002	51378.2	26947.9	24430.3	6207.7	3256.0	2951.7
2003	70483.5	36287.9	34195.6	8509.9	4382.3	4127.6
2004	95539.1	49103.3	46435.8	11545.5	5933.3	5612.3
2005	116921.8	62648.1	54273.7	14219.1	7619.5	6599.5
“十一五”时期	**840190.7**	**460672.5**	**379518.2**	**116814.0**	**63991.0**	**52823.1**
2006	140974.7	77597.9	63376.9	17604.4	9689.8	7914.6
2007	166924.1	93627.1	73296.9	21761.8	12200.6	9561.2
2008	179921.5	100394.9	79526.5	25632.6	14306.9	11325.6
2009	150648.1	82029.7	68618.4	22075.4	12016.1	10059.2
2010	201722.3	107022.8	94699.5	29740.0	15777.5	13962.5
“十二五”时期	**1248475.8**	**674781.8**	**573693.9**	**199225.4**	**107718.6**	**91506.8**
2011	236402.0	123240.6	113161.4	36418.6	18983.8	17434.8
2012	244160.2	129359.3	114801.0	38671.2	20487.1	18184.1
2013	258168.9	137131.4	121037.5	41589.9	22090.0	19499.9
2014	264241.8	143883.8	120358.0	43015.3	23422.9	19592.4
2015	245502.9	141166.8	104336.1	39530.3	22734.7	16795.6
“十三五”时期	**1464338.4**	**807510.0**	**656828.4**	**216489.4**	**119371.1**	**97118.4**
2016	243386.5	138419.3	104967.2	36855.6	20976.3	15879.3
2017	278099.2	153309.4	124789.8	41071.4	22633.4	18437.9
2018	305010.1	164128.8	140881.3	46224.4	24867.0	21357.5
2019	315627.3	172373.6	143253.7	45778.9	24994.8	20784.1
2020	322215.2	179278.8	142936.4	46559.1	25899.5	20659.6
“十四五”时期						
2021	387414.6	214255.2	173159.4	59957.9	33160.2	26797.7
2022	418011.6	237411.5	180600.1	62701.1	35605.4	27095.7
2023	417568.3	237725.9	179842.4	59368.3	33800.2	25568.0

注：本表1979年前为外贸部门数据，1980年起为海关数据。2023年数据为2023年12月海关月报数据（以下相关表同）。

10-2 货物出口分类金额

商品分类	2022年		2023年	
	亿元人民币	亿美元	亿元人民币	亿美元
总额	**237411.5**	**35605.4**	**237725.9**	**33800.2**
初级产品	**11290.8**	**1691.2**	**11539.4**	**1641.0**
食品及活动物	4906.1	735.0	5157.0	733.2
饮料及烟类	205.1	30.7	266.4	37.8
非食用原料(燃料除外)	1652.4	248.3	1571.3	223.7
矿物燃料、润滑油及有关原料	4290.5	641.6	4301.1	611.6
动植物油、脂及蜡	236.7	35.6	243.6	34.6
工业制品	**226120.8**	**33914.2**	**226186.4**	**32159.3**
化学成品及有关产品	20739.1	3120.9	18259.0	2600.1
按原料分类的制成品	39383.8	5915.7	38224.1	5439.6
机械及运输设备	112845.5	16916.0	115908.2	16475.8
杂项制品	49586.1	7428.9	48766.7	6930.6
未分类的商品	3566.4	532.8	5028.5	713.2

10-3 货物进口分类金额

商品分类	2022年		2023年	
	亿元人民币	亿美元	亿元人民币	亿美元
总额	**180600.1**	**27095.7**	**179842.4**	**25568.0**
初级产品	**72583.3**	**10891.5**	**76293.3**	**10854.1**
食品及活动物	8739.5	1311.5	9064.6	1290.4
饮料及烟类	471.3	70.3	555.5	79.0
非食用原料(燃料除外)	26778.5	4023.9	29455.2	4191.6
矿物燃料、润滑油及有关原料	35723.7	5356.7	36258.1	5156.6
动植物油、脂及蜡	870.4	129.3	959.9	136.4
工业制品	**108016.7**	**16204.3**	**103549.1**	**14713.9**
化学成品及有关产品	17750.0	2663.1	16796.1	2389.8
按原料分类的制成品	13163.7	1977.6	11850.4	1684.0
机械及运输设备	62459.2	9380.8	58509.2	8306.8
杂项制品	8940.2	1338.4	9188.0	1305.2
未分类的商品	5703.7	844.4	7205.5	1028.1

10-4 分地区货物进出口总额（按收发货人所在地分）

地 区	进出口总额(亿元人民币)			进出口总额(亿美元)		
	2021年	2022年	2023年	2021年	2022年	2023年
全国总计	**387414.6**	**418011.6**	**417568.3**	**59957.9**	**62701.1**	**59368.3**
北 京	30433.7	36420.1	36466.3	4709.6	5460.9	5187.5
天 津	8381.7	8302.3	8004.7	1296.8	1246.1	1138.4
河 北	5338.2	5500.7	5818.4	826.1	823.9	826.6
山 西	2130.5	1831.3	1693.7	329.6	275.1	240.4
内蒙古	1230.8	1506.6	1965.3	190.5	225.3	279.1
辽 宁	7707.7	7900.9	7659.6	1192.2	1186.6	1089.5
吉 林	1503.8	1559.4	1679.1	232.4	233.9	238.1
黑龙江	1993.0	2651.5	2978.3	308.5	396.9	423.6
上 海	40604.7	41810.8	42121.6	6285.2	6258.1	5990.3
江 苏	51616.8	54218.2	52493.8	7989.1	8143.1	7461.3
浙 江	41405.6	46827.9	48998.0	6407.3	7033.0	6967.8
安 徽	6800.3	7528.7	8052.2	1052.4	1130.9	1143.9
福 建	18342.1	19821.5	19743.5	2838.4	2973.9	2808.1
江 西	4973.6	6624.8	5697.7	769.7	993.8	812.4
山 东	28296.0	32199.7	32642.6	4379.9	4828.6	4640.6
河 南	8112.1	8470.8	8107.9	1256.1	1271.1	1151.6
湖 北	5246.2	6128.3	6449.7	811.6	921.0	916.4
湖 南	5491.1	7034.9	6175.0	850.1	1050.9	880.1
广 东	82489.6	83001.8	83040.7	12765.9	12455.0	11802.6
广 西	5930.1	6464.2	6936.5	916.9	960.0	984.9
海 南	1459.1	2005.1	2312.8	226.0	300.2	329.2
重 庆	7899.8	8102.8	7137.4	1222.7	1220.0	1015.6
四 川	9395.6	10044.3	9574.9	1454.9	1506.9	1361.1
贵 州	649.2	729.9	759.8	100.5	108.5	107.9
云 南	2959.0	3244.0	2588.0	458.0	485.7	367.7
西 藏	39.6	46.1	109.8	6.1	6.9	15.4
陕 西	4725.7	4754.6	4042.1	731.5	714.8	575.4
甘 肃	473.5	567.9	491.7	73.2	85.8	70.1
青 海	31.7	40.5	48.7	4.9	6.1	6.9
宁 夏	195.5	214.6	205.4	30.3	32.2	29.3
新 疆	1557.9	2457.5	3573.3	241.3	366.0	506.8

10-5 分地区货物出口额
(按收发货人所在地分)

地　区	出口额(亿元人民币)			出口额(亿美元)		
	2021年	2022年	2023年	2021年	2022年	2023年
全国总计	**214255.2**	**237411.5**	**237725.9**	**33160.2**	**35605.4**	**33800.2**
北　京	6122.6	5884.2	6000.1	947.1	880.9	852.7
天　津	3831.5	3729.1	3631.7	592.8	560.8	516.8
河　北	2956.4	3288.9	3505.5	457.6	492.8	498.1
山　西	1305.7	1200.8	1050.3	202.0	180.2	149.0
内蒙古	475.2	613.4	785.7	73.6	91.9	111.5
辽　宁	3298.1	3576.1	3535.6	510.2	536.9	502.8
吉　林	352.9	502.2	627.0	54.6	75.2	88.9
黑龙江	447.4	545.7	760.6	69.3	81.3	107.9
上　海	15713.4	17101.5	17377.9	2432.3	2558.5	2471.2
江　苏	32078.1	34590.7	33719.1	4965.1	5193.2	4794.4
浙　江	30107.6	34333.3	35665.5	4659.1	5159.1	5073.0
安　徽	3982.7	4758.8	5231.2	616.5	713.4	743.5
福　建	10729.8	12141.2	11766.4	1660.7	1820.5	1672.6
江　西	3666.4	5032.4	3928.5	567.4	755.6	561.0
山　东	16617.2	19239.0	19430.2	2572.6	2883.6	2761.8
河　南	4938.0	5201.0	5280.0	764.7	780.8	750.1
湖　北	3388.4	4167.0	4333.3	524.4	625.9	616.0
湖　南	3814.8	5144.9	4009.4	590.7	768.6	572.2
广　东	50348.3	53265.8	54386.5	7791.1	7990.5	7731.0
广　西	2937.7	3587.3	3639.5	454.3	529.6	515.9
海　南	318.9	721.9	742.1	49.4	107.3	105.7
重　庆	5072.6	5196.2	4782.2	785.2	783.6	680.2
四　川	5583.7	6187.7	6033.9	864.7	927.4	858.1
贵　州	485.5	458.5	520.5	75.1	68.2	73.9
云　南	1582.6	1533.4	926.1	244.9	229.6	131.5
西　藏	22.0	43.1	98.2	3.4	6.5	13.8
陕　西	2547.9	2976.1	2630.9	394.5	447.2	374.5
甘　肃	94.3	119.9	123.8	14.6	18.0	17.6
青　海	17.1	24.0	29.5	2.6	3.6	4.2
宁　夏	157.1	161.0	149.8	24.4	24.2	21.4
新　疆	1261.4	2086.3	3024.9	195.4	310.4	428.9

10-6 分地区货物进口额
(按收发货人所在地分)

地 区	进口额(亿元人民币)			进口额(亿美元)		
	2021年	2022年	2023年	2021年	2022年	2023年
全国总计	**173159.4**	**180600.1**	**179842.4**	**26797.7**	**27095.7**	**25568.0**
北 京	24311.2	30535.9	30466.3	3762.5	4580.0	4334.7
天 津	4550.2	4573.2	4373.0	703.9	685.3	621.6
河 北	2381.7	2211.8	2312.9	368.6	331.1	328.5
山 西	824.8	630.5	643.4	127.6	94.9	91.4
内蒙古	755.6	893.1	1179.6	116.9	133.3	167.6
辽 宁	4409.6	4324.8	4124.0	682.0	649.6	586.7
吉 林	1150.9	1057.2	1052.1	177.8	158.7	149.1
黑龙江	1545.7	2105.8	2217.7	239.3	315.6	315.6
上 海	24891.4	24709.2	24743.7	3852.9	3699.6	3519.1
江 苏	19538.7	19627.5	18774.6	3024.1	2949.9	2666.9
浙 江	11298.0	12494.6	13332.5	1748.2	1873.9	1894.8
安 徽	2817.6	2769.9	2821.0	435.9	417.5	400.4
福 建	7612.3	7680.2	7977.1	1177.7	1153.4	1135.5
江 西	1307.1	1592.5	1769.2	202.3	238.2	251.4
山 东	11678.8	12960.7	13212.4	1807.4	1945.0	1878.7
河 南	3174.1	3269.8	2827.9	491.4	490.2	401.5
湖 北	1857.8	1961.3	2116.4	287.2	295.0	300.4
湖 南	1676.3	1890.0	2165.6	259.4	282.4	307.9
广 东	32141.3	29736.1	28654.2	4974.8	4464.5	4071.6
广 西	2992.4	2876.9	3297.0	462.7	430.4	469.1
海 南	1140.2	1283.2	1570.7	176.6	192.9	223.5
重 庆	2827.2	2906.6	2355.2	437.5	436.4	335.3
四 川	3811.9	3856.6	3541.0	590.2	579.5	503.1
贵 州	163.7	271.4	239.3	25.4	40.3	34.0
云 南	1376.5	1710.5	1661.9	213.0	256.1	236.3
西 藏	17.6	2.9	11.5	2.7	0.4	1.6
陕 西	2177.8	1778.5	1411.1	337.0	267.7	200.9
甘 肃	379.2	448.1	367.9	58.6	67.8	52.4
青 海	14.7	16.4	19.1	2.3	2.5	2.7
宁 夏	38.5	53.5	55.6	6.0	8.0	7.9
新 疆	296.5	371.2	548.4	45.9	55.6	77.8

10-7 分地区货物进出口总额
(按境内目的地、货源地分)

地 区	进出口总额(亿元人民币)			进出口总额(亿美元)		
	2021年	2022年	2023年	2021年	2022年	2023年
全国总计	**387414.6**	**418011.6**	**417568.3**	**59957.9**	**62701.1**	**59368.3**
北 京	10188.1	9662.9	9656.0	1575.8	1452.2	1372.2
天 津	10110.3	10928.1	10500.7	1564.5	1637.9	1494.4
河 北	8736.3	9375.2	10396.7	1351.8	1407.5	1478.3
山 西	2281.1	2119.1	1864.9	352.9	318.6	264.6
内蒙古	1848.7	2185.0	2458.2	286.1	327.2	349.4
辽 宁	9820.3	10508.1	10389.5	1518.9	1577.8	1477.0
吉 林	1577.0	1537.7	1697.0	243.7	230.8	240.5
黑龙江	1854.6	2310.2	2590.2	287.1	346.0	368.2
上 海	39045.0	40100.1	40364.6	6043.9	5996.8	5742.0
江 苏	55761.6	59235.0	58211.5	8630.4	8895.1	8275.9
浙 江	39934.9	45483.4	46513.0	6179.7	6832.1	6613.1
安 徽	6622.8	7618.9	8266.2	1024.9	1144.7	1174.5
福 建	15869.3	17745.3	17256.9	2456.0	2662.1	2452.8
江 西	4379.0	6317.2	5822.5	677.9	946.5	829.3
山 东	33509.6	38792.8	39721.5	5187.2	5817.9	5647.7
河 南	8758.5	9378.0	8853.2	1356.1	1407.6	1257.8
湖 北	5062.8	6159.9	6020.0	783.3	924.6	855.7
湖 南	3489.8	4652.4	4266.5	540.2	694.4	607.6
广 东	94010.5	94803.8	94132.4	14548.7	14222.3	13381.4
广 西	6467.9	7096.3	7822.2	1000.4	1059.5	1111.8
海 南	1295.9	1839.5	1836.9	200.6	275.0	262.1
重 庆	7005.0	6993.5	6408.4	1084.3	1053.0	911.9
四 川	9109.5	10283.5	9893.7	1410.5	1540.4	1405.5
贵 州	655.7	698.7	731.0	101.5	104.3	103.8
云 南	2623.6	3392.0	2809.5	406.1	508.0	399.3
西 藏	40.2	23.9	43.4	6.2	3.6	6.1
陕 西	4325.3	4158.6	3679.2	669.5	625.2	523.6
甘 肃	494.3	641.7	565.2	76.5	96.7	80.5
青 海	24.9	43.1	48.2	3.9	6.4	6.9
宁 夏	286.6	385.6	312.8	44.4	58.0	44.6
新 疆	2225.9	3542.0	4436.4	344.7	528.8	629.7

10-8 分地区货物出口额（按境内目的地、货源地分）

地 区	出口额(亿元人民币)			出口额(亿美元)		
	2021年	2022年	2023年	2021年	2022年	2023年
全国总计	**214255.2**	**237411.5**	**237725.9**	**33160.2**	**35605.4**	**33800.2**
北 京	3317.1	2263.6	2062.7	513.6	340.3	293.0
天 津	3631.7	3718.7	3768.9	562.0	557.4	536.9
河 北	4235.6	4909.3	5532.6	655.5	736.7	786.6
山 西	1541.7	1566.4	1325.1	238.5	235.5	188.0
内蒙古	620.9	797.8	862.1	96.1	119.7	122.4
辽 宁	3855.4	4289.2	4432.8	596.2	643.8	630.2
吉 林	377.0	533.0	653.2	58.4	79.8	92.6
黑龙江	494.3	553.3	681.5	76.5	82.7	96.8
上 海	13069.5	13810.6	13921.7	2023.1	2064.2	1980.0
江 苏	32493.8	36096.4	35468.1	5029.4	5418.5	5043.3
浙 江	29601.5	33135.3	34110.3	4580.7	4979.2	4850.9
安 徽	4269.9	5196.6	5728.2	660.9	779.6	814.5
福 建	10078.7	11572.9	11226.1	1560.0	1734.1	1595.5
江 西	3082.4	4648.9	3989.5	477.2	697.2	568.9
山 东	17605.0	20793.2	21074.7	2725.6	3116.7	2995.9
河 南	5524.4	5986.3	5948.8	855.5	899.4	845.4
湖 北	3215.1	3938.9	3982.1	497.6	591.5	565.9
湖 南	2347.1	3513.8	3100.7	363.4	524.1	442.0
广 东	57055.7	58910.4	58763.9	8828.5	8833.1	8353.7
广 西	1952.7	2662.5	2781.8	302.1	395.4	394.7
海 南	287.8	569.9	590.0	44.5	84.7	84.2
重 庆	4629.6	4654.7	4331.2	716.6	701.3	616.3
四 川	5281.4	5958.0	5873.3	817.9	892.3	834.9
贵 州	470.7	465.1	543.7	72.9	69.3	77.2
云 南	1213.3	1635.3	1141.1	187.8	244.9	162.1
西 藏	25.7	22.6	39.2	4.0	3.4	5.5
陕 西	2439.8	2730.5	2538.3	377.7	410.4	361.1
甘 肃	138.7	188.3	191.5	21.5	28.2	27.2
青 海	19.2	38.1	35.5	3.0	5.7	5.0
宁 夏	234.1	307.9	236.6	36.3	46.4	33.8
新 疆	1145.5	1944.2	2790.8	177.4	289.8	395.7

10-9 分地区货物进口额
(按境内目的地、货源地分)

地 区	进口额(亿元人民币)			进口额(亿美元)		
	2021年	2022年	2023年	2021年	2022年	2023年
全国总计	**173159.4**	**180600.1**	**179842.4**	**26797.7**	**27095.7**	**25568.0**
北 京	6871.1	7399.4	7593.3	1062.1	1111.9	1079.2
天 津	6478.6	7209.4	6731.8	1002.5	1080.5	957.5
河 北	4500.7	4465.9	4864.1	696.4	670.8	691.8
山 西	739.4	552.7	539.8	114.4	83.1	76.6
内蒙古	1227.8	1387.2	1596.1	190.0	207.5	226.9
辽 宁	5964.9	6218.9	5956.7	922.7	934.1	846.7
吉 林	1199.9	1004.7	1043.8	185.4	151.0	147.9
黑龙江	1360.4	1757.0	1908.7	210.6	263.3	271.5
上 海	25975.4	26289.4	26442.9	4020.8	3932.5	3762.0
江 苏	23267.8	23138.6	22743.4	3601.0	3476.6	3232.6
浙 江	10333.4	12348.2	12402.7	1599.1	1852.9	1762.2
安 徽	2352.9	2422.3	2538.0	364.1	365.1	360.0
福 建	5790.6	6172.4	6030.7	896.0	928.0	857.3
江 西	1296.6	1668.3	1832.9	200.7	249.3	260.5
山 东	15904.5	17999.6	18646.8	2461.6	2701.2	2651.8
河 南	3234.1	3391.8	2904.4	500.7	508.1	412.3
湖 北	1847.7	2221.0	2037.9	285.7	333.0	289.8
湖 南	1142.7	1138.6	1165.8	176.7	170.3	165.6
广 东	36954.7	35893.4	35368.5	5720.2	5389.2	5027.7
广 西	4515.2	4433.9	5040.4	698.3	664.2	717.1
海 南	1008.1	1269.5	1246.9	156.1	190.3	177.9
重 庆	2375.4	2338.8	2077.2	367.7	351.7	295.6
四 川	3828.1	4325.6	4020.3	592.5	648.1	570.7
贵 州	185.0	233.6	187.3	28.7	35.0	26.7
云 南	1410.3	1756.7	1668.4	218.3	263.1	237.2
西 藏	14.6	1.3	4.2	2.3	0.2	0.6
陕 西	1885.5	1428.2	1141.0	291.8	214.8	162.5
甘 肃	355.6	453.4	373.7	55.0	68.5	53.3
青 海	5.7	5.0	12.7	0.9	0.7	1.8
宁 夏	52.5	77.7	76.3	8.1	11.6	10.8
新 疆	1080.4	1597.8	1645.6	167.3	239.0	234.0

10-10 分地区外商投资企业货物进出口总额

(2023年)

地 区	进出口总额(万元人民币)			进出口总额(万美元)		
	进出口总 额	出口额	进口额	进出口总 额	出口额	进口额
全国总计	**1260870408**	**678848947**	**582021460**	**179316806**	**96564928**	**82751878**
北 京	56840312	15053428	41786885	8071058	2137252	5933806
天 津	37210843	15758225	21452617	5293618	2243235	3050384
河 北	10317144	7384298	2932846	1464726	1048839	415886
山 西	7086070	6724382	361689	1003695	952318	51377
内蒙古	1222659	601681	620978	173581	85455	88126
辽 宁	28565581	13408384	15157197	4062291	1907012	2155279
吉 林	6163423	1136665	5026758	873575	161442	712134
黑龙江	1066927	557241	509686	151730	79161	72569
上 海	247166502	87538880	159627622	35146639	12451486	22695153
江 苏	243856010	146342566	97513445	34685231	20820866	13864365
浙 江	62561294	39194815	23366479	8896494	5574260	3322234
安 徽	17358907	11031278	6327629	2472149	1570326	901823
福 建	38750684	22933780	15816905	5513055	3263235	2249820
江 西	13996423	8440666	5555756	1994725	1203125	791601
山 东	57353130	36976862	20376268	8164780	5264359	2900420
河 南	24847147	16493010	8354137	3546457	2358985	1187473
湖 北	9072235	5679169	3393066	1290157	807545	482612
湖 南	4778582	3300422	1478160	678634	468814	209821
广 东	279634899	171173934	108460965	39752849	24331807	15421042
广 西	9008303	4878238	4130066	1282249	693295	588953
海 南	5754652	3700553	2054098	820144	527090	293054
重 庆	32760806	22756021	10004785	4662667	3236891	1425776
四 川	44712383	25368382	19344000	6354170	3607652	2746517
贵 州	283488	178874	104613	40392	25497	14895
云 南	460837	282739	178098	65100	39934	25165
西 藏	1737	27	1710	245	4	241
陕 西	19408322	11631007	7777315	2766708	1659086	1107623
甘 肃	80977	33390	47587	11554	4786	6769
青 海	9164	8718	447	1309	1244	65
宁 夏	296204	200222	95982	42124	28520	13604
新 疆	244762	81090	163672	34701	11408	23293

10-11 货物进出口总额
(按主要国家和地区分)

国家和地区	进出口总额(亿元人民币)			进出口总额(亿美元)		
	2021年	2022年	2023年	2021年	2022年	2023年
总　额	**387415**	**418012**	**417568**	**59958**	**62701**	**59368**
#印度	8046	8968	9581	1245	1347	1362
日本	23903	23784	22385	3696	3567	3180
韩国	23201	23963	21848	3591	3600	3107
南非	3474	3767	3906	537	564	556
俄罗斯联邦	9480	12744	16916	1468	1900	2401
巴西	10546	11408	12784	1632	1713	1815
加拿大	5227	6396	6259	809	956	890
美国	48196	50207	46727	7459	7545	6645
澳大利亚	14763	14689	16108	2284	2204	2292
东盟	56152	64414	64125	8690	9645	9117
欧盟	53098	56235	55059	8217	8438	7830
#中国香港	22995	20156	20291	3561	3017	2882
中国台湾	21072	21187	18852	3262	3186	2678

10-12 外商直接投资实际使用金额
(按主要国家和地区分)

单位：亿美元

国家和地区	2017年	2018年	2019年	2020年	2021年	2022年	2023年
总　额	**1363**	**1383**	**1412**	**1493**	**1810**	**1891**	**1633**
#日本	33	38	37	34	39	46	39
新加坡	48	52	76	77	103	106	98
韩国	37	47	55	36	40	66	35
英国	10	25	9	10	12	16	34
德国	15	37	17	14	17	26	19
法国	8	10	8	5	7	8	13
开曼群岛	22	41	26	28	25	24	35
英属维尔京群岛	40	47	50	52	53	66	69
加拿大	3	3	2	2	2	2	2
美国	26	27	27	23	25	22	34
澳大利亚	3	3	4	3	3	4	4
#中国香港	945	899	963	1058	1318	1372	1112
中国台湾	18	14	16	10	9	7	7

10-13 外商直接投资情况

年　份	新设企业数（个）	实际使用外资金额（亿美元）
1979-1982	920	17.7
1983	638	9.2
1984	2166	14.2
1985	3073	19.6
“七五” 时期	**22728**	**146.3**
1986	1498	22.4
1987	2233	23.1
1988	5945	31.9
1989	5779	33.9
1990	7273	34.9
“八五” 时期	**229739**	**1141.7**
1991	12978	43.7
1992	48764	110.1
1993	83437	275.1
1994	47549	337.7
1995	37011	375.2
“九五” 时期	**104621**	**2134.8**
1996	24556	417.3
1997	21001	452.6
1998	19799	454.6
1999	16918	403.2
2000	22347	407.2
“十五” 时期	**189075**	**2861.6**
2001	26140	468.8
2002	34171	527.4
2003	41081	535.0
2004	43664	606.3
2005	44019	724.1
“十一五” 时期	**157787**	**4733.4**
2006	41496	727.2
2007	37892	835.2
2008	27537	1083.1
2009	23442	940.6
2010	27420	1147.3
“十二五” 时期	**125848**	**6330.5**
2011	27717	1239.9
2012	24934	1210.7
2013	22819	1239.1
2014	23794	1285.0
2015	26584	1355.8
“十三五” 时期	**203618**	**6989.0**
2016	27908	1337.1
2017	35662	1363.2
2018	60560	1383.1
2019	40910	1412.2
2020	38578	1493.4
“十四五” 时期		
2021	47647	1809.6
2022	38497	1891.3
2023	53766	1632.5

注：2005年起，为包含银行、证券、保险领域全口径数据。

10-14 对外经济合作

年　　份	对外承包工程			对外劳务合作	
	合同数（份）	合同金额（亿美元）	完成营业额（亿美元）	派出劳务人数（万人）	年末在外人数（万人）
1979-1981	415	4.5	1.2		
1982	195	3.5	1.9		
1983	280	8.0	3.2		
1984	344	15.4	4.9		2.8
1985	465	11.2	6.6		2.5
“七五”时期	**3440**	**85.6**	**62.7**		**17.0**
1986	486	11.9	8.2		1.9
1987	616	16.5	10.7		3.2
1988	642	18.1	12.5		4.0
1989	776	17.8	14.8		4.3
1990	920	21.3	16.4		3.6
“八五”时期	**6988**	**266.6**	**181.7**		**71.5**
1991	1171	25.2	19.7		6.8
1992	1164	52.5	24.0		10.6
1993	1393	51.9	36.7		13.1
1994	1702	60.3	48.8		18.4
1995	1558	76.7	52.4		22.6
“九五”时期	**11165**	**485.1**	**371.9**		**151.9**
1996	1634	79.9	59.9		24.7
1997	2085	88.1	62.2		28.6
1998	2322	93.8	78.6		29.1
1999	2527	103.7	86.1		32.7
2000	2597	119.5	85.1		36.9
“十五”时期	**29776**	**1002.7**	**737.7**		**209.3**
2001	5836	131.3	89.6		41.5
2002	4036	151.4	112.8		41.0
2003	3708	178.4	139.2		43.0
2004	6694	242.0	176.2	17.3	41.9
2005	9502	299.7	219.9	18.3	41.9
“十一五”时期	**41513**	**5110.8**	**2983.8**	**102.2**	**236.8**
2006	12996	664.2	303.2	21.5	47.5
2007	6282	786.3	411.3	21.5	50.5
2008	5411	1054.5	570.6	22.5	46.7
2009	7280	1262.1	777.1	18.0	45.0
2010	9544	1343.7	921.7	18.7	47.0
“十二五”时期	**41071**	**8723.2**	**6536.4**	**131.3**	**269.2**
2011	6381	1423.3	1034.2	20.9	48.8
2012	6710	1565.3	1166.0	27.8	50.6
2013	11578	1716.3	1371.4	25.6	48.3
2014	7740	1917.6	1424.1	29.3	59.7
2015	8662	2100.7	1540.7	27.7	61.8
“十三五”时期	**74781**	**12668.8**	**8258.9**	**126.7**	**277.8**
2016	19157	2440.1	1594.2	26.4	59.6
2017	22774	2652.8	1685.9	30.0	60.2
2018	10985	2418.0	1690.4	26.5	60.6
2019	11932	2602.5	1729.0	27.6	62.4
2020	9933	2555.4	1559.4	16.2	35.0
“十四五”时期					
2021	10786	2584.9	1549.4	19.0	33.4
2022	9823	2530.7	1549.9	17.9	32.7
2023	9783	2645.1	1609.1	23.6	34.6

注：2009年起，“对外承包工程”数据包含了“对外设计咨询”。

11-1 农林牧渔业总产值

单位：亿元

年份	农林牧渔业总产值	#农业	#林业	#牧业	#渔业
1978	1397.0	1117.5	48.1	209.3	22.1
1980	1922.6	1454.1	81.4	354.2	32.9
1985	3619.5	2506.4	188.7	798.3	126.1
1990	7662.1	4954.3	330.3	1967.0	410.6
1991	8157.0	5146.4	367.9	2159.2	483.5
1992	9084.7	5588.0	422.6	2460.5	613.5
1993	10995.5	6605.1	494.0	3014.4	882.0
1994	15750.5	9169.2	611.1	4672.0	1298.2
1995	20340.9	11884.6	709.9	6045.0	1701.3
1996	22353.7	13539.8	778.0	6015.5	2020.4
1997	23788.4	13852.5	817.8	6835.4	2282.7
1998	24541.9	14241.9	851.3	7025.8	2422.9
1999	24519.1	14106.2	886.3	6997.6	2529.0
2000	24915.8	13873.6	936.5	7393.1	2712.6
2001	26179.6	14462.8	938.8	7963.1	2815.0
2002	27390.8	14931.5	1033.5	8454.6	2971.1
2003	29691.8	14870.1	1239.9	9538.8	3137.6
2004	36239.0	18138.4	1327.1	12173.8	3605.6
2005	39450.9	19613.4	1425.5	13310.8	4016.1
2006	40810.8	21522.3	1610.8	12083.9	3970.5
2007	48651.8	24444.7	1889.9	16068.6	4427.9
2008	57420.8	27679.9	2180.3	20354.2	5137.5
2009	59311.3	29983.8	2324.4	19184.6	5514.7
2010	67763.1	35909.1	2575.0	20461.1	6263.4
2011	78837.0	40339.6	3092.4	25194.2	7337.4
2012	86342.2	44845.7	3407.0	26491.2	8403.9
2013	93173.7	48943.9	3847.4	27572.4	9254.5
2014	97822.5	51851.1	4190.0	27963.4	9877.5
2015	101893.5	54205.3	4358.4	28649.3	10339.1
2016	106478.7	55659.9	4635.9	30461.2	10892.9
2017	109331.7	58059.8	4980.6	29361.2	11577.1
2018	113579.5	61452.6	5432.6	28697.4	12131.5
2019	123967.9	66066.5	5775.7	33064.3	12572.4
2020	137782.2	71748.2	5961.6	40266.7	12775.9
2021	147013.4	78339.5	6507.7	39910.8	14507.3
2022	156065.9	84438.6	6820.8	40652.4	15468.0
2023	158507.2	87073.4	7006.1	38964.6	16116.2

注：本表按当年价格计算，2003年起农林牧渔业总产值包括农林牧渔专业及辅助性活动产值(以下相关表同)。

11-2 农林牧渔业总产值指数

(1978年=100)

年 份	农林牧渔业总产值	#农 业	#林 业	#牧 业	#渔 业
1978	100.0	100.0	100.0	100.0	100.0
1980	109.1	106.4	113.7	122.6	103.9
1981	116.1	113.6	118.4	129.9	108.5
1982	129.2	126.1	128.5	147.3	121.9
1983	139.3	136.8	141.7	153.1	132.3
1984	156.4	152.5	168.6	173.6	155.6
1985	161.6	152.2	176.2	203.4	185.1
1986	167.2	156.4	169.9	214.8	223.2
1987	176.9	166.4	169.5	221.7	263.5
1988	183.8	168.5	173.4	249.7	294.1
1989	189.5	172.7	174.1	263.5	315.1
1990	203.9	186.5	179.5	282.0	346.7
1991	211.4	188.2	193.7	306.9	373.2
1992	224.9	196.2	208.6	333.9	430.3
1993	242.5	206.5	225.4	369.8	509.5
1994	263.3	213.2	245.3	431.4	611.4
1995	291.9	230.1	257.7	495.4	730.3
1996	319.3	248.0	272.2	551.6	832.4
1997	340.8	259.1	281.2	607.3	928.2
1998	361.1	271.9	289.4	651.9	1009.9
1999	377.9	283.6	298.6	681.6	1082.5
2000	391.5	287.6	314.7	724.5	1152.9
2001	408.1	297.7	315.2	770.1	1197.8
2002	428.1	309.3	337.6	816.3	1270.9
2003	444.8	310.8	360.9	875.9	1338.3
2004	478.2	337.2	368.2	939.0	1418.6
2005	505.5	351.0	380.0	1012.2	1510.8
2006	532.8	370.0	401.3	1062.8	1601.4
2007	553.3	383.7	440.5	1096.5	1664.8
2008	584.5	401.3	475.7	1169.7	1760.7
2009	611.2	415.0	507.3	1234.5	1858.8
2010	638.0	432.7	525.3	1285.8	1960.0
2011	666.1	456.7	565.0	1308.1	2041.0
2012	698.7	476.5	603.0	1376.6	2144.0
2013	726.4	497.3	647.4	1404.8	2252.9
2014	757.8	521.6	688.8	1440.7	2342.5
2015	788.5	549.8	730.8	1447.4	2443.8
2016	816.5	573.0	790.6	1463.1	2514.5
2017	848.9	599.7	845.1	1494.2	2584.8
2018	878.5	623.0	900.2	1519.3	2654.6
2019	903.4	651.4	947.4	1487.4	2721.3
2020	934.4	678.1	987.8	1517.2	2780.5
2021	1008.2	708.9	1031.3	1754.2	2895.5
2022	1052.9	737.1	1090.1	1832.9	3004.2
2023	1097.5	763.8	1158.0	1914.8	3140.8
平均每年增长(%)					
1979-2023年	5.5	4.6	5.6	6.8	8.0
1991-2023年	5.2	4.4	5.8	6.0	6.9
2001-2023年	4.6	4.3	5.8	4.3	4.5

注：本表按可比价格计算。

11-3 分地区农林牧渔业总产值及增长速度

(2023年)

地 区	农林牧渔业总产值(亿元)	#农 业	#林 业	#牧 业	#渔 业	农林牧渔业总产值比上年增长 (%)
全国总计	**158507.2**	**87073.4**	**7006.1**	**38964.6**	**16116.2**	**4.2**
北 京	252.6	135.6	65.9	42.0	4.0	-4.6
天 津	511.3	269.4	6.0	145.5	71.9	1.3
河 北	7770.9	4081.0	259.1	2395.0	351.2	3.0
山 西	2291.7	1332.7	177.4	642.8	9.6	4.0
内蒙古	4447.3	2288.0	116.9	1898.7	32.2	5.5
辽 宁	5266.8	2284.5	144.6	1691.5	957.0	4.7
吉 林	3128.0	1494.5	70.1	1402.2	65.4	5.0
黑龙江	6492.5	4200.4	208.0	1722.9	155.1	2.6
上 海	269.6	145.2	7.2	47.0	52.7	-0.7
江 苏	8935.5	4844.1	188.4	1230.1	1903.2	3.9
浙 江	3978.0	1871.9	198.3	393.2	1375.3	4.2
安 徽	6247.9	2906.3	479.9	1746.3	689.5	4.4
福 建	5729.2	2193.5	454.8	1083.4	1789.6	4.3
江 西	4198.9	2003.4	399.8	978.3	554.1	4.2
山 东	12531.9	6462.4	244.5	2973.7	1807.6	5.1
河 南	10304.6	6471.2	162.2	2596.0	141.5	2.2
湖 北	9106.9	4428.8	356.3	1934.3	1602.0	4.4
湖 南	8199.4	4141.5	513.7	2232.1	635.0	3.7
广 东	9202.1	4431.0	562.7	1696.8	2005.3	5.1
广 西	7229.3	4253.5	543.7	1505.3	583.0	4.7
海 南	2410.3	1319.7	111.4	334.2	523.0	4.8
重 庆	3154.3	1978.0	188.1	766.6	142.9	4.5
四 川	9977.8	5821.7	481.8	3035.6	359.1	4.0
贵 州	4953.6	3360.3	358.5	907.9	81.2	4.0
云 南	6834.5	4041.8	485.2	1969.3	125.4	4.3
西 藏	320.1	132.6	9.5	170.0	0.3	13.1
陕 西	4724.9	3468.1	96.4	864.4	36.7	4.0
甘 肃	2927.7	2001.6	37.3	700.1	1.8	6.1
青 海	575.6	259.3	12.6	290.9	4.3	4.7
宁 夏	885.7	459.5	10.6	358.0	22.8	7.6
新 疆	5648.3	3991.4	55.6	1210.6	33.6	6.5

注：本表绝对数按当年价格计算，增长速度按可比价格计算。

11-4 农业机械总动力、耕地灌溉面积和农用化肥施用量

年 份	农业机械总动力 (万千瓦)	耕地灌溉面积 (万公顷)	农用化肥施用量 (万吨)
1978	11750	4496.5	884
1980	14746	4488.8	1269
1981	15680	4457.4	1335
1982	16614	4417.7	1513
1983	18022	4464.4	1660
1984	19497	4445.3	1740
1985	20913	4403.6	1776
1986	22950	4422.6	1931
1987	24836	4440.3	1999
1988	26575	4437.6	2142
1989	28067	4491.7	2357
1990	28708	4740.3	2590
1991	29389	4782.2	2805
1992	30308	4859.0	2930
1993	31817	4872.8	3152
1994	33803	4875.9	3318
1995	36118	4928.1	3594
1996	38547	5038.1	3828
1997	42016	5123.9	3981
1998	45208	5229.6	4086
1999	48996	5315.8	4124
2000	52574	5382.0	4146
2001	55172	5424.9	4254
2002	57930	5435.5	4339
2003	60387	5401.4	4412
2004	64028	5447.8	4637
2005	68398	5502.9	4766
2006	72522	5575.0	4928
2007	76590	5651.8	5108
2008	82190	5847.2	5239
2009	87496	5926.1	5404
2010	92780	6034.8	5562
2011	97735	6168.2	5704
2012	102559	6249.1	5839
2013	103907	6347.3	5912
2014	108057	6454.0	5996
2015	111728	6587.3	6023
2016	97246	6714.1	5984
2017	98783	6781.6	5859
2018	100372	6827.2	5653
2019	102758	6867.9	5404
2020	105622	6916.1	5251
2021	107764	6960.9	5191
2022	110597	7035.9	5079
2023	113866	7157.3	5022

注：1.因指标口径调整，从2016年开始，农业机械总动力中不包括三轮汽车和低速载货汽车动力。
2.农用化肥施用量按折纯量计算。
3.2023年农业机械总动力与耕地灌溉面积数据为初步数。

11-5 主要农作物播种面积及比例

年 份	农作物总播种面积(万公顷)	#粮 食	#棉 花	#油 料	占总播种面积比例(%) 粮 食	棉 花	油 料
1978	15010.4	12058.7	486.6	622.2	80.3	3.2	4.1
1980	14638.0	11723.4	492.0	792.8	80.1	3.4	5.4
1981	14515.7	11495.8	518.5	913.4	79.2	3.6	6.3
1982	14475.5	11346.2	582.8	934.3	78.4	4.0	6.5
1983	14399.3	11404.7	607.7	839.0	79.2	4.2	5.8
1984	14422.1	11288.4	692.3	867.8	78.3	4.8	6.0
1985	14362.6	10884.5	514.0	1180.0	75.8	3.6	8.2
1986	14420.4	11093.3	430.6	1141.5	76.9	3.0	7.9
1987	14495.7	11126.8	484.4	1118.1	76.8	3.3	7.7
1988	14486.9	11012.3	553.5	1061.9	76.0	3.8	7.3
1989	14655.4	11220.5	520.3	1050.4	76.6	3.6	7.2
1990	14836.2	11346.6	558.8	1090.0	76.5	3.8	7.3
1991	14958.6	11231.4	653.8	1153.0	75.1	4.4	7.7
1992	14900.7	11056.0	683.5	1148.9	74.2	4.6	7.7
1993	14774.1	11050.9	498.5	1114.2	74.8	3.4	7.5
1994	14824.1	10954.4	552.8	1208.1	73.9	3.7	8.1
1995	14987.9	11006.0	542.2	1310.2	73.4	3.6	8.7
1996	15238.1	11254.8	472.2	1255.5	73.9	3.1	8.2
1997	15396.9	11291.2	449.1	1238.1	73.3	2.9	8.0
1998	15570.6	11378.7	445.9	1291.9	73.1	2.9	8.3
1999	15637.3	11316.1	372.6	1390.6	72.4	2.4	8.9
2000	15630.0	10846.3	404.1	1540.0	69.4	2.6	9.9
2001	15570.8	10608.0	481.0	1463.1	68.1	3.1	9.4
2002	15463.6	10389.1	418.4	1476.6	67.2	2.7	9.5
2003	15241.5	9941.0	511.1	1499.0	65.2	3.4	9.8
2004	15355.3	10160.6	569.3	1443.1	66.2	3.7	9.4
2005	15548.8	10427.8	506.2	1431.8	67.1	3.3	9.2
2006	15214.9	10495.8	581.6	1173.8	69.0	3.8	7.7
2007	15301.0	10599.9	519.9	1234.4	69.3	3.4	8.1
2008	15556.6	10754.5	527.8	1323.2	69.1	3.4	8.5
2009	15724.2	11025.5	448.5	1344.5	70.1	2.9	8.6
2010	15857.9	11169.5	436.6	1369.5	70.4	2.8	8.6
2011	16036.0	11298.0	452.4	1347.1	70.5	2.8	8.4
2012	16207.1	11436.8	436.0	1343.5	70.6	2.7	8.3
2013	16370.2	11590.8	416.2	1343.8	70.8	2.5	8.2
2014	16518.3	11745.5	417.6	1339.5	71.1	2.5	8.1
2015	16682.9	11896.3	377.5	1331.4	71.3	2.3	8.0
2016	16693.9	11923.0	319.8	1319.1	71.4	1.9	7.9
2017	16633.2	11798.9	319.5	1322.3	70.9	1.9	7.9
2018	16590.2	11703.8	335.4	1287.2	70.5	2.0	7.8
2019	16593.1	11606.4	333.9	1292.5	69.9	2.0	7.8
2020	16748.7	11676.8	316.9	1312.9	69.7	1.9	7.8
2021	16869.5	11763.1	302.8	1310.2	69.7	1.8	7.8
2022	16999.1	11833.2	300.0	1314.1	69.6	1.8	7.7
2023	17162.4	11896.9	278.8	1392.2	69.3	1.6	8.1

11-6 主要农产品产量(一)

单位：万吨

年 份	粮 食	谷 物	#稻 谷	#小 麦	#玉 米	豆 类	薯 类
1978	30477		13693	5384	5595		3174
1980	32056		13991	5521	6260		2873
1981	32502		14396	5964	5921		2597
1982	35450		16160	6847	6056		2705
1983	38728		16887	8139	6821		2925
1984	40731		17826	8782	7341		2848
1985	37911		16857	8581	6383		2604
1986	39151		17222	9004	7086		2534
1987	40473		17442	8777	7982		2822
1988	39408		16911	8543	7735		2697
1989	40755		18013	9081	7893		2730
1990	44624		18933	9823	9682		2743
1991	43529	39566	18381	9595	9877	1247	2716
1992	44266	40170	18622	10159	9538	1252	2844
1993	45649	40517	17751	10639	10270	1950	3181
1994	44510	39389	17593	9930	9928	2096	3025
1995	46662	41612	18523	10221	11199	1788	3263
1996	50454	45127	19510	11057	12747	1790	3536
1997	49417	44349	20073	12329	10431	1876	3192
1998	51230	45625	19871	10973	13295	2001	3604
1999	50839	45304	19849	11388	12809	1894	3641
2000	46218	40522	18791	9964	10600	2010	3685
2001	45264	39648	17758	9387	11409	2053	3563
2002	45706	39799	17454	9029	12131	2241	3666
2003	43070	37429	16066	8649	11583	2128	3513
2004	46947	41157	17909	9195	13029	2232	3558
2005	48402	42776	18059	9745	13937	2158	3469
2006	49804	45099	18172	10847	15160	2004	2701
2007	50414	45963	18638	10949	15512	1709	2742
2008	53434	48569	19261	11290	17212	2022	2843
2009	53941	49243	19620	11580	17326	1905	2793
2010	55911	51197	19723	11609	19075	1872	2843
2011	58849	54062	20288	11857	21132	1863	2924
2012	61223	56659	20653	12247	22956	1681	2883
2013	63048	58650	20629	12364	24845	1542	2855
2014	63965	59602	20961	12824	24976	1565	2799
2015	66060	61818	21214	13256	26499	1513	2729
2016	66044	61667	21109	13319	26361	1651	2726
2017	66161	61521	21268	13424	25907	1842	2799
2018	65789	61004	21213	13144	25717	1920	2865
2019	66384	61370	20961	13360	26078	2132	2883
2020	66949	61674	21186	13425	26067	2287	2987
2021	68285	63276	21284	13694	27255	1966	3044
2022	68653	63324	20849	13772	27720	2351	2977
2023	69541	64143	20660	13659	28884	2384	3014

11-6 主要农产品产量(二)

单位：万吨

年 份	棉 花	油 料	#花 生	#油菜籽	#芝 麻	麻 类	#黄红麻
1978	216.7	521.8	237.7	186.8	32.2	135.1	108.8
1980	270.7	769.1	360.0	238.4	25.9	143.6	109.8
1981	296.8	1020.5	382.6	406.5	51.0	157.6	126.0
1982	359.8	1181.7	391.6	565.6	34.2	123.9	106.0
1983	463.7	1055.0	395.1	428.7	34.9	124.8	101.9
1984	625.8	1191.0	481.5	420.5	47.6	178.8	149.2
1985	414.7	1578.4	666.4	560.7	69.1	444.8	411.9
1986	354.0	1473.8	588.2	588.1	61.8	192.7	142.0
1987	424.5	1527.8	617.1	660.5	52.6	208.4	113.7
1988	414.9	1320.3	569.3	504.4	40.4	180.9	107.8
1989	378.8	1295.2	536.3	543.6	33.8	112.4	66.0
1990	450.8	1613.2	636.8	695.8	46.9	109.7	72.6
1991	567.5	1638.3	630.3	743.6	43.5	88.4	51.3
1992	450.8	1641.2	595.3	765.3	51.6	93.8	61.9
1993	373.9	1803.9	842.1	693.9	56.3	96.0	67.2
1994	434.1	1989.6	968.2	749.2	54.8	74.7	35.5
1995	476.8	2250.3	1023.5	977.7	58.3	89.7	37.1
1996	420.3	2210.6	1013.8	920.1	57.5	79.5	36.5
1997	460.3	2157.4	964.8	957.8	56.6	74.9	43.0
1998	450.1	2313.9	1188.6	830.1	65.6	49.5	24.8
1999	382.9	2601.2	1263.9	1013.2	74.3	47.2	16.4
2000	441.7	2954.8	1443.7	1138.1	81.1	52.9	12.6
2001	532.4	2864.9	1441.6	1133.1	80.4	68.1	10.6
2002	491.6	2897.2	1481.8	1055.2	89.5	96.4	15.9
2003	486.0	2811.0	1342.0	1142.0	59.3	85.3	10.0
2004	632.4	3065.9	1434.2	1318.2	70.4	107.4	8.7
2005	571.4	3077.1	1434.2	1305.2	62.5	110.5	8.3
2006	753.3	2640.3	1288.7	1096.6	66.2	89.1	8.7
2007	759.7	2787.0	1381.5	1138.2	52.0	66.1	9.6
2008	723.2	3036.8	1463.5	1240.3	51.5	56.1	8.0
2009	623.6	3139.4	1460.4	1353.6	53.5	31.9	7.1
2010	577.0	3156.8	1513.6	1278.8	46.2	24.2	6.5
2011	651.9	3212.5	1530.2	1313.7	45.8	22.3	7.0
2012	660.8	3285.6	1579.2	1340.1	46.6	19.6	6.3
2013	628.2	3348.0	1610.9	1363.6	43.9	17.6	5.7
2014	629.9	3371.9	1590.1	1391.4	43.7	16.5	5.1
2015	590.7	3390.5	1596.1	1385.9	45.0	15.6	4.8
2016	534.3	3400.0	1636.1	1312.8	35.2	18.1	3.4
2017	565.3	3475.2	1709.2	1327.4	36.6	21.8	2.9
2018	610.3	3433.4	1733.2	1328.1	43.1	20.3	2.9
2019	588.9	3493.0	1752.0	1348.5	46.7	23.4	2.9
2020	591.0	3586.4	1799.3	1404.9	45.7	24.9	1.9
2021	573.1	3613.2	1830.8	1471.4	45.5	21.1	1.6
2022	598.0	3654.2	1832.9	1553.1	43.5	22.8	1.5
2023	561.8	3863.7	1923.1	1631.7	45.3	16.3	1.2

11-6 主要农产品产量(三)

单位：万吨

年份	糖料	#甘蔗	#甜菜	茶叶	烟叶	#烤烟
1978	2381.9	2111.6	270.2	26.8	124.2	105.2
1980	2911.3	2280.7	630.5	30.4	84.5	71.7
1981	3602.8	2966.8	636.0	34.3	149.7	127.9
1982	4359.4	3688.2	671.2	39.7	217.9	184.8
1983	4032.3	3114.1	918.2	40.1	138.1	115.1
1984	4780.4	3951.9	828.4	41.4	178.9	154.3
1985	6046.8	5154.9	891.9	43.2	242.5	207.5
1986	5852.5	5021.9	830.6	46.0	170.7	137.4
1987	5550.4	4736.3	814.0	50.8	194.3	163.6
1988	6187.5	4906.4	1281.0	54.5	273.4	233.7
1989	5803.8	4879.5	924.3	53.5	283.0	240.5
1990	7214.5	5762.0	1452.5	54.0	262.7	225.9
1991	8418.7	6789.8	1628.9	54.2	303.1	267.0
1992	8808.0	7301.1	1506.9	56.0	349.9	311.9
1993	7624.2	6419.4	1204.8	60.0	345.2	303.6
1994	7345.2	6092.7	1252.6	58.8	223.8	194.0
1995	7940.1	6541.7	1398.4	58.8	231.4	207.2
1996	8360.2	6818.7	1541.5	59.3	323.4	294.6
1997	9386.5	7889.7	1496.8	61.3	425.1	390.8
1998	9790.4	8343.8	1446.6	66.5	236.4	208.8
1999	8334.1	7470.3	863.9	67.6	246.9	218.5
2000	7635.3	6828.0	807.3	68.3	255.2	223.8
2001	8655.1	7566.3	1088.9	70.2	235.0	204.5
2002	10292.7	9010.7	1282.0	74.5	244.7	213.5
2003	9641.6	9023.5	618.2	76.8	225.7	201.5
2004	9570.7	8984.9	585.7	83.5	240.6	216.3
2005	9451.9	8663.8	788.1	93.5	268.3	243.5
2006	10460.0	9709.2	750.8	102.8	245.6	225.5
2007	12082.4	11179.4	902.9	117.0	242.2	224.9
2008	13006.0	12152.1	853.9	125.5	275.9	258.2
2009	11746.9	11200.4	546.5	135.1	296.2	275.0
2010	11303.4	10598.2	705.1	146.2	283.2	261.2
2011	11663.1	10867.4	795.8	160.8	299.8	278.6
2012	12451.8	11574.6	877.2	176.1	324.6	302.3
2013	12555.0	11926.4	628.7	188.7	322.0	304.0
2014	12088.7	11578.8	509.9	204.9	284.7	269.7
2015	11215.2	10706.4	508.8	227.7	267.7	249.5
2016	11176.0	10321.5	854.5	231.3	257.4	244.5
2017	11378.8	10440.4	938.4	246.0	239.1	227.9
2018	11937.4	10809.7	1127.7	261.0	224.1	211.0
2019	12169.1	10938.8	1227.3	277.7	215.3	202.1
2020	12014.0	10812.1	1198.4	293.2	213.4	202.2
2021	11454.4	10666.4	785.1	316.4	212.8	202.1
2022	11236.5	10338.1	893.3	334.2	218.8	208.0
2023	11376.3	10456.6	916.0	354.1	229.7	219.1

11-6 主要农产品产量(四)

单位：万吨

年 份	水 果	#苹 果	#柑 橘	#梨	#香 蕉	蔬 菜
1978	657.0	227.5	38.3	151.7	8.5	
1980	679.3	236.3	71.3	146.6	6.1	
1981	780.1	300.6	79.8	159.3	12.6	
1982	771.3	243.0	93.9	175.5	20.1	
1983	948.7	354.1	129.6	179.5	20.7	
1984	984.5	294.1	149.9	210.0	30.0	
1985	1163.9	361.4	180.8	213.7	63.1	
1986	1347.7	333.7	254.8	234.8	125.1	
1987	1667.9	426.4	322.4	248.9	202.9	
1988	1666.1	434.4	256.0	272.1	183.0	
1989	1831.9	449.9	456.1	256.5	140.4	
1990	1874.4	431.9	485.5	235.3	145.6	
1991	2176.1	454.0	633.3	249.8	198.1	
1992	2440.1	655.6	516.0	284.6	245.1	
1993	3011.2	907.0	656.1	321.7	270.1	
1994	3499.8	1112.9	680.5	404.3	289.8	
1995	4214.6	1400.8	822.5	494.2	312.5	25726.7
1996	4652.8	1704.7	845.7	580.7	253.6	30123.1
1997	5089.3	1721.9	1010.2	641.5	289.2	35962.4
1998	5452.9	1948.1	859.0	727.5	351.8	38491.9
1999	6237.6	2080.2	1078.7	774.2	419.4	40513.5
2000	6225.1	2043.1	878.3	841.2	494.1	44467.9
2001	6658.0	2001.5	1160.7	879.6	527.2	48422.4
2002	6952.0	1924.1	1199.0	930.9	555.7	52860.6
2003	14517.4	2110.2	1345.4	979.8	590.3	54032.3
2004	15340.9	2367.5	1495.8	1064.2	605.6	55064.7
2005	16120.1	2401.1	1591.9	1132.4	651.8	56451.5
2006	17102.0	2605.9	1789.8	1198.6	690.1	53953.1
2007	17659.4	2734.7	2036.4	1258.8	764.0	57537.8
2008	18279.1	2899.5	2297.0	1296.4	748.4	58669.2
2009	19093.7	3047.5	2471.7	1343.6	829.6	59139.5
2010	20095.4	3164.9	2581.7	1409.5	884.1	57264.9
2011	21018.6	3367.3	2864.1	1448.6	946.1	59766.6
2012	22091.5	3581.4	3089.4	1550.4	1036.0	61624.5
2013	22748.1	3629.8	3196.4	1544.4	1103.0	63198.0
2014	23302.6	3735.4	3362.2	1581.9	1062.2	64948.6
2015	24524.6	3889.9	3617.5	1652.7	1062.7	66425.1
2016	24405.2	4039.3	3591.5	1596.3	1094.0	67434.2
2017	25241.9	4139.0	3816.8	1641.0	1117.0	69192.7
2018	25688.4	3923.3	4138.1	1607.8	1122.2	70346.7
2019	27400.8	4242.5	4584.5	1731.4	1165.6	72102.6
2020	28692.4	4406.6	5121.9	1781.5	1151.3	74912.9
2021	29970.2	4597.3	5595.6	1887.6	1172.4	77548.8
2022	31296.2	4757.2	6003.9	1926.5	1177.7	79997.2
2023	32744.3	4960.2	6433.8	1985.3	1170.3	82868.1

注：2003年起水果产量含果用瓜(以下相关表同)。

11-7 水产品产量

单位：万吨

年份	水产品总产量	海水产品	捕捞	养殖	淡水产品	捕捞	养殖
1978	465.4	359.5	314.5	45.0	105.9	29.6	76.2
1980	449.7	325.7	281.3	44.4	124.0	33.9	90.2
1985	705.2	419.7	348.5	71.2	285.4	47.6	237.8
1990	1427.3	895.7	611.5	284.2	531.6	85.6	445.9
1995	2953.0	1861.3	1139.8	721.5	1091.8	151.0	940.8
1996	3280.7	2011.5	1245.6	765.9	1269.2	175.4	1093.8
1997	3118.6	1888.1	1196.4	691.7	1230.5	163.5	1067.0
1998	3382.7	2044.5	1292.6	752.0	1338.1	197.5	1140.6
1999	3570.1	2145.3	1293.4	851.9	1424.9	198.0	1226.9
2000	3706.2	2203.9	1275.9	928.0	1502.3	193.4	1308.9
2001	3795.9	2233.5	1244.1	989.4	1562.4	186.2	1376.2
2002	3954.9	2298.5	1238.0	1060.5	1656.4	194.7	1461.7
2003	4077.0	2332.8	1237.0	1095.9	1744.2	213.3	1530.9
2004	4246.6	2404.5	1253.2	1151.3	1842.1	209.6	1632.5
2005	4419.9	2465.9	1255.1	1210.8	1954.0	221.0	1733.0
2006	4583.6	2509.6	1245.5	1264.2	2074.0	220.4	1853.6
2007	4747.5	2550.9	1243.6	1307.3	2196.6	225.6	1971.0
2008	4895.6	2598.3	1258.0	1340.3	2297.3	224.8	2072.5
2009	5116.4	2681.6	1276.3	1405.2	2434.9	218.4	2216.5
2010	5373.0	2797.5	1315.2	1482.3	2575.5	228.9	2346.5
2011	5603.2	2908.0	1356.7	1551.3	2695.2	223.2	2471.9
2012	5502.1	2889.6	1314.4	1575.2	2612.5	204.0	2408.5
2013	5744.2	2992.4	1327.7	1664.7	2751.9	204.2	2547.7
2014	6001.9	3136.3	1403.9	1732.4	2865.7	202.5	2663.2
2015	6211.0	3232.3	1435.7	1796.6	2978.7	199.3	2779.3
2016	6379.5	3301.3	1386.0	1915.3	3078.2	200.3	2877.9
2017	6445.3	3321.7	1321.0	2000.7	3123.6	218.3	2905.3
2018	6457.7	3301.4	1270.2	2031.2	3156.2	196.4	2959.8
2019	6480.4	3282.5	1217.2	2065.3	3197.9	184.1	3013.7
2020	6549.0	3314.4	1179.1	2135.3	3234.6	145.8	3088.9
2021	6690.3	3387.3	1176.1	2211.1	3303.1	119.8	3183.3
2022	6865.9	3459.5	1183.8	2275.7	3406.4	116.6	3289.8
2023	7116.2	3585.3	1189.7	2395.6	3530.9	116.9	3414.1

11-8 牲畜存栏、出栏数

单位：万头(只)

年 份	大牲畜年底头数	牛	马	驴	骡	骆 驼
1996	13360.2	11031.8	871.5	944.4	478.0	34.5
1997	14541.8	12182.2	891.2	952.8	480.6	35.0
1998	14803.2	12441.9	898.1	955.8	473.9	33.5
1999	15024.8	12698.3	891.4	934.8	467.3	33.0
2000	14638.1	12353.2	876.6	922.7	453.0	32.6
2001	13980.9	11809.2	826.0	881.5	436.2	27.9
2002	13672.3	11567.8	808.8	849.9	419.4	26.4
2003	13467.3	11434.4	790.0	820.7	395.7	26.5
2004	13191.4	11235.4	763.9	791.9	374.0	26.2
2005	12894.8	10990.8	740.0	777.2	360.4	26.6
2006	12325.7	10503.1	719.3	730.9	345.5	26.9
2007	11998.2	10397.5	646.7	638.9	291.0	24.1
2008	11529.7	10068.0	594.7	600.4	243.8	22.8
2009	11380.8	10035.9	562.3	540.4	219.7	22.6
2010	11074.6	9820.0	529.9	510.1	191.5	23.0
2011	10580.0	9384.0	515.4	485.3	171.1	24.3
2012	10248.4	9137.3	465.2	462.4	159.0	24.5
2013	10008.6	8985.8	431.7	425.7	138.0	27.4
2014	9952.0	9007.3	415.8	383.6	117.4	28.0
2015	9929.8	9055.8	397.5	342.4	104.1	30.1
2016	9559.9	8834.5	351.2	259.3	84.5	30.5
2017	9763.6	9038.7	343.6	267.8	81.1	32.3
2018	9625.5	8915.3	347.3	253.3	75.8	33.8
2019	9877.4	9138.3	367.1	260.1	71.4	40.5
2020	10265.1	9562.1	367.2	232.4	62.3	41.1
2021	10486.8	9817.2	372.5	196.7	54.2	46.2
2022	10859.0	10215.9	366.7	173.5	48.8	54.1
2023	11115.4	10508.5	359.1	146.0	43.8	58.0

年 份	肉猪出栏头 数	猪年底头 数	牛出栏头 数	羊年底只 数	山 羊	绵 羊
1996	41225.2	36283.6	2685.9	23728.3	12315.8	11412.5
1997	46483.7	40034.8	3283.9	25575.7	13480.1	12095.6
1998	50215.1	42256.3	3587.1	26903.5	14168.3	12735.2
1999	51977.2	43144.2	3766.2	27925.8	14816.3	13109.5
2000	51862.3	41633.6	3806.9	27948.2	14945.6	13002.6
2001	53281.1	41950.5	3794.8	27625.0	14562.3	13062.8
2002	54143.9	41776.2	3896.2	28240.9	14841.2	13399.7
2003	55701.8	41381.8	4000.1	29307.4	14967.9	14339.5
2004	57278.5	42123.4	4101.0	30426.0	15195.5	15230.5
2005	60367.4	43319.1	4148.7	29792.7	14659.0	15133.7
2006	61209.0	41854.4	4226.8	28337.6	13956.1	14381.5
2007	56640.9	43933.2	4307.0	28606.7	14564.1	14042.5
2008	61278.9	46433.1	4243.1	28823.7	15067.0	13756.7
2009	64990.9	47177.2	4292.3	29063.0	14734.0	14328.9
2010	67332.7	46765.2	4318.3	28730.2	14195.0	14535.2
2011	67030.0	47074.8	4200.6	28664.1	14087.4	14576.7
2012	70724.5	48030.2	4219.3	28512.7	13932.3	14580.4
2013	72768.0	47893.1	4189.9	28935.2	13657.5	15277.7
2014	74951.5	47160.2	4200.4	30391.3	14167.5	16223.8
2015	72415.6	45802.9	4211.4	31174.3	14507.5	16666.8
2016	70073.9	44209.2	4265.0	29930.5	13691.8	16238.8
2017	70202.1	44158.9	4340.3	30231.7	13823.8	16407.9
2018	69382.4	42817.1	4397.5	29713.5	13574.7	16138.8
2019	54419.2	31040.7	4533.9	30072.1	13723.2	16349.0
2020	52704.1	40650.4	4565.5	30654.8	13345.2	17309.5
2021	67128.0	44922.4	4707.4	31969.3	13331.6	18637.7
2022	69994.8	45255.7	4839.9	32627.3	13224.2	19403.0
2023	72662.4	43422.3	5023.5	32232.6	12934.2	19298.4

11-9 畜产品产量

年 份	肉类产量（万吨）	#猪牛羊肉	猪 肉	牛 肉	羊 肉	奶 类（万吨）	#牛 奶
1996	4584.0	3694.7	3158.0	355.7	181.0	735.8	629.4
1997	5268.8	4249.9	3596.3	440.9	212.8	681.1	601.1
1998	5723.8	4598.2	3883.7	479.9	234.6	745.4	662.9
1999	5949.0	4762.3	4005.6	505.4	251.3	806.9	717.6
2000	6013.9	4743.2	3966.0	513.1	264.1	919.1	827.4
2001	6105.8	4832.1	4051.7	508.6	271.8	1122.9	1025.5
2002	6234.3	4928.4	4123.1	521.9	283.5	1400.4	1299.8
2003	6443.3	5089.8	4238.6	542.5	308.7	1848.6	1746.3
2004	6608.7	5234.3	4341.0	560.4	332.9	2368.4	2260.6
2005	6938.9	5473.5	4555.3	568.1	350.1	2864.8	2753.4
2006	7099.9	5608.4	4650.3	590.3	367.7	3051.6	2944.6
2007	6916.4	5319.8	4307.9	626.2	385.7	3055.2	2947.1
2008	7370.9	5692.9	4682.0	617.7	393.2	3236.2	3010.6
2009	7706.7	5958.5	4932.8	626.2	399.4	3153.9	2995.1
2010	7993.6	6173.5	5138.4	629.1	406.0	3211.3	3038.9
2011	8023.0	6140.3	5131.6	610.7	398.0	3262.8	3109.9
2012	8471.1	6462.8	5443.5	614.7	404.5	3306.7	3174.9
2013	8632.8	6641.6	5618.6	613.1	409.9	3118.9	3000.8
2014	8817.9	6864.2	5820.8	615.7	427.6	3276.5	3159.9
2015	8749.5	6702.2	5645.4	616.9	439.9	3295.5	3179.8
2016	8628.3	6502.6	5425.5	616.9	460.3	3173.9	3064.0
2017	8654.4	6557.5	5451.8	634.6	471.1	3148.6	3038.6
2018	8624.6	6522.9	5403.7	644.1	475.1	3176.8	3074.6
2019	7758.8	5410.1	4255.3	667.3	487.5	3297.6	3201.2
2020	7748.4	5278.1	4113.3	672.4	492.3	3529.6	3440.1
2021	8990.0	6507.5	5295.9	697.5	514.1	3778.1	3682.7
2022	9328.4	6784.2	5541.4	718.3	524.5	4026.5	3931.6
2023	9748.2	7078.3	5794.3	752.7	531.3	4281.3	4196.7

年 份	绵羊毛（吨）	#细羊毛	#半细羊毛	山羊粗毛（吨）	山羊绒（吨）	禽 蛋（万吨）	蜂 蜜（万吨）
1996	298102	121020	74099	35284	9585	1965.2	18.3
1997	255059	116054	55683	25865	8626	1897.1	21.1
1998	277545	115752	68775	31417	9799	2021.3	20.7
1999	283152	114103	73700	31849	10180	2134.7	23.0
2000	292502	117386	84921	33266	11057	2182.0	24.6
2001	298254	114651	88075	34241	10968	2210.1	25.2
2002	307588	112193	102419	35459	11765	2265.7	26.5
2003	338058	120263	110249	36692	13528	2333.1	28.9
2004	373902	130413	119514	37727	14515	2370.6	29.3
2005	393172	127862	123068	36904	15435	2438.1	29.3
2006	387643	131543	116043	35171	16223	2424.0	33.4
2007	371075	124262	108635	35333	15665	2546.7	38.0
2008	369665	119279	105272	35477	16534	2699.6	38.5
2009	358121	124365	109013	35910	16593	2751.9	39.7
2010	385125	123504	113998	36226	17848	2776.9	38.2
2011	386487	132877	113305	38070	17126	2830.4	41.2
2012	393725	124716	127313	40505	17211	2885.4	43.8
2013	402081	131730	128335	40215	17307	2905.5	43.7
2014	407230	122251	132693	38655	18465	2930.3	46.3
2015	413134	130537	134905	35487	18684	3046.1	47.3
2016	411642	129164	137973	35785	18844	3160.5	55.5
2017	410523	127921	133458	32863	17852	3096.3	54.3
2018	356608	117891	120430	26965	15438	3128.3	44.7
2019	341120	108973	113284	24875	14964	3309.0	44.4
2020	333625	106109	116849	24034	15244	3467.8	45.8
2021	356217	98154	128262	23332	15102	3408.8	47.3
2022	356194	68799	155024	24837	14649	3456.4	46.2
2023	367505	80069	172286	23123	17589	3563.0	46.3

11-10　分地区主要农产品产量(一)

(2023年)　　单位：万吨

地　区	粮　食	棉　花	油　料	糖　料	蔬　菜	水　果
全国总计	**69541.0**	**561.8**	**3863.7**	**11376.3**	**82868.1**	**32744.3**
北　京	47.8	0.0	1.0		207.5	41.8
天　津	255.7	0.1	0.4	0.0	253.7	42.3
河　北	3809.9	10.4	118.3	65.5	5498.0	1563.2
山　西	1478.1	0.0	17.9	0.1	1065.9	1082.8
内蒙古	3957.8		206.2	305.4	1097.1	213.3
辽　宁	2563.4		128.1	0.9	2139.7	928.2
吉　林	4186.5		88.4	1.6	540.0	157.2
黑龙江	7788.2		16.5	24.6	870.5	188.9
上　海	101.9		0.6	0.1	254.8	31.7
江　苏	3797.7	0.5	103.4	5.3	6135.6	1015.2
浙　江	638.8	0.3	35.6	37.7	1992.5	733.4
安　徽	4150.8	2.0	189.0	8.8	2630.1	828.8
福　建	511.0		24.4	28.5	1804.8	914.3
江　西	2198.3	2.2	148.1	61.4	1860.9	799.0
山　东	5655.3	12.6	280.7	0.0	9272.4	3208.2
河　南	6624.3	0.7	703.0	8.0	8045.6	2561.6
湖　北	2777.0	9.6	394.9	26.5	4502.7	1191.5
湖　南	3068.0	7.6	293.1	35.0	4488.8	1266.1
广　东	1285.2		121.0	1271.1	4099.3	2127.8
广　西	1395.4	0.1	80.8	7223.2	4425.0	3553.2
海　南	147.0		7.9	86.5	632.9	592.6
重　庆	1095.9		77.5	8.4	2362.0	645.9
四　川	3593.8	0.0	438.6	39.3	5417.9	1490.4
贵　州	1119.7	0.0	111.0	34.7	3470.0	756.7
云　南	1974.0		68.5	1586.9	2960.8	1380.9
西　藏	108.9		5.0	0.0	88.4	3.1
陕　西	1323.7	0.0	60.6	0.3	2151.2	2335.5
甘　肃	1272.9	4.2	63.1	16.9	1822.6	1044.0
青　海	116.2		32.1		158.5	2.5
宁　夏	378.8		4.6	0.0	544.5	310.5
新　疆	2119.2	511.2	43.2	499.9	2074.2	1733.8

11-10 分地区主要农产品产量(二)

(2023年)

单位: 万吨

地 区	肉 类	#猪 肉	#牛 肉	#羊 肉	奶 类
全国总计	**9748.2**	**5794.3**	**752.7**	**531.3**	**4281.3**
北 京	4.2	2.7	0.5	0.2	26.5
天 津	31.5	17.4	3.2	1.1	54.1
河 北	495.0	283.3	59.4	37.5	574.3
山 西	155.0	99.5	10.2	12.0	147.5
内蒙古	291.2	75.7	77.8	108.8	794.9
辽 宁	473.7	249.1	32.0	6.8	136.0
吉 林	309.4	158.5	49.1	9.0	30.9
黑龙江	328.5	201.8	55.2	15.6	504.3
上 海	12.2	10.7	0.0	0.2	30.7
江 苏	331.7	191.3	3.3	6.5	72.9
浙 江	119.9	80.8	1.5	2.5	20.9
安 徽	497.1	262.4	11.7	22.0	53.6
福 建	311.4	135.5	2.8	2.3	25.4
江 西	369.1	257.4	17.8	3.2	6.3
山 东	910.1	382.8	58.2	32.8	318.3
河 南	679.1	465.3	38.0	27.3	241.8
湖 北	457.9	347.2	17.2	10.5	9.0
湖 南	582.6	461.8	20.4	16.9	8.0
广 东	507.5	298.0	4.4	1.9	20.3
广 西	478.9	276.0	15.3	4.3	13.8
海 南	76.4	42.1	2.0	1.1	0.3
重 庆	215.8	158.2	8.5	6.9	3.1
四 川	697.1	489.7	39.1	27.1	72.1
贵 州	246.9	184.6	22.2	4.8	3.7
云 南	536.1	405.4	44.7	22.3	73.9
西 藏	31.3	1.7	23.7	5.5	64.3
陕 西	135.7	104.5	9.0	10.4	163.9
甘 肃	157.4	72.7	29.8	40.9	102.8
青 海	41.4	5.2	22.8	13.0	33.9
宁 夏	41.4	8.6	14.4	15.1	430.6
新 疆	222.6	64.4	58.4	62.8	243.2

11-11 农作物受灾和成灾面积

年 份	受 灾 面 积 (万公顷)	#水 灾	#旱 灾	成 灾 面 积 (万公顷)	#水 灾	#旱 灾	成灾面积占受灾面积 (%)
1978	5081	311	3264	2446	201	1656	48.1
1980	5003	969	2190	2978	607	1417	59.5
1981	3979	862	2569	1874	397	1213	47.1
1982	3313	836	2070	1612	440	997	48.6
1983	3471	1216	1609	1621	575	759	46.7
1984	3189	1063	1582	1561	539	701	48.9
1985	4437	1420	2299	2271	895	1006	51.2
1986	4714	916	3104	2366	560	1476	50.2
1987	4209	869	2492	2039	410	1303	48.5
1988	5087	1195	3290	2450	613	1530	48.2
1989	4699	1133	2936	2445	592	1526	52.0
1990	3847	1180	1817	1782	560	781	46.3
1991	5547	2460	2491	2781	1461	1056	50.1
1992	5133	942	3298	2590	446	1705	50.4
1993	4883	1639	2110	2313	861	866	47.4
1994	5505	1733	3042	3138	1074	1705	57.0
1995	4582	1273	2346	2227	760	1040	48.6
1996	4699	1815	2015	2123	1086	625	45.2
1997	5343	1142	3352	3031	584	2001	56.7
1998	5015	2229	1424	2518	1379	506	50.2
1999	4998	902	3016	2673	507	1661	53.5
2000	5469	732	4054	3437	432	2678	62.9
2001	5221	604	3847	3179	361	2370	60.9
2002	4695	1229	2212	2716	739	1317	57.9
2003	5451	1921	2485	3252	1229	1447	59.7
2004	3711	731	1725	1630	375	848	43.9
2005	3882	1093	1603	1997	605	848	51.4
2006	4109	800	2074	2463	457	1341	59.9
2007	4899	1046	2939	2506	510	1617	51.2
2008	3999	648	1214	2228	366	680	55.7
2009	4721	761	2926	2123	316	1320	45.0
2010	3743	1752	1326	1854	702	899	49.5
2011	3247	686	1630	1244	284	660	38.3
2012	2496	773	934	1147	414	351	46.0
2013	3135	876	1410	1430	486	585	45.6
2014	2489	472	1227	1268	270	568	50.9
2015	2177	562	1061	1238	333	586	56.9
2016	2622	853	987	1367	434	613	52.1
2017	1848	541	987	920	302	444	49.8
2018	2081	395	771	1057	255	262	50.8
2019	1926	668	784	791	261	333	41.1
2020	1996	719	508	799	304	251	40.1
2021	1174	476	343	468	206	141	39.9
2022	1207	341	609	437	146	204	36.2
2023	1054	463	380	480	232	149	45.5

注：2023年数据为初步数据。

12-1 规模以上工业企业工业增加值增长速度

单位：%

分　类	2017年	2018年	2019年	2020年	2021年	2022年	2023年
工业增加值	**6.6**	**6.2**	**5.7**	**2.8**	**9.6**	**3.6**	**4.6**
在总计中:							
国有控股企业	6.5	6.2	4.8	2.2	8.0	3.3	5.0
在总计中:							
股份合作企业	-4.6	1.0	9.2	-4.9	2.9	-1.7	-10.9
股份制企业	6.6	6.6	6.8	3.0	9.8	4.8	5.3
外商及港澳台商投资企业	6.9	4.8	2.0	2.4	8.9	-1.0	1.4
在总计中:							
私营企业	5.9	6.2	7.7	3.7	10.2	2.9	3.1
在总计中:							
采矿业	-1.5	2.3	5.0	0.5	5.3	7.3	2.3
制造业	7.2	6.5	6.0	3.4	9.8	3.0	5.0
电力、热力、燃气及水生产和供应业	8.1	9.9	7.0	2.0	11.4	5.0	4.3

注：1.本表按可比价格计算。
2.本表统计范围为年主营业务收入2000万元及以上的工业企业。

12-2 规模以上工业企业主要经济指标

年 份	企业单位数（万个）	资产总计（亿元）	营业收入（亿元）	利润总额（亿元）
1978	34.8	4525		599
1980	37.7	4233	4459	692
1985	46.3	6929	7922	944
1990	50.4	15953	16793	560
1995	59.2	79234	52936	1635
1996	57.9	90016	57970	1490
1997	53.4	103400	63451	1703
1998	16.5	108822	64149	1458
1999	16.2	116969	69852	2288
2000	16.3	126211	84152	4393
2001	17.1	135403	93733	4733
2002	18.2	146218	109486	5784
2003	19.6	168808	143172	8337
2004	27.6	215358	198909	11929
2005	27.2	244784	248544	14803
2006	30.2	291215	313592	19504
2007	33.7	353037	399717	27155
2008	42.6	431306	500020	30562
2009	43.4	493693	542522	34542
2010	45.3	592882	697744	53050
2011	32.6	675797	841830	61396
2012	34.4	768421	929292	61910
2013	37.0	870751	1038659	68379
2014	37.8	956777	1107033	68155
2015	38.3	1023398	1109853	66187
2016	37.9	1085866	1158999	71921
2017	37.3	1121910	1133161	74916
2018	37.5	1153251	1057327	71609
2019	37.8	1205869	1067397	65799
2020	39.9	1303499	1083658	68465
2021	44.2	1466716	1314557	92933
2022	47.2	1601926	1333214	84162
2023	48.2	1673577	1334391	76858

注：1.1997年及以前为乡及乡以上独立核算工业企业数据，其中企业单位数包括非独立核算企业；1998-2006年为全部国有及年主营业务收入在500万元及以上非国有工业企业数据；2007-2010年为年主营业务收入在500万元及以上工业企业数据；2011年及以后年份为年主营业务收入在2000万元及以上工业企业数据。

2.为全面反映工业企业收入规模，2018年起，用“营业收入”替代“主营业务收入”。之前年份为“主营业务收入”数据。

3.营业收入、利润总额等主要指标数据与上年数据之间存在不可比因素，其主要原因是：(1)根据统计制度，每年定期对规模以上工业企业调查范围进行调整。每年有部分企业达到规模标准纳入调查范围，也有部分企业因规模变小而退出调查范围，还有新建投产企业、破产、注(吊)销企业等变化。(2)加强统计执法，对统计执法检查中发现的不符合规模以上工业统计要求的企业进行了清理，对相关基数依规进行了修正。(3)加强数据质量管理，剔除跨地区、跨行业重复统计数据。

4.2023年数据为快报数(以下相关表同)。

12-3 分行业规模以上工业企业主要经济指标(一)

(2023年) 单位：亿元

行　业	营业收入	营业成本	销售费用	管理费用	财务费用	利润总额
全国总计	**1334390.8**	**1130986.0**	**31408.0**	**73147.6**	**9640.6**	**76858.3**
煤炭开采和洗选业	34958.7	22386.4	432.4	2328.9	610.3	7628.9
石油和天然气开采业	11857.9	6316.0	37.0	861.5	133.2	2984.7
黑色金属矿采选业	4723.5	3681.0	47.7	303.8	131.8	554.5
有色金属矿采选业	3491.8	2234.9	19.5	293.6	61.2	785.6
非金属矿采选业	3621.2	2550.0	156.1	301.1	73.7	416.2
开采专业及辅助性活动	2604.5	2422.1	4.9	140.2	5.3	24.2
其他采矿业	17.5	13.0	1.1	3.3	0.0	-1.8
农副食品加工业	54038.6	49955.7	972.1	1483.9	308.1	1391.2
食品制造业	20497.6	16012.3	1708.0	1212.4	64.9	1666.8
酒、饮料和精制茶制造业	15516.2	9828.1	1203.7	860.3	18.2	3110.0
烟草制品业	13333.0	3931.4	156.2	671.3	-88.8	1526.7
纺织业	22879.1	20235.4	402.7	1237.2	211.5	839.5
纺织服装、服饰业	12104.7	10177.3	485.6	842.6	48.9	613.8
皮革、毛皮、羽毛及其制品和制鞋业	7986.1	6852.1	182.8	516.5	31.0	444.1
木材加工和木、竹、藤、棕、草制品业	8624.6	7673.8	144.2	339.9	53.4	397.9
家具制造业	6555.7	5380.5	278.5	533.2	42.5	364.6
造纸和纸制品业	13926.2	12228.0	370.2	773.8	158.9	508.4
印刷和记录媒介复制业	6576.9	5457.4	186.9	559.8	35.4	389.6
文教、工美、体育和娱乐用品制造业	12683.8	10931.5	325.9	751.6	62.3	624.3
石油、煤炭及其他燃料加工业	60744.7	52084.4	287.5	1121.0	385.1	449.5
化学原料和化学制品制造业	87925.8	75804.5	1889.8	4706.7	763.8	4694.2
医药制造业	25205.7	14401.6	4324.2	3230.3	54.8	3473.0
化学纤维制造业	10975.3	10142.2	76.7	398.5	121.1	270.7
橡胶和塑料制品业	28218.1	23616.5	794.5	2054.9	165.6	1691.3
非金属矿物制品业	55756.0	46765.8	1746.4	3458.7	524.9	3222.2
黑色金属冶炼和压延加工业	83352.4	79335.0	478.6	2472.7	476.9	564.8
有色金属冶炼和压延加工业	75585.9	70739.3	313.0	1704.5	391.6	2930.5
金属制品业	45442.6	39798.1	827.5	2640.7	268.1	1903.1
通用设备制造业	47072.2	37903.6	1615.3	4171.2	178.2	3427.8
专用设备制造业	36745.1	28458.4	1665.5	3837.1	170.9	2878.0
汽车制造业	100975.8	87626.9	1952.3	5821.9	112.8	5086.3
铁路、船舶、航空航天和其他运输设备制造业	13661.1	11403.6	287.4	1127.4	41.9	893.8
电气机械和器材制造业	110059.9	93780.6	3487.7	6497.8	229.9	6334.5
计算机、通信和其他电子设备制造业	151067.8	131357.5	3259.6	11188.1	315.7	6411.3
仪器仪表制造业	10112.2	7466.9	556.5	1183.3	25.1	1049.9
其他制造业	1944.7	1604.2	65.4	167.3	7.8	102.7
废弃资源综合利用业	11726.3	11141.9	74.5	276.6	65.5	222.4
金属制品、机械和设备修理业	2078.5	1738.2	24.2	185.6	21.7	160.6
电力、热力生产和供应业	97718.3	88245.1	78.7	2019.7	2999.2	5488.4
燃气生产和供应业	17321.2	15786.7	285.4	434.5	117.8	890.8
水的生产和供应业	4704.0	3518.3	201.6	433.8	240.2	443.1

注：管理费用含研发费用(以下相关表同)。

12-3 分行业规模以上工业企业主要经济指标(二)

(2023年) 单位：亿元

行　业	亏损企业亏损总额	流动资产合计	应收账款	存货	产成品存货	资产总计	负债合计
全国总计	**15570.3**	**858703.3**	**237155.1**	**159689.9**	**61425.9**	**1673576.9**	**955717.7**
煤炭开采和洗选业	615.7	33788.0	5037.8	1414.2	734.3	74950.5	45188.7
石油和天然气开采业	206.2	4320.6	792.3	185.3	100.5	26202.9	12909.1
黑色金属矿采选业	64.9	4095.7	692.6	362.6	210.0	12652.1	7245.9
有色金属矿采选业	56.4	2526.7	321.0	382.4	135.6	7569.9	4414.3
非金属矿采选业	62.5	3954.2	643.8	509.5	226.7	9720.6	5294.5
开采专业及辅助性活动	33.2	1839.0	403.6	103.8	23.5	3629.3	2042.9
其他采矿业	2.6	4.1	1.1	0.3	0.2	14.4	7.8
农副食品加工业	426.0	22397.8	3921.2	6546.2	2717.2	35661.5	22175.8
食品制造业	159.8	12076.0	2249.3	2451.6	1018.7	21916.7	11342.9
酒、饮料和精制茶制造业	118.5	13730.7	1528.4	4562.6	1263.4	23458.4	10333.5
烟草制品业	3.4	7492.2	420.6	4323.7	247.1	10791.3	2127.4
纺织业	207.3	13134.1	3194.7	3808.2	1997.8	22718.6	13425.2
纺织服装、服饰业	95.1	7040.7	1891.4	1824.9	950.2	10940.3	5811.4
皮革、毛皮、羽毛及其制品和制鞋业	34.3	4185.2	1186.5	1041.2	459.9	6002.2	3332.1
木材加工和木、竹、藤、棕、草制品业	46.6	3771.1	1233.5	992.1	507.7	6358.7	3758.9
家具制造业	65.3	4456.7	1218.1	910.8	383.2	7178.9	4257.0
造纸和纸制品业	151.6	8497.2	2087.1	1752.6	695.8	16880.9	9820.7
印刷和记录媒介复制业	52.1	4381.9	1285.0	785.3	295.5	7553.3	3494.5
文教、工美、体育和娱乐用品制造业	56.7	6490.8	1514.4	2385.7	1270.3	9617.4	5458.7
石油、煤炭及其他燃料加工业	812.8	18714.2	2414.1	6054.6	1816.4	40906.0	27743.1
化学原料和化学制品制造业	1476.4	47982.3	9605.0	9617.0	4145.8	107110.9	57523.9
医药制造业	554.4	28735.3	6025.8	5406.6	2505.5	49824.8	19747.9
化学纤维制造业	114.0	5096.8	723.0	1253.3	711.0	11990.2	7555.1
橡胶和塑料制品业	212.4	18368.5	5987.8	3747.8	1799.5	30736.0	15782.9
非金属矿物制品业	809.4	47446.2	18169.5	7199.3	3248.9	82901.5	47539.3
黑色金属冶炼和压延加工业	1027.0	32787.7	3967.0	7819.4	2906.7	74901.0	47936.6
有色金属冶炼和压延加工业	333.7	28054.8	5270.6	7636.1	2075.2	50582.3	30240.9
金属制品业	275.6	27005.3	9228.9	5947.8	2517.3	40705.8	23681.1
通用设备制造业	332.2	42947.7	13737.9	9557.1	3458.4	62550.2	33895.4
专用设备制造业	537.1	41708.0	12581.8	10056.0	3822.9	60062.6	32379.0
汽车制造业	1412.4	69491.1	23323.3	8878.1	4097.0	108668.3	69175.4
铁路、船舶、航空航天和其他运输设备制造业	106.6	13804.9	4122.8	2830.8	720.5	20226.0	11950.1
电气机械和器材制造业	917.9	81489.6	29019.5	12816.5	5892.3	123229.9	74116.0
计算机、通信和其他电子设备制造业	2234.4	114645.1	39281.4	19510.2	6740.9	185692.2	100245.3
仪器仪表制造业	91.8	10880.0	3417.5	2302.8	808.2	15513.8	7071.9
其他制造业	12.6	1302.5	350.6	265.5	112.8	1938.4	994.6
废弃资源综合利用业	103.7	3895.5	1015.8	996.9	454.4	6483.0	4102.7
金属制品、机械和设备修理业	10.0	1900.0	542.1	386.8	48.3	4125.8	2123.8
电力、热力生产和供应业	1445.1	48211.3	15869.6	2287.9	64.9	233056.1	140741.4
燃气生产和供应业	136.6	6709.7	1171.9	471.2	198.2	18276.3	10785.4
水的生产和供应业	155.8	9343.8	1706.9	305.7	43.4	30277.8	17944.6

12-4　分地区规模以上工业企业主要经济指标(一)

(2023年)　　单位：亿元

地　区	营业收入	营业成本	销售费用	管理费用	财务费用	利润总额
全国总计	**1334390.8**	**1130986.0**	**31408.0**	**73147.6**	**9640.6**	**76858.3**
北　京	27807.9	23453.0	1302.2	1632.0	210.4	1692.3
天　津	24004.7	20494.7	444.3	1139.9	114.8	1443.7
河　北	51584.8	46254.8	928.9	2118.8	531.9	1166.0
山　西	34873.8	28865.9	452.7	1649.5	626.6	2823.7
内蒙古	28466.0	22632.9	470.1	1127.4	369.0	3020.2
辽　宁	35677.3	30675.0	785.9	1484.8	327.6	1500.9
吉　林	14019.0	11975.5	263.7	807.8	124.8	809.1
黑龙江	11861.0	9918.4	251.8	661.4	150.7	396.2
上　海	44960.4	37183.6	1547.4	3265.5	18.0	2497.8
江　苏	168354.6	143548.6	3913.6	9947.2	797.6	9344.4
浙　江	110954.9	94350.2	2812.8	7402.6	722.0	5905.6
安　徽	50875.0	43969.5	1088.5	2658.6	303.4	2418.4
福　建	56505.5	48987.7	1253.6	2470.3	295.6	3429.3
江　西	40922.2	36231.2	557.3	1608.4	231.2	2068.0
山　东	113496.2	98484.6	2149.1	5196.9	811.8	5586.1
河　南	46451.7	41096.5	814.6	1992.2	462.4	1764.7
湖　北	45935.9	39070.7	1102.3	2521.2	364.6	2344.8
湖　南	39277.8	32271.9	1087.6	2764.9	286.3	2052.1
广　东	185803.6	155020.6	6066.6	13566.7	719.2	10575.2
广　西	23275.4	20813.5	355.0	808.5	232.4	706.9
海　南	3532.8	2907.1	117.6	155.8	44.7	187.5
重　庆	26821.8	23147.5	673.4	1343.8	103.1	1371.6
四　川	49344.7	40136.1	1308.4	2302.4	438.1	4506.1
贵　州	10085.6	7692.0	244.7	623.9	171.1	1072.7
云　南	19568.0	15661.9	357.9	767.6	237.0	1501.9
西　藏	554.9	409.8	11.0	45.2	17.9	51.3
陕　西	28599.6	22024.3	511.9	1384.2	266.3	3523.3
甘　肃	11122.3	9513.8	137.0	396.4	147.7	514.0
青　海	4200.3	3405.2	37.3	181.5	70.7	486.4
宁　夏	7912.9	6798.2	89.8	308.9	166.1	377.4
新　疆	17540.3	13991.1	270.9	813.4	277.8	1720.7

12-4 分地区规模以上工业企业主要经济指标(二)

(2023年)

单位：亿元

地　区	亏损企业亏损总额	流动资产合　计	应收账款	存　货	产成品存货	资产总计	负债合计
全国总计	**15570.3**	**858703.3**	**237155.1**	**159689.9**	**61425.9**	**1673576.9**	**955717.7**
北　京	430.8	28781.7	6744.4	3524.4	1339.1	70966.8	31221.9
天　津	403.4	13139.4	3775.7	2597.0	933.7	26175.0	14383.8
河　北	768.5	31183.9	7938.7	5543.7	2008.0	63540.0	40419.9
山　西	750.1	28491.1	6573.0	2967.1	1281.8	60004.6	40744.0
内蒙古	658.1	17031.3	3626.7	2466.0	924.3	46634.2	26392.6
辽　宁	624.9	21984.9	5327.2	5122.9	1650.7	44009.7	26307.7
吉　林	279.5	9440.8	2039.4	1715.7	594.3	20150.4	11354.8
黑龙江	395.1	9454.7	1823.6	1770.8	596.6	19756.2	12142.7
上　海	612.9	32903.0	9654.4	6253.3	2004.4	56468.5	26936.4
江　苏	1513.4	112975.8	38440.6	21830.6	9370.7	186712.1	102282.1
浙　江	968.4	78451.2	22946.8	15512.8	6412.2	137728.0	76430.5
安　徽	600.1	33319.0	10768.8	5704.4	2267.3	62404.2	35822.8
福　建	398.5	28449.4	6747.6	5672.6	2301.8	53522.6	29404.2
江　西	282.7	19501.5	5676.9	3939.8	1509.2	36111.4	21300.4
山　东	864.0	67983.6	16029.3	13796.2	5558.3	128440.2	78788.3
河　南	569.8	27577.6	8159.8	5296.2	1830.2	55334.1	33778.4
湖　北	649.2	25796.0	7015.1	5021.7	1929.2	56380.8	30523.8
湖　南	229.7	18387.0	5570.3	3640.1	1329.3	38578.5	20330.7
广　东	1605.6	125048.1	35623.6	22765.5	8850.9	210715.1	122852.4
广　西	299.8	13741.8	4049.0	2911.2	1219.9	28584.0	18901.3
海　南	40.2	1930.5	490.4	393.1	120.6	5223.4	3143.9
重　庆	324.2	15002.4	4491.9	2355.6	985.5	27778.7	15783.9
四　川	370.7	31196.7	8180.5	6271.0	2161.9	69848.8	38645.1
贵　州	324.4	8715.1	1928.4	2222.2	483.3	20252.1	12664.9
云　南	241.8	11235.8	2220.2	3062.6	981.3	29151.4	16115.5
西　藏	88.6	527.5	92.8	60.1	19.2	2499.5	1297.7
陕　西	399.8	21055.1	4772.6	2959.9	1122.5	46055.9	25370.2
甘　肃	226.1	6083.9	1595.8	1334.6	413.8	16321.3	9558.6
青　海	111.1	3157.0	754.1	351.1	123.3	8402.3	5203.1
宁　夏	177.7	4542.6	1191.2	852.7	403.0	13741.4	9210.6
新　疆	361.1	11614.9	2906.3	1775.1	699.7	32085.9	18405.8

12-5　分行业规模以上中小微工业企业主要经济指标(一)

(2023年)　　单位：亿元

行　业	营业收入	营业成本	销售费用	管理费用	财务费用	利润总额
全国总计	**762768.7**	**651295.9**	**18952.0**	**45156.9**	**6686.0**	**39529.1**
煤炭开采和洗选业	17091.1	11441.1	300.6	889.7	202.2	3312.4
石油和天然气开采业	1152.2	621.0	5.1	90.1	10.4	365.2
黑色金属矿采选业	3241.9	2655.1	44.5	191.3	40.0	253.7
有色金属矿采选业	2746.8	1833.1	18.2	230.0	45.0	526.0
非金属矿采选业	3413.3	2412.5	153.4	284.3	71.7	381.0
开采专业及辅助性活动	440.7	375.1	3.4	32.5	4.0	24.9
其他采矿业	17.5	13.0	1.1	3.3	0.0	-1.8
农副食品加工业	48652.2	45050.5	848.0	1344.6	278.4	1138.8
食品制造业	13911.3	11170.7	823.2	900.5	80.9	996.5
酒、饮料和精制茶制造业	8081.4	6117.4	426.1	457.6	56.4	787.9
烟草制品业	896.0	434.9	14.5	77.8	-8.7	96.1
纺织业	19436.9	17224.5	337.6	1064.9	179.2	656.4
纺织服装、服饰业	10033.9	8557.2	313.5	702.8	53.2	433.8
皮革、毛皮、羽毛及其制品和制鞋业	6228.4	5405.3	133.7	387.7	33.3	261.0
木材加工和木、竹、藤、棕、草制品业	8523.0	7592.5	138.4	332.2	53.0	392.2
家具制造业	4913.6	4081.9	188.2	392.7	40.3	205.7
造纸和纸制品业	9944.8	8750.7	270.9	556.6	89.8	304.8
印刷和记录媒介复制业	6037.3	5035.0	166.6	503.2	35.3	327.9
文教、工美、体育和娱乐用品制造业	10340.0	8903.2	272.1	615.2	59.9	488.9
石油、煤炭及其他燃料加工业	17567.9	15796.4	142.7	384.8	126.7	39.7
化学原料和化学制品制造业	60493.4	52144.5	1482.5	3490.8	416.6	3151.2
医药制造业	16382.8	10205.9	2415.5	1996.0	85.5	1755.9
化学纤维制造业	4694.4	4233.4	46.3	216.9	48.0	165.5
橡胶和塑料制品业	22825.0	19237.9	612.6	1703.7	151.5	1162.6
非金属矿物制品业	49284.1	41576.6	1643.4	3106.7	523.0	2324.6
黑色金属冶炼和压延加工业	26284.5	24842.8	202.1	646.3	82.3	424.5
有色金属冶炼和压延加工业	47948.9	45438.7	207.5	1075.9	191.9	1087.5
金属制品业	39698.2	34805.7	719.2	2350.7	247.6	1577.4
通用设备制造业	35166.2	28331.2	1188.6	3259.9	188.2	2323.3
专用设备制造业	28211.5	21841.1	1247.2	3057.1	166.5	2005.7
汽车制造业	38193.2	32949.3	711.8	2691.5	225.6	1663.5
铁路、船舶、航空航天和其他运输设备制造业	8283.2	6912.1	173.2	703.8	46.8	488.2
电气机械和器材制造业	59935.4	51694.5	1544.9	3906.1	283.0	2638.8
计算机、通信和其他电子设备制造业	53543.0	46479.6	1124.5	4337.3	198.3	1716.9
仪器仪表制造业	8074.6	5910.0	455.8	993.1	26.8	812.5
其他制造业	1662.5	1387.4	55.3	133.0	11.4	78.1
废弃资源综合利用业	11002.0	10469.1	73.0	252.1	59.2	207.2
金属制品、机械和设备修理业	1221.0	1024.9	19.9	96.0	7.4	86.4
电力、热力生产和供应业	38088.2	31555.4	67.3	992.1	1994.5	3687.4
燃气生产和供应业	15308.8	14006.6	224.4	350.5	89.0	757.6
水的生产和供应业	3797.5	2778.3	135.2	356.0	192.1	423.5

12-5 分行业规模以上中小微工业企业主要经济指标(二)

(2023年) 单位：亿元

行业	亏损企业亏损总额	流动资产合计	应收账款	存货	产成品存货	资产总计	负债合计
全国总计	**10287.9**	**504867.5**	**153852.9**	**100732.6**	**41905.3**	**917126.4**	**537375.5**
煤炭开采和洗选业	400.7	12239.6	2378.1	880.2	518.1	25511.0	15949.2
石油和天然气开采业	35.3	1080.0	107.0	14.1	6.6	3694.2	1434.0
黑色金属矿采选业	63.7	2245.0	439.8	320.3	187.9	4886.8	3092.2
有色金属矿采选业	51.0	2041.4	259.1	319.0	124.0	5336.9	3145.8
非金属矿采选业	62.5	3665.4	624.8	490.4	218.7	9031.5	5100.9
开采专业及辅助性活动	5.2	455.8	212.4	32.5	4.6	748.3	419.8
其他采矿业	2.6	4.1	1.1	0.3	0.2	14.4	7.8
农副食品加工业	377.3	19827.6	3617.4	5976.8	2482.2	31003.8	19738.3
食品制造业	141.5	8039.4	1641.6	1922.5	806.1	14381.4	7369.5
酒、饮料和精制茶制造业	78.5	5640.1	933.1	2130.1	789.5	10878.2	5700.1
烟草制品业	3.4	668.3	106.9	194.7	97.3	940.8	273.8
纺织业	179.0	10848.9	2752.5	3308.4	1733.6	18332.0	11252.6
纺织服装、服饰业	85.2	5344.1	1486.1	1419.1	699.9	8272.3	4676.8
皮革、毛皮、羽毛及其制品和制鞋业	32.8	2850.2	889.5	812.6	350.4	4212.1	2509.4
木材加工和木、竹、藤、棕、草制品业	46.0	3647.5	1210.7	973.7	497.0	6149.7	3633.1
家具制造业	63.7	3033.6	918.5	772.9	333.8	4895.6	2950.8
造纸和纸制品业	130.9	5407.1	1492.7	1279.5	530.3	9935.1	6158.5
印刷和记录媒介复制业	51.9	3912.0	1150.0	724.4	276.3	6763.5	3194.2
文教、工美、体育和娱乐用品制造业	51.3	4890.2	1226.5	1668.4	727.2	7454.9	4273.6
石油、煤炭及其他燃料加工业	349.3	7247.4	1171.5	2064.5	799.6	13520.7	10420.1
化学原料和化学制品制造业	989.3	34907.8	7821.8	6874.9	3214.8	68353.8	35862.1
医药制造业	430.5	17345.4	3934.2	3701.6	1690.8	30339.6	13050.4
化学纤维制造业	69.2	2587.9	428.6	712.1	418.3	4984.9	3071.8
橡胶和塑料制品业	197.8	14190.1	4917.2	2987.9	1370.9	23149.0	12138.7
非金属矿物制品业	748.5	41174.3	17243.5	6545.6	2920.5	70261.9	42296.4
黑色金属冶炼和压延加工业	229.4	10365.1	1626.0	2571.5	1324.6	16275.2	11480.0
有色金属冶炼和压延加工业	248.6	14872.9	3117.9	3999.0	1468.3	23753.2	15550.1
金属制品业	253.5	22899.9	7981.4	5100.6	2190.0	34363.1	20171.5
通用设备制造业	315.7	29945.6	10049.1	7027.9	2561.0	43444.1	23193.0
专用设备制造业	434.3	30705.4	9534.7	7272.4	2611.4	43839.4	23748.8
汽车制造业	618.4	27493.9	10881.6	4784.6	2168.9	43435.5	27117.7
铁路、船舶、航空航天和其他运输设备制造业	86.4	7800.7	2458.1	1761.7	559.1	11685.1	6762.6
电气机械和器材制造业	645.2	43488.7	17285.3	7954.2	3449.8	64958.6	38641.8
计算机、通信和其他电子设备制造业	1258.1	44124.2	15413.5	8827.6	3324.5	70076.2	36851.5
仪器仪表制造业	83.3	8619.0	2762.1	1827.7	626.4	12118.0	5428.3
其他制造业	12.1	974.5	288.7	237.7	106.3	1513.3	836.5
废弃资源综合利用业	96.9	3525.0	950.4	815.2	394.0	5810.0	3731.7
金属制品、机械和设备修理业	8.3	1034.8	358.6	189.8	39.7	1875.7	914.2
电力、热力生产和供应业	1121.4	32121.1	11793.8	1636.3	61.3	123032.8	82780.8
燃气生产和供应业	104.5	5506.2	1013.3	347.9	178.5	14145.8	8236.4
水的生产和供应业	125.0	8097.4	1373.5	252.2	42.7	23748.0	14211.0

12-6 分地区规模以上中小微工业企业主要经济指标(一)

(2023年) 单位：亿元

地 区	营业收入	营业成本	销售费用	管理费用	财务费用	利润总额
全国总计	**762768.7**	**651295.9**	**18952.0**	**45156.9**	**6686.0**	**39529.1**
北 京	9156.4	7048.0	556.0	992.2	21.8	629.0
天 津	13400.8	11935.2	308.0	686.4	74.9	402.1
河 北	26868.5	24145.5	526.9	1171.5	303.8	658.3
山 西	18208.2	15250.8	331.3	806.6	328.0	1155.8
内蒙古	14046.8	11117.9	233.7	598.2	227.9	1476.4
辽 宁	16137.9	13958.2	437.5	897.5	166.0	680.7
吉 林	5473.8	4660.5	170.1	332.7	99.1	208.5
黑龙江	6059.6	5319.5	166.1	290.6	92.9	185.2
上 海	23633.5	19188.0	1016.6	2018.9	74.5	1549.6
江 苏	103733.3	88073.5	2507.0	6922.1	644.9	5661.3
浙 江	75401.9	64274.0	1926.1	5492.1	575.4	3712.6
安 徽	29020.8	25286.0	670.2	1668.1	232.3	1246.4
福 建	36705.9	32304.2	747.9	1593.0	206.7	1820.0
江 西	28915.6	25651.1	467.3	1175.1	189.5	1462.2
山 东	65475.6	57402.7	1277.2	3165.9	526.6	2774.5
河 南	23688.3	20795.0	542.0	1224.4	282.8	848.3
湖 北	30051.6	25692.3	781.5	1703.0	227.8	1662.7
湖 南	27399.4	22683.6	823.8	2116.8	250.2	1392.8
广 东	101206.4	86344.8	2907.9	6966.2	603.7	4248.4
广 西	14607.2	13091.9	248.5	532.0	169.7	474.4
海 南	1981.9	1642.1	83.8	102.3	23.4	83.7
重 庆	14707.2	12444.9	378.8	881.2	105.8	922.1
四 川	27051.7	22168.5	747.8	1421.4	361.0	2341.6
贵 州	5724.2	4891.0	179.7	343.1	132.0	135.9
云 南	11098.7	9322.6	244.0	438.4	177.8	754.4
西 藏	345.4	206.7	10.9	28.2	11.6	69.8
陕 西	12788.6	9676.3	326.3	718.0	142.4	1650.0
甘 肃	4976.0	4378.7	86.5	213.0	96.2	158.8
青 海	1918.2	1510.4	28.6	81.8	45.7	245.2
宁 夏	4339.6	3803.6	69.0	178.6	103.1	177.9
新 疆	8645.7	7028.7	151.2	397.7	188.3	740.8

12-6 分地区规模以上中小微工业企业主要经济指标(二)

(2023年)　　单位：亿元

地　区	亏损企业亏损总额	流动资产合　计	应收账款	存　货	产成品存货	资产总计	负债合计
全国总计	**10287.9**	**504867.5**	**153852.9**	**100732.6**	**41905.3**	**917126.4**	**537375.5**
北　京	257.2	11266.1	3088.6	1979.8	652.5	18748.9	8435.2
天　津	219.2	8361.9	2476.7	1764.1	645.5	13948.7	7862.2
河　北	454.6	18810.6	5632.4	3400.8	1354.9	34215.7	22352.3
山　西	453.3	12403.6	3623.0	1855.3	902.7	26943.2	18993.1
内蒙古	409.3	9820.2	2897.2	1346.1	577.8	23900.4	14926.3
辽　宁	315.4	12072.3	3303.5	2805.1	1089.3	20955.6	12555.2
吉　林	178.5	4375.7	1238.3	977.0	391.2	8795.2	5674.1
黑龙江	209.2	5376.7	1347.6	1267.0	467.7	10028.0	6438.3
上　海	332.6	19380.4	6171.6	3769.1	1402.0	29333.8	14037.5
江　苏	1108.6	73586.0	25785.2	14813.3	6516.0	117144.8	64371.7
浙　江	811.4	55306.5	16950.9	11220.6	4744.0	92829.8	53059.5
安　徽	369.5	19868.1	6957.5	3849.3	1698.1	35297.7	20390.0
福　建	267.3	15904.0	4211.0	3548.5	1529.1	28963.9	15336.8
江　西	213.0	13756.9	4025.1	2921.4	1225.0	24443.1	14784.4
山　东	640.5	41144.0	10951.4	8692.2	3765.6	71206.4	45673.6
河　南	370.6	16014.9	4691.5	3193.7	1218.4	31478.1	19242.7
湖　北	279.2	15945.6	5079.7	3197.2	1421.5	32182.6	17520.6
湖　南	183.1	11156.8	3367.2	2306.9	1015.0	23446.2	11867.0
广　东	1281.7	63773.7	20256.3	13289.8	5093.5	103364.8	60250.0
广　西	216.9	9482.6	2797.0	2064.8	996.3	18780.8	12304.3
海　南	37.0	1323.6	336.6	230.9	96.4	3017.4	1713.0
重　庆	142.6	8370.2	2664.2	1485.3	631.2	16363.7	9128.3
四　川	285.3	18384.7	5179.3	3750.7	1415.1	41624.2	23843.6
贵　州	243.9	5376.3	1383.7	1132.6	377.6	12760.9	8896.2
云　南	178.8	6988.8	1581.7	1578.2	828.9	17319.8	10678.7
西　藏	22.5	441.9	87.9	43.7	19.2	1419.6	875.4
陕　西	227.0	10391.0	2873.2	1571.7	669.2	19956.9	11241.1
甘　肃	171.2	3852.5	1287.5	716.6	306.3	9109.5	5908.2
青　海	49.4	1675.8	553.0	211.9	81.3	4014.3	2465.4
宁　夏	113.8	3173.2	915.6	550.0	246.9	7809.3	5249.8
新　疆	245.1	7082.6	2138.6	1198.8	527.2	17723.2	11300.9

12-7 主要工业产品产量(一)

年 份	原 盐 (万吨)	成品糖 (万吨)	卷 烟 (亿支)	纱 (万吨)	布 (亿米)
1978	1953.0	227.0	1182.0	238.2	110.3
1980	1728.0	257.0	1520.0	292.6	134.7
1981	1832.0	317.0	1704.0	317.0	142.7
1982	1638.0	338.0	1885.0	335.4	153.5
1983	1613.0	377.0	1938.0	327.0	148.8
1984	1642.0	380.0	2132.0	321.9	137.0
1985	1479.0	451.0	2370.0	353.5	146.7
1986	1766.0	525.0	2596.0	397.8	164.7
1987	1764.0	506.0	2881.0	436.8	173.1
1988	2264.0	461.0	3096.0	465.7	187.9
1989	2829.0	501.0	3195.0	476.7	189.2
1990	2023.0	582.0	3298.0	462.6	188.8
1991	2410.0	640.0	3226.0	460.8	181.7
1992	2838.0	829.0	3285.0	501.7	190.7
1993	2943.0	771.0	3376.0	501.5	203.0
1994	2996.0	592.0	3432.0	489.5	211.3
1995	2977.7	558.6	3485.0	542.2	260.2
1996	2903.6	640.2	3401.9	512.2	209.1
1997	3082.7	702.6	3377.4	559.8	248.8
1998	2242.5	826.0	3374.0	542.0	241.0
1999	2812.4	861.0	3340.0	567.0	250.0
2000	3128.0	700.0	3397.0	657.0	277.0
2001	3410.5	653.1	3402.1	760.7	290.0
2002	3602.4	926.0	3467.1	850.0	322.4
2003	3437.7	1083.9	3580.9	983.6	353.5
2004	4043.4	1033.7	18736.4	1291.3	482.1
2005	4661.1	912.4	19389.1	1450.5	484.4
2006	5663.1	949.1	20218.1	1743.0	598.6
2007	6167.0	1271.4	21438.8	1958.4	675.3
2008	6664.4	1432.6	22199.2	2055.7	723.1
2009	6662.8	1338.4	22901.5	2266.5	753.4
2010	7037.8	1117.6	23752.6	2572.8	800.0
2011	6742.2	1187.4	24474.0	2717.9	814.1
2012	6911.8	1409.5	25160.9	2984.0	848.9
2013	7367.6	1592.8	25603.9	3200.0	897.6
2014	7049.7	1642.7	26098.5	3379.2	893.7
2015	6665.5	1474.1	25890.7	3538.0	892.6
2016	6620.1	1443.3	23825.8	3732.6	906.8
2017	6654.2	1472.0	23448.3	3191.4	691.1
2018	6363.6	1198.8	23375.6	3078.9	698.5
2019	6701.4	1389.4	23642.5	2827.2	555.2
2020	5852.7	1431.3	23863.7	2618.3	459.2
2021	5706.5	1449.7	24182.4	2873.7	502.0
2022	5359.9	1486.8	24321.5	2720.3	467.7
2023	5256.8	1270.6	24427.5	2234.2	294.9

注：1.主要工业产品产量2023年数据统计范围为规模以上工业企业，即年主营业务收入2000万元及以上的工业企业。

2.成品糖指标名称1997年及以前为糖，1998-2004年为机制糖，产量包括土糖。

3.卷烟2003年及以前计量单位为万箱。

12-7 主要工业产品产量(二)

年 份	硫 酸 (折100%) (万吨)	烧 碱 (折100%) (万吨)	纯 碱 (万吨)	乙 烯 (万吨)	农用化肥 (折纯) (万吨)	化学纤维 (万吨)
1978	661.0	164.0	132.9	38.0	869.3	28.5
1980	764.3	192.3	161.3	49.0	1232.1	45.0
1981	780.7	192.3	165.2	50.5	1239.0	52.7
1982	817.5	207.3	173.5	56.5	1278.1	51.7
1983	869.6	212.3	179.3	65.4	1378.9	54.1
1984	817.2	222.2	188.0	64.8	1460.2	73.5
1985	676.4	235.3	201.1	65.2	1322.2	94.8
1986	763.1	251.8	214.6	69.5	1395.7	101.7
1987	983.3	273.9	236.3	93.7	1672.2	117.5
1988	1111.3	300.5	260.9	123.2	1740.2	130.1
1989	1153.3	321.1	304.2	139.6	1802.5	148.1
1990	1196.9	335.4	379.5	157.2	1879.7	165.4
1991	1332.9	354.1	393.6	176.1	1979.5	191.0
1992	1408.7	379.5	455.0	200.3	2047.9	213.0
1993	1336.5	395.4	534.9	202.7	1956.3	237.4
1994	1536.5	429.6	581.4	212.9	2272.8	280.3
1995	1811.0	531.8	597.7	240.1	2548.1	341.2
1996	1883.6	573.8	669.3	304.0	2809.0	375.5
1997	2036.9	574.4	725.8	358.6	2821.0	471.6
1998	2171.0	539.4	744.0	377.3	3010.0	510.0
1999	2356.0	580.1	766.0	435.0	3251.0	600.0
2000	2427.0	667.9	834.0	470.0	3186.0	694.0
2001	2696.3	788.0	914.4	480.6	3383.0	841.4
2002	3050.4	878.0	1033.2	543.0	3791.0	991.2
2003	3371.2	945.3	1133.6	611.8	3881.3	1181.2
2004	3928.9	1041.1	1334.7	629.9	4804.8	1699.8
2005	4544.7	1240.0	1421.1	755.5	5177.9	1664.8
2006	5033.2	1511.8	1560.0	940.5	5345.1	2073.2
2007	5412.6	1759.3	1765.0	1027.8	5825.0	2413.8
2008	5098.0	1926.0	1854.6	987.6	6028.1	2453.3
2009	5960.9	1832.4	1944.8	1072.6	6385.0	2747.3
2010	7090.5	2228.4	2034.8	1421.3	6337.9	3090.0
2011	7482.7	2473.5	2294.0	1527.5	6419.4	3390.1
2012	7876.6	2696.8	2395.9	1486.8	6832.1	3837.4
2013	8154.5	2927.4	2431.6	1599.3	7026.2	4160.3
2014	8901.6	3063.5	2525.8	1696.7	6876.9	4389.8
2015	8975.7	3020.7	2591.8	1714.6	7432.0	4831.7
2016	9133.0	3201.7	2585.0	1781.1	6629.6	4886.4
2017	9212.9	3329.2	2767.1	1821.8	5891.7	4877.1
2018	9209.3	3475.5	2648.0	1861.8	5403.5	5418.0
2019	9119.2	3457.9	2986.5	2052.3	5731.2	5883.4
2020	9238.2	3673.9	2812.4	2160.0	5496.0	6124.7
2021	9382.7	3891.3	2913.3	2825.7	5543.6	6708.5
2022	9504.6	3980.5	2920.2	2897.5	5573.4	6697.8
2023	9580.0	4101.4	3262.4	3189.9	5713.6	7127.0

12-7 主要工业产品产量(三)

年 份	水 泥 (万吨)	平板玻璃 (万重量箱)	生 铁 (万吨)	粗 钢 (万吨)	钢 材 (万吨)	原 铝 (万吨)
1978	6524.0	1784.0	3479.0	3178.0	2208.0	29.6
1980	7986.0	2466.0	3802.0	3712.0	2716.0	39.6
1981	8290.0	2701.0	3417.0	3560.0	2670.0	39.1
1982	9520.0	3154.0	3551.0	3716.0	2902.0	39.6
1983	10825.0	3647.0	3738.0	4002.0	3072.0	44.0
1984	12302.0	4190.0	4001.0	4347.0	3372.0	47.2
1985	14595.0	4942.0	4384.0	4679.0	3693.0	52.3
1986	16606.0	5202.0	5064.0	5220.0	4058.0	55.5
1987	18625.0	5803.0	5503.0	5628.0	4386.0	60.9
1988	21014.0	7293.0	5704.0	5943.0	4689.0	71.2
1989	21029.0	8442.0	5820.0	6159.0	4859.0	74.5
1990	20971.0	8067.0	6238.0	6635.0	5153.0	84.7
1991	25261.0	8712.0	6765.0	7100.0	5638.0	95.5
1992	30822.0	9359.0	7589.0	8094.0	6697.0	109.1
1993	36788.0	11086.0	8739.0	8956.0	7716.0	124.2
1994	42118.0	11925.0	9741.0	9261.0	8428.0	146.2
1995	47560.6	15731.7	10529.3	9536.0	8979.8	167.6
1996	49118.9	16069.4	10722.5	10124.1	9338.0	177.1
1997	51173.8	16630.7	11511.4	10894.2	9978.9	203.5
1998	53600.0	17194.0	11863.7	11559.0	10737.8	233.6
1999	57300.0	17419.8	12539.2	12426.0	12109.8	280.9
2000	59700.0	18352.2	13101.5	12850.0	13146.0	298.9
2001	66104.0	20964.1	15554.3	15163.4	16067.6	357.6
2002	72500.0	23445.6	17084.6	18236.6	19251.6	451.1
2003	86208.1	27702.6	21366.7	22233.6	24108.0	586.6
2004	96682.0	37026.2	26831.0	28291.1	31975.7	669.0
2005	106884.8	40210.2	34375.2	35324.0	37771.1	778.7
2006	123676.5	46574.7	41245.2	41914.9	46893.4	926.6
2007	136117.3	53918.1	47651.6	48928.8	56560.9	1234.0
2008	142355.7	59890.4	47824.4	50305.8	60460.3	1316.5
2009	164397.8	58574.1	55283.5	57218.2	69405.4	1288.6
2010	188191.2	66330.8	59733.3	63723.0	80276.6	1577.1
2011	209925.9	79107.6	64050.9	68528.3	88619.6	1961.4
2012	220984.1	75050.5	66354.4	72388.2	95577.8	2314.1
2013	241923.9	79285.8	71149.9	81313.9	108200.5	2543.8
2014	249207.1	83128.2	71374.8	82230.6	112513.1	2885.8
2015	235918.8	78651.6	69141.3	80382.5	103468.4	3141.0
2016	241031.0	80408.5	70227.3	80760.9	104813.5	3264.5
2017	233084.1	83765.8	71361.9	87074.1	104642.1	3329.0
2018	223609.6	93963.3	77987.6	92903.8	113287.3	3683.1
2019	234430.6	94461.2	80849.4	99541.9	120456.9	3513.0
2020	239470.8	95227.8	88897.6	106476.7	132489.2	3708.0
2021	237724.5	101727.4	86856.8	103524.3	133666.8	3850.3
2022	212927.2	101668.7	86382.8	101795.9	134033.5	4014.4
2023	202293.0	96941.8	87101.3	101908.1	136268.2	4159.4

注：2009年起，电解铝指标名称改为原铝。

12-7 主要工业产品产量(四)

年 份	大中型拖拉机(万台)	汽 车(万辆)	#轿 车	家 用电冰箱(万台)	房间空气调节器(万台)
1978	11.4	14.9		2.8	0.02
1980	9.8	22.2	0.5	4.9	1.3
1981	5.3	17.6	0.3	5.6	1.4
1982	4.0	19.6	0.5	10.0	2.4
1983	3.7	24.0	0.6	18.9	3.5
1984	4.0	31.6	0.7	54.7	6.1
1985	4.5	43.7	0.9	144.8	12.4
1986	2.9	37.0	1.2	225.0	9.7
1987	3.7	47.2	1.8	401.3	13.2
1988	4.7	64.5	3.0	757.6	25.9
1989	4.0	58.4	3.6	670.8	37.5
1990	3.9	51.4	3.5	463.1	24.1
1991	5.3	71.4	6.9	469.9	63.0
1992	5.7	106.7	16.2	485.8	158.0
1993	3.8	129.9	22.3	596.7	346.4
1994	4.7	136.7	26.9	768.1	393.4
1995	6.3	145.3	33.7	918.5	682.6
1996	8.4	147.5	38.3	979.7	786.2
1997	8.2	158.3	48.6	1044.4	974.0
1998	6.8	163.0	50.7	1060.0	1156.9
1999	6.5	183.2	57.1	1210.0	1337.6
2000	4.1	207.0	60.7	1279.0	1826.7
2001	3.8	234.2	70.4	1351.3	2333.6
2002	4.5	325.1	109.2	1598.9	3135.1
2003	4.9	444.4	207.1	2242.6	4820.9
2004	11.4	509.1	227.6	3007.6	6390.3
2005	16.3	570.5	277.0	2987.1	6764.6
2006	19.9	727.9	386.9	3530.9	6849.4
2007	20.3	888.9	479.8	4397.1	8014.3
2008	28.4	930.6	503.8	4800.0	8147.4
2009	37.1	1379.5	748.5	5930.5	8078.3
2010	33.7	1826.5	957.6	7295.7	10887.5
2011	40.2	1841.6	1012.7	8699.2	13912.5
2012	52.7	1927.6	1077.0	8427.0	12398.7
2013	66.6	2212.1	1210.4	9255.7	13069.3
2014	64.4	2372.5	1248.3	8796.1	14463.3
2015	68.8	2450.4	1163.0	7992.8	14200.4
2016	61.8	2811.9	1211.1	8481.6	14342.4
2017	34.4	2901.8	1194.5	8314.5	17861.5
2018	26.2	2782.7	1217.4	8108.8	20955.7
2019	28.1	2567.7	1028.5	7904.3	21866.2
2020	34.5	2532.5	924.0	9014.7	21035.3
2021	41.2	2625.7	970.6	8992.1	21835.7
2022	40.0	2713.6	1045.0	8664.4	22247.3
2023	38.0	3011.3	1086.3	9632.3	24487.0

12-7 主要工业产品产量(五)

年 份	移动通信手持机(万台)	#智能手机	微型计算机设备(万台)	集成电路(亿块)	彩色电视机(万台)	复印和胶版印制设备(万台)
1978				0.3	0.4	
1980				0.2	3.2	
1981				0.1	15.2	
1982				0.1	28.8	
1983				0.3	53.1	
1984				0.4	134.0	
1985				0.6	435.3	2.4
1986			4.2	0.6	414.6	1.8
1987			5.1	1.0	672.7	1.8
1988			11.6	1.3	1037.7	
1989			7.5	1.3	940.0	
1990			8.2	1.1	1033.0	
1991			16.3	1.7	1205.1	
1992			12.6	1.6	1333.1	4.4
1993			14.7	2.0	1435.8	6.1
1994			24.6	4.8	1689.2	4.1
1995			83.6	55.2	2057.7	21.8
1996			138.8	38.9	2537.6	63.9
1997			206.6	25.5	2711.3	107.8
1998			291.4	26.3	3497.0	117.9
1999			405.0	41.5	4262.0	210.3
2000	5247.9		672.0	58.8	3936.0	156.6
2001	8031.7		877.7	63.6	4093.7	144.1
2002	12146.4		1463.5	96.3	5155.0	207.4
2003	18231.4		3216.7	148.3	6541.4	264.2
2004	23751.6		5974.9	235.5	7431.8	324.6
2005	30354.2		8084.9	270.0	8283.2	403.6
2006	48013.8		9336.4	335.8	8375.4	467.8
2007	54857.9		12073.4	411.6	8478.0	452.4
2008	55945.1		15853.7	438.8	9187.1	517.7
2009	68193.4		18215.1	414.4	9898.8	421.0
2010	99827.4		24584.5	652.5	11830.0	534.8
2011	113257.7		32036.9	719.5	12231.3	655.1
2012	118154.6		31806.7	779.6	12823.5	609.7
2013	152343.9		35348.4	903.5	12745.2	698.2
2014	168202.8	125699.5	35079.6	1015.5	14128.9	712.9
2015	181261.4	139943.1	31418.7	1087.2	14475.7	734.2
2016	184845.7	153764.1	29008.5	1318.0	15769.6	684.4
2017	188982.4	142900.5	30678.4	1564.6	15932.6	626.1
2018	180050.6	133576.3	31580.2	1852.6	19695.0	576.1
2019	169603.4	122719.4	34163.2	2018.2	18999.1	487.8
2020	146961.8	110296.5	37800.4	2614.2	19626.2	311.2
2021	166151.6	127244.6	46692.0	3594.3	18496.5	390.8
2022	156080.0	116577.7	43418.2	3241.9	19578.3	255.2
2023	156642.2	114462.9	33056.9	3514.4	19339.6	222.8

注：1.2009年起，微型电子计算机指标名称改为微型计算机设备。
2.2009年起，复印机械指标名称改为复印和胶版印制设备。

12-8 分地区规模以上工业主要产品产量(一)

(2023年)

地 区	布 (亿米)	农用化肥 (折纯) (万吨)	水 泥 (万吨)	平板玻璃 (万重量箱)	生 铁 (万吨)	粗 钢 (万吨)
全国总计	**294.9**	**5713.6**	**202293.0**	**96941.8**	**87101.3**	**101908.1**
北 京			200.0	48.5		
天 津	0.1	61.0	484.0	2975.8	1895.3	1644.5
河 北	8.1	232.6	9982.0	13314.4	19530.7	21050.6
山 西	0.2	425.9	4660.6	2258.4	6015.3	6292.0
内蒙古		466.7	3729.6	1118.7	2347.9	3266.9
辽 宁	0.7	38.1	3814.0	5662.9	6948.9	7344.1
吉 林	0.3	19.0	2032.1	1183.6	1359.9	1452.5
黑龙江	0.0	82.8	1944.7	481.8	865.7	956.4
上 海	0.5	0.8	441.7		1460.4	1573.3
江 苏	50.7	187.1	14280.3	1832.9	9762.2	11859.2
浙 江	67.6	33.4	12710.8	3822.5	873.6	1445.7
安 徽	5.0	215.4	13251.7	4946.2	3111.2	3891.5
福 建	22.7	23.2	8038.7	5303.9	1486.1	3405.5
江 西	5.7	91.7	8341.1	393.4	2446.7	2658.5
山 东	45.1	465.8	12894.3	8647.1	7293.9	7455.9
河 南	5.0	432.3	9553.9	1280.0	2819.1	3262.4
湖 北	33.6	670.9	9892.7	10668.9	2863.8	3640.9
湖 南	0.8	58.0	8285.9	4328.8	2180.8	2415.6
广 东	15.9	10.7	14322.3	8931.6	2437.6	3692.1
广 西	0.3	27.4	9998.8	3333.5	3402.1	3816.6
海 南		65.5	1545.4	1146.8		
重 庆	1.6	184.2	5477.8	2156.4	651.6	889.7
四 川	10.2	316.5	12151.6	6378.8	1983.6	2688.8
贵 州	0.6	243.6	5883.4	1345.8	390.6	443.6
云 南		250.6	9610.5	1158.1	1472.1	2309.6
西 藏			1198.4			
陕 西	6.2	155.8	5768.4	2008.4	1182.8	1426.6
甘 肃		21.0	4125.5	776.9	814.7	1108.9
青 海		476.8	1192.2	48.8	67.1	73.8
宁 夏	0.5	73.9	1670.0	401.9	326.4	596.2
新 疆	13.3	382.6	4810.5	986.9	1111.4	1246.9

注：本表部分指标存在总计不等于分项之和情况，是数据四舍五入所致，未作机械调整。

12-8 分地区规模以上工业主要产品产量(二)

(2023年)

地 区	钢 材 (万吨)	汽 车 (万辆)	家 用 电冰箱 (万台)	移动通信 手持机 (万台)	微型计算机 设 备 (万台)
全国总计	**136268.2**	**3011.3**	**9632.3**	**156642.2**	**33056.9**
北 京	183.7	100.3		10286.8	615.8
天 津	5991.9	89.5			
河 北	29792.6	84.1			
山 西	6876.6	10.6		2009.2	19.5
内蒙古	3385.8	10.6			
辽 宁	7848.4	94.3	179.2	6.2	
吉 林	1588.2	155.9			
黑龙江	933.3	9.0			1.0
上 海	1917.2	215.6		2367.1	1900.9
江 苏	16193.9	165.0	1426.7	7893.9	2762.2
浙 江	3155.8	152.6	517.5	3032.3	140.0
安 徽	4164.9	208.8	2946.5	0.0	2125.8
福 建	3956.8	33.2		852.6	466.1
江 西	3646.3	48.0	77.5	9268.5	2370.8
山 东	10858.5	197.4	962.8	277.4	0.6
河 南	3400.2	78.3	61.2	14510.9	165.5
湖 北	3848.6	179.0	612.4	5387.7	1347.2
湖 南	2890.8	44.7		1571.2	141.7
广 东	6319.1	519.2	2169.0	64944.2	7335.0
广 西	5200.5	97.5	205.9	2266.1	173.4
海 南		3.0			
重 庆	2072.2	231.8	150.3	8493.3	7400.5
四 川	4045.9	97.5	140.0	14567.0	5337.8
贵 州	579.9	4.8	161.4	1458.0	2.8
云 南	2459.0	1.8		4187.4	743.7
西 藏					
陕 西	1629.4	147.0	21.6	3126.4	2.9
甘 肃	1179.4				
青 海	69.7			120.4	
宁 夏	582.2				
新 疆	1497.3	1.9	0.2	15.5	3.6

13-1 建筑业企业单位数、从业人员和总产值

年份	企业单位数（万个）	年末从业人员（万人）	总产值（亿元）
1980	0.7	648.0	286.9
1985	1.1	911.5	675.1
1990	1.3	1010.7	1345.0
1995	2.4	1497.9	5793.8
1996	4.1	2121.9	8282.2
1997	4.4	2101.5	9126.5
1998	4.6	2030.0	10062.0
1999	4.7	2020.1	11152.9
2000	4.8	1994.3	12497.6
2001	4.6	2110.7	15361.6
2002	4.8	2245.2	18527.2
2003	4.9	2414.3	23083.9
2004	5.9	2500.3	29021.5
2005	5.9	2699.9	34552.1
2006	6.0	2878.2	41557.2
2007	6.2	3133.7	51043.7
2008	7.1	3315.0	62036.8
2009	7.1	3672.6	76807.7
2010	7.2	4160.4	96031.1
2011	7.2	3852.5	116463.3
2012	7.5	4267.2	137217.9
2013	7.9	4528.4	160366.1
2014	8.1	4537.0	176713.4
2015	8.1	5093.7	180757.5
2016	8.3	5184.5	193566.8
2017	8.8	5529.6	213943.6
2018	9.7	5305.2	225816.9
2019	10.4	5427.1	244816.9
2020	11.7	5367.0	256553.2
2021	12.9	5282.4	281238.7
2022	14.3	5063.4	298675.1
2023	15.8	5253.8	315911.9

注：1.本表1980-1992年为全民和集体所有制建筑业企业数据；1993-1995年为各种经济成分的建制镇以上企业数据;1996-2001年为资质等级(旧资质)四级及四级以上建筑业企业数据;2002年起为具有资质等级的施工总承包、专业承包建筑业企业(不含劳务分包建筑业企业)数据(以下相关表同)。

2.本表对2019-2022年建筑业总产值等相关指标数据进行了修订，主要原因是：(一)加强数据质量审核，剔除主营业务不属于建筑业的相关数据。(二)加强统计执法检查，对发现的问题数据按照相关规定进行了改正。

13-2 建筑业企业生产完成情况

项目	单位	2018年	2019年	2020年	2021年	2022年	2023年
签订合同额	亿元	487844	545035	595538	656886	705126	724731
上年结转合同额	亿元	219916	255802	270403	312327	345814	368691
本年新签合同额	亿元	267928	289232	325136	344559	359312	356040
竣工产值	亿元	120555	123832	122156	134523	132514	137512
房屋建筑施工面积	万平方米	1371995	1441505	1494754	1575464	1536111	1513426
#本年新开工面积	万平方米	539761	515026	512409	492107	425647	404042
房屋建筑竣工面积	万平方米	411498	402336	384822	408028	396363	385588
#住宅	万平方米	276790	271016	259081	270382	254363	234389
房屋建筑竣工价值	亿元	70837	73977	71882	79415	79859	81828
#住宅	亿元	46634	47295	47491	50520	48692	48271

13-3 分地区建筑业总产值和房屋建筑面积

(2023年)

地 区	总 产 值 (亿元)	施工面积 (万平方米)	#新开工面积	竣工面积 (万平方米)	#住宅
全国总计	**315911.9**	**1513425.6**	**404042.2**	**385587.9**	**234389.0**
北 京	14272.5	104439.0	18561.8	13767.0	8230.8
天 津	5072.3	17763.4	3770.6	3754.9	2702.7
河 北	7261.3	33436.5	8078.3	7800.0	5146.3
山 西	6147.1	22173.4	5702.3	4205.7	2822.7
内蒙古	1459.5	6667.9	1141.1	1271.6	890.2
辽 宁	4326.6	11583.1	2886.0	3399.3	2503.6
吉 林	2219.9	5637.8	1524.2	2052.7	1252.9
黑龙江	1426.0	3310.1	1120.7	1216.7	788.5
上 海	10045.8	56244.5	10610.4	9707.7	4968.4
江 苏	43140.2	258944.7	74258.7	73189.8	48467.3
浙 江	24593.5	165952.2	44420.6	46267.0	23569.2
安 徽	12466.8	59769.3	22094.8	15465.6	8558.9
福 建	17383.4	96623.9	22638.0	19447.0	13225.8
江 西	10827.8	35467.7	13592.9	12584.4	6939.3
山 东	18686.6	97786.7	30388.9	22676.8	14099.0
河 南	11476.8	59861.0	10711.2	12653.3	8667.0
湖 北	21348.2	79153.4	22760.8	26825.1	15050.5
湖 南	15176.1	75122.3	23378.2	25459.6	16776.6
广 东	25195.3	103432.0	27271.6	24153.4	12613.0
广 西	5933.1	26725.7	4990.2	5789.5	3037.1
海 南	494.4	1846.7	423.5	1396.0	1146.0
重 庆	9709.7	31839.5	9111.5	11184.2	7647.6
四 川	17401.5	62066.7	19063.0	18265.5	11331.6
贵 州	3939.0	14179.3	2834.6	2452.2	1267.7
云 南	7890.9	16324.1	5831.8	5674.1	3424.9
西 藏	228.9	330.0	114.7	241.6	112.3
陕 西	10340.5	38932.8	8651.3	7774.8	5330.1
甘 肃	2686.7	11073.0	2587.7	2078.2	1391.9
青 海	614.1	962.9	254.6	225.1	84.3
宁 夏	741.5	1652.4	606.6	678.9	310.0
新 疆	3405.9	14124.1	4661.8	3930.1	2033.1

13-4 分地区建筑业主要效益指标

(2023年)

地区	企业个数(个)	从事建筑业活动的从业人员平均人数(万人)	按建筑业总产值计算的劳动生产率(元/人)	人均竣工产值(元/人)	人均施工面积(平方米/人)	人均竣工面积(平方米/人)
全国总计	**157929**	**6795.3**	**464899**	**202364**	**222.7**	**56.7**
北京	2701	229.3	622369	325375	455.4	60.0
天津	3351	77.8	651770	206351	228.3	48.2
河北	4126	136.4	532247	191865	245.1	57.2
山西	3800	134.5	457106	142679	164.9	31.3
内蒙古	1105	29.8	490057	186118	223.9	42.7
辽宁	5880	67.9	637236	204930	170.6	50.1
吉林	2610	43.1	514767	225350	130.7	47.6
黑龙江	2056	38.5	370529	125551	86.0	31.6
上海	2429	145.8	688888	348191	385.7	66.6
江苏	14761	1125.7	383245	256867	230.0	65.0
浙江	10854	604.0	407193	233290	274.8	76.6
安徽	8873	253.1	492507	179051	236.1	61.1
福建	9269	537.0	323728	129233	179.9	36.2
江西	6877	253.4	427345	156459	140.0	49.7
山东	12483	352.3	530468	197055	277.6	64.4
河南	10049	281.3	408043	149422	212.8	45.0
湖北	6888	299.4	713013	299091	264.4	89.6
湖南	4207	309.0	491169	234697	243.1	82.4
广东	11192	451.9	557487	160949	228.9	53.4
广西	2853	125.6	472488	164704	212.8	46.1
海南	392	8.4	591615	291941	221.0	167.0
重庆	3966	232.0	418542	167999	137.2	48.2
四川	9343	432.9	401988	151497	143.4	42.2
贵州	2354	83.1	473746	103185	170.5	29.5
云南	4612	171.5	460097	152404	95.2	33.1
西藏	497	5.1	450828	193307	65.0	47.6
陕西	4330	205.5	503140	157934	189.4	37.8
甘肃	2725	54.4	493772	152265	203.5	38.2
青海	620	11.0	558302	221375	87.5	20.5
宁夏	768	20.5	362469	146925	80.8	33.2
新疆	1958	75.2	452815	187221	187.8	52.3

14-1 社会消费品零售总额

年　份	社会消费品零售总额 (亿元)	比上年增长 (%)
1978	1558.6	8.8
1980	2140.0	18.9
“六五”时期	**15450.8**	**15.0**
1981	2350.0	9.8
1982	2570.0	9.4
1983	2849.4	10.9
1984	3376.4	18.5
1985	4305.0	27.5
“七五”时期	**34611.5**	**14.0**
1986	4950.0	15.0
1987	5820.0	17.6
1988	7440.0	27.8
1989	8101.4	8.9
1990	8300.1	2.5
“八五”时期	**76657.3**	**23.1**
1991	9415.6	13.4
1992	10993.7	16.8
1993	14240.1	29.5
1994	18544.0	30.2
1995	23463.9	26.5
“九五”时期	**165568.0**	**10.4**
1996	28120.4	19.8
1997	30922.9	10.0
1998	32955.6	6.6
1999	35122.0	6.6
2000	38447.1	9.5
“十五”时期	**265164.7**	**11.6**
2001	42240.4	9.9
2002	47124.6	11.6
2003	51303.9	8.9
2004	58004.1	13.1
2005	66491.7	14.6
“十一五”时期	**558874.6**	**18.0**
2006	76827.2	15.5
2007	90638.4	18.0
2008	110994.6	22.5
2009	128331.3	15.6
2010	152083.1	18.5
“十二五”时期	**1163648.8**	**13.5**
2011	179803.8	18.2
2012	205517.3	14.3
2013	232252.6	13.0
2014	259487.3	11.7
2015	286587.8	10.4
“十三五”时期	**1840913.8**	**6.5**
2016	315806.2	10.2
2017	347326.7	10.0
2018	377783.1	8.8
2019	408017.2	8.0
2020	391980.6	-3.9
“十四五”时期		
2021	440823.2	12.5
2022	439732.5	-0.2
2023	471495.2	7.2
平均每年增长(%)		
1979-2023年	13.5	
1991-2023年	13.0	
2001-2023年	11.5	

注：1.本表按当年价格计算(以下相关表同)。
2.1992年及以前为社会商品零售总额，1997年起社会消费品零售总额不含居民购买住房。
3.根据第四次全国经济普查结果及有关制度规定，对1993-2019年社会消费品零售总额数据进行了修订(以下相关表同)。

14-2 分地区社会消费品零售总额

单位：亿元

地 区	2018年	2019年	2020年	2021年	2022年	2023年
全国总计	**377783.1**	**408017.2**	**391980.6**	**440823.2**	**439732.5**	**471495.2**
北 京	14422.3	15063.7	13716.4	14867.7	13794.2	14462.7
天 津	4231.2	4218.2	3582.9	3769.8	3572.0	3820.7
河 北	11973.9	12985.5	12705.0	13509.9	13720.1	15040.5
山 西	6523.3	7030.5	6746.3	7747.3	7562.7	7981.8
内蒙古	4852.3	5051.1	4760.5	5060.3	4971.4	5374.3
辽 宁	9112.8	9670.6	8960.9	9783.9	9526.2	10362.1
吉 林	4073.8	4212.9	3824.0	4216.6	3807.7	4150.4
黑龙江	5275.0	5603.9	5092.3	5542.9	5210.0	5634.2
上 海	14874.8	15847.6	15932.5	18079.3	16442.1	18515.5
江 苏	35472.6	37672.5	37086.1	42702.6	42752.1	45547.5
浙 江	25161.9	27343.8	26629.8	29210.5	30467.2	32550.2
安 徽	16156.2	17862.1	18334.0	21471.2	21518.4	23008.3
福 建	17178.4	18896.8	18626.5	20373.1	21050.1	22109.6
江 西	9045.7	10068.1	10371.8	12206.7	12853.5	13659.8
山 东	27480.3	29251.2	29248.0	33714.5	33236.2	36141.8
河 南	21268.0	23476.1	22502.8	24381.7	24407.4	26004.4
湖 北	20598.2	22722.3	17984.9	21561.4	22164.8	24041.9
湖 南	15134.3	16683.9	16258.1	18596.9	19050.7	20203.3
广 东	39767.1	42951.8	40207.9	44187.7	44882.9	47494.9
广 西	7663.5	8200.9	7831.0	8538.5	8539.1	8651.6
海 南	1852.7	1951.1	1974.6	2497.6	2268.4	2511.3
重 庆	10705.2	11631.7	11787.2	13967.7	13926.1	15130.3
四 川	19340.7	21343.0	20824.9	24133.2	24104.6	26313.4
贵 州	7105.0	7468.2	7833.4	8904.3	8507.1	9011.2
云 南	9197.3	10158.2	9792.9	10731.8	10838.8	11560.7
西 藏	711.8	773.4	745.8	810.3	726.5	879.8
陕 西	9510.3	10213.0	9605.9	10250.5	10401.6	10759.0
甘 肃	3435.6	3700.3	3632.4	4037.1	3922.2	4329.7
青 海	899.9	948.5	877.3	947.8	842.1	987.7
宁 夏	1330.1	1399.4	1301.4	1335.1	1338.4	1354.9
新 疆	3429.1	3617.0	3062.5	3584.6	3240.5	3849.7

14-3　分地区网上零售额

(2023年)

地　区	网上零售额		#实物商品网上零售额	
	绝对数 (亿元)	比上年增长 (%)	绝对数 (亿元)	比上年增长 (%)
全国总计	**154264.2**	**11.0**	**130173.8**	**8.4**
北　京	12017.4	-2.6	8700.0	-6.9
天　津	2053.9	3.4	1695.2	-3.7
河　北	4654.6	10.6	4214.6	8.1
山　西	1094.5	22.1	876.1	18.4
内蒙古	647.2	21.5	449.0	22.1
辽　宁	2439.3	10.5	2023.3	8.8
吉　林	726.3	24.0	513.6	19.8
黑龙江	872.2	13.5	661.8	4.6
上　海	12680.8	11.2	10203.1	6.0
江　苏	13091.1	9.5	11156.2	6.5
浙　江	20867.8	10.6	18492.9	11.0
安　徽	3985.4	14.5	3406.9	12.0
福　建	8009.5	7.7	7267.1	6.3
江　西	3107.6	13.8	2734.5	11.8
山　东	7728.5	11.0	6723.1	8.6
河　南	4605.3	22.5	3813.0	21.0
湖　北	4347.7	9.0	3657.3	6.7
湖　南	3040.6	15.6	2432.0	12.1
广　东	31484.1	9.4	28410.4	7.5
广　西	1299.1	13.2	941.5	9.5
海　南	1319.4	100.3	1088.1	108.9
重　庆	2066.8	22.8	1502.6	14.5
四　川	4855.0	12.8	3725.3	5.8
贵　州	897.7	40.8	660.3	48.9
云　南	1329.8	17.2	916.7	8.6
西　藏	173.1	89.7	142.4	92.1
陕　西	2142.0	28.7	1709.2	23.8
甘　肃	370.6	22.5	235.6	3.2
青　海	149.8	72.0	102.5	84.5
宁　夏	174.9	2.1	108.8	-0.7
新　疆	546.4	46.6	368.8	32.4

14-4 国内旅游情况

年 份	国内出游人 数(亿人次)	城 镇居 民	农 村居 民	国内游客出游总花费(亿元)	城 镇居 民	农 村居 民	人 均花 费(元)	城 镇居 民	农 村居 民
1994	5.24	2.05	3.19	1023.5	848.2	175.3	195.3	414.7	54.9
1995	6.29	2.46	3.83	1375.7	1140.1	235.6	218.7	464.0	61.5
1996	6.39	2.56	3.83	1638.4	1368.4	270.0	256.2	534.1	70.5
1997	6.44	2.59	3.85	2112.7	1551.8	560.9	328.1	599.8	145.7
1998	6.94	2.50	4.45	2391.2	1515.1	876.1	345.0	607.0	197.0
1999	7.19	2.84	4.35	2831.9	1748.2	1083.7	394.0	614.8	249.5
2000	7.44	3.29	4.15	3175.5	2235.3	940.3	426.6	678.6	226.6
2001	7.84	3.75	4.09	3522.4	2651.7	870.7	449.5	708.3	212.7
2002	8.78	3.85	4.93	3878.4	2848.1	1030.3	441.8	739.7	209.1
2003	8.70	3.51	5.19	3442.3	2404.1	1038.2	395.7	684.9	200.0
2004	11.02	4.59	6.43	4710.7	3359.0	1351.7	427.5	731.8	210.2
2005	12.12	4.96	7.16	5285.9	3656.1	1629.7	436.1	737.1	227.6
2006	13.94	5.76	8.18	6229.7	4414.7	1815.0	446.9	766.4	221.9
2007	16.10	6.12	9.98	7770.6	5550.4	2220.2	482.6	906.9	222.5
2008	17.12	7.03	10.09	8749.3	5971.7	2777.6	511.0	849.4	275.3
2009	19.02	9.03	9.99	10183.7	7233.8	2949.9	535.4	801.1	295.3
2010	21.03	10.65	10.38	12579.8	9403.8	3176.0	598.2	883.0	306.0
2011	26.41	16.87	9.54	19305.4	14808.6	4496.8	731.0	877.8	471.4
2012	29.57	19.33	10.24	22706.2	17678.0	5028.2	767.9	914.5	491.0
2013	32.62	21.86	10.76	26276.1	20692.6	5583.5	805.5	946.6	518.9
2014	36.11	24.83	11.28	30311.9	24219.8	6092.1	839.7	975.4	540.2
2015	39.90	28.02	11.88	34195.1	27610.9	6584.2	857.0	985.5	554.2
2016	44.35	31.95	12.40	39389.8	32241.9	7147.9	888.2	1009.1	576.4
2017	50.01	36.77	13.24	45660.8	37673.0	7987.7	913.0	1024.6	603.3
2018	55.39	41.19	14.20	51278.3	42590.0	8688.3	925.8	1034.0	611.9
2019	60.06	44.71	15.35	57250.9	47509.0	9741.9	953.3	1062.6	634.7
2020	28.79	20.65	8.14	22286.3	17966.5	4319.8	774.1	870.3	530.5
2021	32.46	23.42	9.04	29190.7	23644.2	5546.6	899.3	1009.6	613.6
2022	25.30	19.28	6.01	20444.0	16881.3	3562.7	808.1	875.6	592.8
2023	48.91	37.58	11.33	49133.1	41780.5	7352.6	1004.6	1111.8	649.0

14-5 入境游客和入境游客总花费

年 份	入境游客（万人次）	#外国人	入境游客总花费（亿美元）
1978	180.92	22.96	2.63
1980	570.25	52.91	6.17
1981	776.71	67.52	7.85
1982	792.43	76.45	8.43
1983	947.70	87.25	9.41
1984	1285.22	113.43	11.31
1985	1783.31	137.05	12.50
1986	2281.95	148.23	15.31
1987	2690.23	172.78	18.62
1988	3169.48	184.22	22.47
1989	2450.14	146.10	18.60
1990	2746.18	174.73	22.18
1991	3334.98	271.01	28.45
1992	3811.49	400.64	39.47
1993	4152.69	465.59	46.83
1994	4368.45	518.21	73.23
1995	4638.65	588.67	87.33
1996	5112.75	674.43	102.00
1997	5758.79	742.80	120.74
1998	6347.84	710.77	126.02
1999	7279.56	843.23	140.99
2000	8344.39	1016.04	162.24
2001	8901.29	1122.64	177.92
2002	9790.83	1343.95	203.85
2003	9166.21	1140.29	174.06
2004	10903.82	1693.25	257.39
2005	12029.23	2025.51	292.96
2006	12494.21	2221.03	339.49
2007	13187.33	2610.97	419.19
2008	13002.74	2432.53	408.43
2009	12647.59	2193.75	396.75
2010	13376.22	2612.69	458.14
2011	13542.35	2711.20	484.64
2012	13240.53	2719.16	500.28
2013	12907.78	2629.03	516.64
2014	12849.83	2636.08	1053.80
2015	13382.04	2598.54	1136.50
2016	13844.38	2815.12	1200.00
2017	13948.24	2916.53	1234.17
2018	14119.83	3054.29	1271.03
2019	14530.78	3188.34	1312.54
2020			
2021			
2022			
2023	8202.54	1378.38	529.60

注：入境游客总花费指入境旅游者在中国(大陆)境内旅游过程中用于交通、参观游览、住宿、餐饮、购物、娱乐等全部花费。

15-1 运输线路长度

(年底数) 单位：万公里

年份	铁路营业里程	公路里程	#高速公路	内河航道里程	定期航班航线里程	输油(气)管道里程
1978	5.17	89.02		13.60	14.89	0.83
1980	5.33	88.83		10.85	19.53	0.87
1981	5.39	89.75		10.87	21.82	0.97
1982	5.33	90.70		10.86	23.27	1.04
1983	5.46	91.51		10.89	22.91	1.08
1984	5.48	92.67		10.93	26.02	1.10
1985	5.52	94.24		10.91	27.72	1.17
1986	5.58	96.28		10.94	32.31	1.30
1987	5.60	98.22		10.98	38.91	1.38
1988	5.62	99.96	0.01	10.94	37.38	1.43
1989	5.70	101.43	0.03	10.90	47.19	1.51
1990	5.79	102.83	0.05	10.92	50.68	1.59
1991	5.78	104.11	0.06	10.97	55.91	1.62
1992	5.81	105.67	0.07	10.97	83.66	1.59
1993	5.86	108.35	0.11	11.02	96.08	1.64
1994	5.90	111.78	0.16	11.02	104.56	1.68
1995	6.24	115.70	0.21	11.06	112.90	1.72
1996	6.49	118.58	0.34	11.08	116.65	1.93
1997	6.60	122.64	0.48	10.98	142.50	2.04
1998	6.64	127.85	0.87	11.03	150.58	2.31
1999	6.74	135.17	1.16	11.65	152.22	2.49
2000	6.87	167.98	1.63	11.93	150.29	2.47
2001	7.01	169.80	1.94	12.15	155.36	2.76
2002	7.19	176.52	2.51	12.16	163.77	2.98
2003	7.30	180.98	2.97	12.40	174.95	3.26
2004	7.44	187.07	3.43	12.33	204.94	3.82
2005	7.54	334.52	4.10	12.33	199.85	4.40
2006	7.71	345.70	4.53	12.34	211.35	4.81
2007	7.80	358.37	5.39	12.35	234.30	5.45
2008	7.97	373.02	6.03	12.28	246.18	5.83
2009	8.55	386.08	6.51	12.37	234.51	6.91
2010	9.12	167.98	7.41	11.93	276.51	7.85
2011	9.32	410.64	8.49	12.46	349.06	8.33
2012	9.76	423.75	9.62	12.50	328.01	9.16
2013	10.31	435.62	10.44	12.59	410.60	9.85
2014	11.18	446.39	11.19	12.63	463.72	10.57
2015	12.10	457.73	12.35	12.70	531.72	10.87
2016	12.40	469.63	13.10	12.71	634.81	11.34
2017	12.70	477.35	13.64	12.70	748.30	11.93
2018	13.17	484.65	14.26	12.71	837.98	12.23
2019	13.99	501.25	14.96	12.73	948.22	12.66
2020	14.63	519.81	16.10	12.77	942.63	12.87
2021	15.07	528.07	16.91	12.76	689.78	13.12
2022	15.49	535.48	17.73	12.80	699.89	13.64
2023	15.90	543.70	18.40	12.82	875.96	14.76

注：1.2005年起，公路里程含村道。

2.2004年起，内河航道里程为内河航道通航里程数。

3.2012年起，管道运输统计口径在原中国石油天然气集团公司、中国石油化工集团公司基础上增加中国海洋石油集团有限公司；2020年起，报送单位改为四家企业，新增国家管网集团公司。

15-2 民用汽车拥有量

单位：万辆

年份	民用汽车 总计	#载客汽车	#载货汽车	#私人汽车 总计	#载客汽车	#载货汽车
1978	135.8	25.9	100.2			
1980	178.3	35.1	129.9			
1981	199.1	40.6	137.4			
1982	215.7	44.2	148.1			
1983	232.6	47.8	169.4			
1984	260.4	56.3	188.4			
1985	321.1	79.5	223.2	28.5	1.9	26.5
1986	362.0	96.6	246.6	34.7	3.4	31.2
1987	408.1	111.5	281.2	42.3	7.3	34.9
1988	464.4	130.4	317.9	60.4	15.3	45.1
1989	511.3	146.4	346.4	73.1	20.3	52.8
1990	551.4	162.2	368.5	81.6	24.1	57.5
1991	606.1	185.2	398.6	96.0	30.4	65.6
1992	691.7	226.2	441.5	118.2	41.8	76.2
1993	817.6	286.0	501.0	155.8	59.9	94.0
1994	942.0	349.7	560.3	205.4	78.6	123.3
1995	1040.0	417.9	585.4	250.0	114.2	131.8
1996	1100.1	488.0	575.0	289.7	143.0	142.8
1997	1219.1	580.6	601.2	358.4	191.3	163.2
1998	1319.3	654.8	627.9	423.7	230.7	192.0
1999	1452.9	740.2	677.0	533.9	304.1	228.7
2000	1608.9	853.7	716.3	625.3	365.1	259.1
2001	1802.0	994.0	765.2	770.8	469.9	299.0
2002	2053.2	1202.4	812.2	969.0	623.8	341.3
2003	2382.9	1478.8	853.5	1219.2	845.9	367.4
2004	2693.7	1735.9	893.0	1481.7	1069.7	402.8
2005	3159.7	2132.5	955.5	1848.1	1383.9	452.1
2006	3697.4	2619.6	986.3	2333.3	1823.6	494.9
2007	4358.4	3196.0	1054.1	2876.2	2316.9	539.4
2008	5099.6	3838.9	1126.1	3501.4	2880.5	596.4
2009	6280.6	4845.1	1368.6	4574.9	3808.3	753.4
2010	7801.8	6124.1	1597.6	5938.7	4989.5	931.5
2011	9356.3	7478.4	1788.0	7326.8	6237.5	1067.4
2012	10933.1	8943.0	1894.7	8838.6	7637.9	1175.6
2013	12670.1	10561.8	2010.6	10501.7	9198.2	1275.5
2014	14598.1	12326.7	2125.5	12339.4	10945.4	1352.8
2015	16284.5	14095.9	2065.6	14099.1	12737.2	1330.7
2016	18574.5	16278.2	2171.9	16330.2	14896.3	1401.2
2017	20906.7	18469.5	2338.8	18515.1	17001.5	1478.4
2018	23231.2	20555.4	2567.8	20574.9	18930.3	1605.1
2019	25376.4	22474.3	2782.8	22509.0	20710.6	1753.7
2020	27340.9	24166.2	3042.6	24291.2	22333.8	1907.3
2021	29418.6	26015.8	3258.5	26152.0	24074.2	2022.3
2022	31184.4	27715.5	3317.6	27792.1	25662.2	2072.3
2023	32911.6	29395.6	3358.9	29356.9	27195.0	2102.7

15-3 民用运输船舶拥有量

单位：艘

年 份	民用运输船 舶	#机动船	#驳 船
1978	157960	28340	74484
1980	144252	29588	71604
1985	475000	260296	132682
1990	425934	325888	82482
1995	364968	299717	57998
1996	330953	269879	56128
1997	271856	215814	49983
1998	263576	212093	48115
1999	242043	194590	47453
2000	229676	185018	44658
2001	210786	169329	41457
2002	202977	165936	37041
2003	204270	163813	40457
2004	210700	166854	43846
2005	207294	165900	41394
2006	194360	157805	36555
2007	191771	157544	34227
2008	184190	152247	31943
2009	176932	149367	27565
2010	178407	155624	22783
2011	179242	157950	21292
2012	178591	158309	20282
2013	172554	155340	17214
2014	171977	154974	17003
2015	165905	149659	16246
2016	160144	144568	15576
2017	144924	131746	13178
2018	136975	125754	11221
2019	131555	121440	10115
2020	126805	117931	8874
2021	125890	118025	7865
2022	121868	114507	7361
2023	118284	111903	6381

15-4 民用航空航线及飞机架数

指　　标	单　位	1990年	2000年	2010年	2022年	2023年
定期航班航线条数	**条**	**437**	**1165**	**1880**	**4670**	**5206**
国际航线	条	44	133	302	336	623
国内航线	条	385	1032	1578	4334	4583
#港澳台地区航线	条	8	42	85	27	65
定期航班航线里程	**万公里**	**50.7**	**150.3**	**276.5**	**699.9**	**876.0**
国际航线	万公里	16.6	50.8	107.0	153.7	284.3
国内航线	万公里	32.9	99.4	169.5	546.2	591.7
#港澳台地区航线	万公里	1.1	5.6	12.1	3.5	10.2
定期航班通航机场	**个**	**94**	**139**	**175**	**254**	**259**
民用飞机架数	**架**	**503**	**982**	**2405**	**7351**	**7573**
运输飞机	架	204	527	1597	4165	4270
大中型飞机	架		462	1453	3919	4003
小型飞机	架		65	144	246	267
通用航空飞机	架	217	301	606	3186	3303

注：1.1992年以前，民航机场和飞机架数为民航局直属企业数，1992年起为民航全行业数据。
2.1997年以前，港澳地区航线与国内航线、国际航线并列统计。1997年起，民航所属至香港航线统计在国内航线中。1999年起，港澳地区航线为国内航线的其中项。
3.定期航班通航机场不包含香港、澳门特别行政区和台湾省。
4.2015年起通用航空飞机数包含教学校验飞机。

15-5 客运量

单位：万人

年 份	客运量	铁 路	公 路	水 路	民 航
1978	253993	81491	149229	23042	231
1980	341785	92204	222799	26439	343
1981	384763	95219	261559	27584	401
1982	428964	99922	300610	27987	445
1983	470614	106044	336965	27214	391
1984	530217	113353	390336	25974	554
1985	620206	112110	476486	30863	747
1986	688211	108579	544259	34377	996
1987	746422	112479	593682	38951	1310
1988	809592	122645	650473	35032	1442
1989	791374	113805	644508	31778	1283
1990	772682	95712	648085	27225	1660
1991	806048	95080	682681	26109	2178
1992	860855	99693	731774	26502	2886
1993	996634	105458	860719	27074	3383
1994	1092882	108738	953940	26165	4039
1995	1172596	102745	1040810	23924	5117
1996	1245357	94797	1122110	22895	5555
1997	1326094	93308	1204583	22573	5630
1998	1378717	95085	1257332	20545	5755
1999	1394413	100164	1269004	19151	6094
2000	1478573	105073	1347392	19386	6722
2001	1534122	105155	1402798	18645	7524
2002	1608150	105606	1475257	18693	8594
2003	1587497	97260	1464335	17142	8759
2004	1767453	111764	1624526	19040	12123
2005	1847018	115583	1697381	20227	13827
2006	2024158	125656	1860487	22047	15968
2007	2227761	135670	2050680	22835	18576
2008	2867892	146193	2682114	20334	19251
2009	2976898	152451	2779081	22314	23052
2010	3269508	167609	3052738	22392	26769
2011	3526319	186226	3286220	24556	29317
2012	3804035	189337	3557010	25752	31936
2013	2122992	210597	1853463	23535	35397
2014	2032218	230460	1736270	26293	39195
2015	1943271	253484	1619097	27072	43618
2016	1900194	281405	1542759	27234	48796
2017	1848620	308379	1456784	28300	55156
2018	1793820	337495	1367170	27981	61174
2019	1760436	366002	1301173	27267	65993
2020	966540	220350	689425	14987	41778
2021	830257	261171	508693	16337	44056
2022	558738	167296	354643	11627	25171
2023	930442	385450	457264	25771	61958

注：1.2008年公路、水路运输量统计口径调整(以下相关表同)。

2.2013年公路水路客货运输数据，源自2013年交通运输业经济统计专项调查，统计范围口径有所调整(以下相关表同)。

15-6 旅客周转量

单位：亿人公里

年份	旅客周转量	铁路	公路	水路	民航
1978	1743	1093	521	101	28
1980	2281	1383	730	129	40
1981	2500	1473	839	138	50
1982	2743	1575	964	145	60
1983	3095	1777	1106	154	59
1984	3620	2046	1337	154	83
1985	4435	2416	1725	179	116
1986	4897	2587	1982	182	146
1987	5415	2843	2190	196	186
1988	6209	3260	2528	204	217
1989	6075	3037	2662	188	187
1990	5628	2613	2620	165	230
1991	6178	2828	2872	177	301
1992	6949	3152	3193	198	406
1993	7858	3483	3701	196	478
1994	8591	3636	4220	184	552
1995	9002	3546	4603	172	681
1996	9165	3348	4909	161	748
1997	10055	3585	5541	156	774
1998	10637	3773	5943	120	800
1999	11300	4136	6199	107	857
2000	12261	4533	6657	101	971
2001	13155	4767	7207	90	1091
2002	14126	4969	7806	82	1269
2003	13811	4789	7696	63	1263
2004	16309	5712	8748	66	1782
2005	17467	6062	9292	68	2045
2006	19197	6622	10131	74	2371
2007	21593	7216	11507	78	2792
2008	23197	7779	12476	59	2883
2009	24835	7879	13511	69	3375
2010	27894	8762	15021	72	4039
2011	30984	9612	16760	75	4537
2012	33383	9812	18468	77	5026
2013	27572	10596	11251	68	5657
2014	28647	11242	10997	74	6334
2015	30059	11961	10743	73	7283
2016	31258	12579	10229	72	8378
2017	32813	13457	9765	78	9513
2018	34218	14147	9280	80	10712
2019	35349	14707	8857	80	11705
2020	19251	8266	4641	33	6311
2021	19758	9568	3628	33	6530
2022	12922	6578	2408	23	3914
2023	28610	14729	3518	54	10309

15-7 分地区客运量和旅客周转量

(2023年)

地区	客运量(万人)	#铁路	#公路	#水路	旅客周转量(亿人公里)	#铁路	#公路	#水路
全国总计	**930442**	**385450**	**457264**	**25771**	**28610**	**14729.4**	**3517.6**	**53.8**
北京	40885	15165	25720		237	163.2	73.5	
天津	13187	4969	8056	162	226	178.8	47.4	0.2
河北	20418	12388	8030		1080	1003.9	76.5	
山西	12379	8514	3659	206	278	231.9	45.6	0.1
内蒙古	7538	5060	2478		217	184.2	32.3	
辽宁	28002	11187	16285	530	644	553.2	86.6	3.8
吉林	14503	5933	8443	127	290	225.4	64.8	0.1
黑龙江	16265	8161	7872	232	282	229.6	52.6	0.3
上海	19966	13007	6326	633	190	119.0	70.2	0.9
江苏	73556	31821	38904	2831	1311	1052.6	257.3	1.1
浙江	51460	26686	19680	5094	923	739.3	178.1	5.7
安徽	25898	15191	10484	223	999	883.7	114.6	0.3
福建	25584	12471	12024	1089	466	378.6	86.6	1.0
江西	24638	12702	11708	228	833	749.1	83.3	0.3
山东	35997	21003	12442	2552	981	810.9	162.1	8.4
河南	59098	20224	38583	291	1496	1124.6	371.1	0.4
湖北	36512	17042	18753	718	867	743.2	120.1	3.9
湖南	46863	17552	27953	1358	1142	967.8	172.5	2.1
广东	70296	36939	30583	2774	1276	1014.1	253.1	8.6
广西	29826	12078	16854	893	636	467.5	165.1	3.6
海南	9626	3035	4307	2284	91	47.8	39.4	4.2
重庆	27943	9538	17532	872	381	267.3	108.5	5.5
四川	61012	21927	37977	1108	757	529.0	227.0	1.0
贵州	25122	8067	16709	345	504	370.7	132.6	0.6
云南	23178	9442	13121	616	429	294.5	133.5	1.0
西藏	1174	421	753		46	22.4	23.9	
陕西	24903	12057	12754	92	636	528.4	107.7	0.2
甘肃	15729	6200	9371	157	469	402.4	66.0	0.2
青海	2601	1033	1439	129	118	86.9	30.8	0.1
宁夏	3870	1053	2591	226	72	43.3	28.4	0.1
新疆	20453	4583	15871		422	316.2	106.2	
不分地区	61958				10309			

注：不分地区合计为民航完成数。客运量和旅客周转量的全国总计等于分省数与不分地区数据之和。

15-8 货运量

单位：万吨

年份	货运量	铁路	公路	水路	#海洋	民航	管道
1978	319431	110119	151602	47357	3659	6.4	10347
1980	310841	111279	142195	46833	4292	8.9	10525
1981	298642	107673	134499	45532	4530	9.4	10929
1982	311937	113495	138634	48632	4606	10.2	11166
1983	323956	118784	144051	49489	4759	11.6	11620
1984	339995	124074	151835	51527	5545	15.0	12544
1985	745763	130709	538062	63322	6627	19.5	13650
1986	853557	135635	620113	82962	7228	22.4	14825
1987	948229	140653	711424	80979	7984	29.9	15143
1988	982195	144948	732315	89281	8530	32.7	15618
1989	988435	151489	733781	87493	9027	31.0	15641
1990	970602	150681	724040	80094	9408	37.0	15750
1991	985793	152893	733907	83370	10567	45.2	15578
1992	1045899	157627	780941	92490	11191	57.5	14783
1993	1115902	162794	840256	97938	12508	69.4	14845
1994	1180396	163216	894914	107091	13421	82.9	15092
1995	1234938	165982	940387	113194	15251	101.1	15274
1996	1298421	171024	983860	127430	14213	115.0	15992
1997	1278218	172149	976536	113406	20287	124.7	16002
1998	1267427	164309	976004	109555	18892	140.1	17419
1999	1293008	167554	990444	114608	22621	170.4	20232
2000	1358682	178581	1038813	122391	22949	196.7	18700
2001	1401786	193189	1056312	132675	27573	171.0	19439
2002	1483447	204956	1116324	141832	29896	202.1	20133
2003	1564492	224248	1159957	158070	34002	219.0	21998
2004	1706412	249017	1244990	187394	39469	276.7	24734
2005	1862066	269296	1341778	219648	48549	306.7	31037
2006	2037060	288224	1466347	248703	54413	349.4	33436
2007	2275822	314237	1639432	281199	58903	401.8	40552
2008	2585937	330354	1916759	294510	42352	407.6	43906
2009	2825222	333348	2127834	318996	51733	445.5	44598
2010	3241807	364271	2448052	378949	58054	563.0	49972
2011	3696961	393263	2820100	425968	63542	557.5	57073
2012	4100436	390438	3188475	458705	65815	545.0	62274
2013	4098900	396697	3076648	559785	71156	561.3	65209
2014	4167296	381334	3113334	598283	74733	594.1	73752
2015	4175886	335801	3150019	613567	74685	629.3	75870
2016	4386763	333186	3341259	638238	79769	668.0	73411
2017	4804850	368865	3686858	667846	76030	705.9	80576
2018	5152732	402631	3956871	702684	76969	738.5	89807
2019	4713624	438904	3435480	747225	83243	753.1	91261
2020	4725862	455236	3426413	761630	380087	676.6	81907
2021	5298499	477372	3913889	823973	405095	731.8	82534
2022	5152571	498424	3711928	855352	415145	607.6	86260
2023	5570636	503535	4033681	936746	457658	735.4	95939

注：1.1993年起，铁路货物运输增加行包运量(以下相关表同)。
2.根据交通运输部专项调查，2019年公路货运量统计口径有所调整，数据与上年不可比。
3.2020年起，沿海和远洋合并为海洋；2019年及以前年份为远洋运输数据(以下相关表同)。
4.2019年起，铁路货运量数据来自国家铁路局，同2018年相比统计范围增加部门地方铁路。

15-9 货物周转量

单位：亿吨公里

年份	货物周转量	铁路	公路	水路	#海洋	民航	管道
1978	9928	5345	350	3802	2487	1.0	430
1980	11629	5718	343	5076	3532	1.4	491
1981	11747	5712	358	5176	3643	1.7	499
1982	12540	6120	412	5505	3769	2.0	501
1983	13466	6647	463	5820	3977	2.3	534
1984	14920	7248	527	6569	4374	3.1	572
1985	18365	8126	1903	7729	5329	4.2	603
1986	20147	8765	2118	8648	5948	4.8	612
1987	22229	9471	2660	9465	6576	6.5	625
1988	23826	9878	3220	10070	6966	7.3	650
1989	25592	10394	3375	11187	7689	6.9	629
1990	26208	10622	3358	11592	8141	8.2	627
1991	27987	10972	3428	12955	8990	10.1	621
1992	29218	11576	3755	13256	9034	13.4	617
1993	30647	12091	4071	13861	9134	16.6	608
1994	33435	12632	4486	15687	10268	18.6	612
1995	35909	13049	4695	17552	11938	22.3	590
1996	36590	13106	5011	17863	11254	24.9	585
1997	38385	13270	5272	19235	14875	29.1	579
1998	38089	12560	5483	19406	14920	33.5	606
1999	40568	12910	5724	21263	17014	42.3	628
2000	44321	13770	6129	23734	17073	50.3	636
2001	47710	14694	6330	25989	20873	43.7	653
2002	50686	15658	6783	27511	21733	51.6	683
2003	53859	17247	7099	28716	22305	57.9	739
2004	69445	19289	7841	41429	32255	71.8	815
2005	80258	20726	8693	49672	38552	78.9	1088
2006	88840	21954	9754	55486	42577	94.3	1551
2007	101419	23797	11355	64285	48686	116.4	1866
2008	110300	25106	32868	50263	32851	119.6	1944
2009	122133	25239	37189	57557	39524	126.2	2022
2010	141837	27644	43390	68428	45999	178.9	2197
2011	159324	29466	51375	75424	49355	173.9	2885
2012	173804	29187	59535	81708	53412	163.9	3211
2013	168014	29174	55738	79436	48705	170.3	3496
2014	181668	27530	56847	92775	55935	187.8	4328
2015	178356	23754	57956	91772	54236	208.1	4665
2016	186629	23792	61080	97339	58075	222.4	4196
2017	197373	26962	66772	98611	55084	243.6	4784
2018	204686	28821	71249	99053	51927	262.5	5301
2019	199394	30182	59636	103963	54057	263.2	5350
2020	201946	30514	60172	105834	89897	240.2	5185
2021	223600	33238	69088	115578	97842	278.2	5419
2022	231783	35946	68958	121003	101977	254.1	5622
2023	247745	36460	73950	129952	109179	283.6	7100

注：1.根据交通运输部专项调查，2019年公路货物周转量统计口径有所调整，数据与上年不可比。

2.2019年起，铁路货物周转量数据来自国家铁路局，同2018年相比统计范围增加部门地方铁路。

15-10　分地区货运量和货物周转量

(2023年)

地　区	货运量(万吨)	#铁路	#公路	#水路	货物周转量(亿吨公里)	#铁路	#公路	#水路
全国总计	**5570636**	**503535**	**4033681**	**936746**	**247745**	**36460.4**	**73950.2**	**129951.5**
北　京	19707	308	19399		1063	805.7	256.9	
天　津	56073	11673	33742	10659	2786	566.6	690.0	1529.2
河　北	253091	30124	217492	5475	14797	5436.7	8472.2	888.0
山　西	222753	101001	121751	1	6877	3494.2	3383.2	0.0
内蒙古	236621	90250	146372		5556	3195.7	2360.4	
辽　宁	179704	20073	153305	6325	4686	1196.6	2869.1	620.2
吉　林	54410	5376	49034		2013	572.2	1440.8	
黑龙江	54458	12137	41619	701	1942	1011.9	891.4	39.0
上　海	153213	547	50436	102230	32790	22.1	895.4	31872.3
江　苏	310363	9315	183485	117563	13232	368.7	3459.5	9403.9
浙　江	344881	5565	222803	116512	15062	278.0	3142.2	11642.0
安　徽	422888	8054	260939	153895	12097	833.6	3792.7	7470.9
福　建	178749	5211	110497	63040	12231	214.6	1319.1	10697.2
江　西	209403	5131	188006	16267	5348	598.2	4256.8	493.1
山　东	346633	35842	285567	25224	15043	1868.8	7999.4	5175.1
河　南	283056	12521	251333	19202	12229	2696.3	8183.2	1349.4
湖　北	248947	6159	173045	69743	8593	1172.3	2424.3	4996.8
湖　南	228497	5091	200674	22732	3037	1015.4	1574.4	447.1
广　东	371033	12344	252809	105880	29304	370.8	2850.5	26083.0
广　西	228355	11503	172005	44846	5590	772.4	2000.4	2816.8
海　南	35987	890	7774	27324	11713	12.7	45.3	11655.2
重　庆	141104	2518	117584	21001	3929	334.8	1126.6	2467.1
四　川	201400	8437	185814	7148	3434	1159.9	1983.9	290.6
贵　州	102678	6503	95909	266	1469	678.5	783.9	6.3
云　南	144427	6226	137540	661	2062	515.4	1538.6	8.1
西　藏	5058	104	4954		162	36.1	125.5	
陕　西	180282	46129	134102	51	4478	2547.8	1930.1	0.2
甘　肃	79807	9905	69902		4246	2155.2	2090.5	
青　海	21605	3622	17983		803	593.9	209.5	
宁　夏	54996	9935	45061		947	281.4	665.3	
新　疆	103783	21041	82742		2843	1654.2	1189.1	
不分地区	96674				7383			

注：不分地区合计中包括民航、管道等完成数。货运量和货物周转量的全国总计等于分省数与不分地区数据之和。

15-11 全国港口货物、集装箱吞吐量

(2023年)

港口	货物吞吐量				集装箱吞吐量	
			外贸货物吞吐量			
	总计(万吨)	比上年增长(%)	总计(万吨)	比上年增长(%)	总计(万TEU)	比上年增长(%)
全国总计	**1697326**	**8.2**	**504694**	**9.5**	**31034**	**4.9**
沿海合计	**1083471**	**6.9**	**452771**	**9.7**	**27196**	**4.3**
辽 宁	75341	1.7	25968	7.2	1290	7.9
河 北	136265	6.7	41927	20.6	326	–
天 津	55881	1.8	32507	6.5	2219	5.5
山 东	197399	4.4	103396	4.7	4175	11.1
上 海	75277	12.6	42525	6.8	4916	3.9
江 苏	52807	21.0	19244	21.0	686	12.5
浙 江	162533	5.5	63417	7.4	4069	7.2
福 建	74894	4.9	29051	12.7	1818	1.0
广 东	188392	7.3	70935	12.0	6568	1.2
广 西	44003	18.5	19670	17.4	802	14.3
海 南	20679	10.0	4131	8.4	328	-16.3
内河合计	**613855**	**10.5**	**51923**	**8.2**	**3839**	**9.2**
黑龙江	446	23.0	207	118.9	1	4.3
山 东	9974	18.8	0	–	18	342.5
上 海	8311	39.8				
江 苏	298331	6.3	43061	8.5	1859	4.2
浙 江	39976	5.5	271	15.3	183	27.5
安 徽	67170	10.5	1811	16.6	247	15.4
江 西	26889	19.0	524	11.6	100	13.4
河 南	2586	14.2			5	68.3
湖 北	69347	22.8	1908	-0.4	330	5.5
湖 南	15335	8.3	402	-1.5	147	19.4
广 东	33070	12.9	2990	2.4	642	11.6
广 西	22282	13.6	124	11.3	155	24.7
重 庆	14635	14.4	502	8.5	119	5.6
四 川	4471	39.0	123	0.4	32	10.8
贵 州	15	-46.7				
云 南	1011	15.8				

注："–"表示因口径变化不宜进行同比。

15-12 邮政行业营业网点及业务量

年 份	邮政行业业务总量(亿元)	营业网点(万处)	函件(亿件)	快递(万件)	报刊期发数(万份)	邮路总长度(万公里)	农村投递路线长度(万公里)
1978	14.9	4.96	28.4		11250	486.33	426.63
1980	17.0	4.95	33.1		16431	473.71	413.89
1981		4.96	33.9		18124		
1982		4.97	33.9		19598		
1983		5.02	35.2		22933		
1984		5.15	39.5		28141		
1985	25.7	5.31	46.8		30172	141.63	356.58
1986		5.28	49.6		28731		
1987		5.29	54.8		31005		
1988		5.29	59.8	153	27443		
1989		5.31	57.3	247	17704	152.61	338.94
1990	46.0	5.36	54.9	343	20078	161.82	336.49
1991	52.8	5.40	52.1	567	23277	160.33	337.14
1992	64.4	5.49	57.2	959	25104	164.69	337.46
1993	80.3	5.70	68.7	2156	25511	176.05	337.78
1994	95.9	6.04	76.5	4020	24096	178.18	336.47
1995	113.3	6.19	79.6	5563	21689	188.61	334.58
1996	133.3	7.25	78.7	7097	21157	211.89	335.81
1997	144.3	7.93	68.6	6879	21875	236.31	340.29
1998	166.3	10.22	65.5	7668	22989	285.39	336.15
1999	198.4	6.66	60.5	9091	25035	297.90	334.81
2000	232.8	5.84	77.7	11031	20090	307.33	336.45
2001	457.4	5.71	86.9	12653	21811	310.26	349.28
2002	494.7	7.64	106.0	14036	17620	308.10	351.12
2003	541.0	6.36	103.8	17238	16594	327.02	353.18
2004	564.3	6.64	82.8	19772	14789	333.64	353.05
2005	625.5	6.59	73.5	22880	14601	340.62	356.52
2006	730.5	6.28	71.3	26988	14373	336.94	356.70
2007	1213.7	7.07	69.5	120190	13031	353.30	363.76
2008	1401.8	6.91	73.6	151329	15658	369.35	365.69
2009	1639.9	6.57	75.3	185786	13910	402.78	367.61
2010	1985.3	7.57	74.0	233892	17158	463.56	369.06
2011	1607.7	7.87	73.8	367311	15008	514.03	363.26
2012	2036.8	9.56	70.7	568548	15402	585.51	373.17
2013	2725.1	12.51	63.4	918675	15141	589.72	374.47
2014	3696.1	13.76	56.1	1395925	14937	630.56	377.59
2015	5078.7	18.86	45.8	2066637	15540	637.64	375.60
2016	7397.2	21.67	36.2	3128315	13618	658.50	376.77
2017	9763.7	27.80	31.5	4005592	12573	938.47	380.53
2018	12345.2	27.46	26.7	5071043	12458	985.13	403.06
2019	16229.6	31.85	21.7	6352291	11429	1222.70	419.88
2020	21053.2	34.91	14.2	8335789	11210	1187.44	410.41
2021	13698.3	41.25	10.9	10829641	10908	1192.74	415.55
2022	14316.7	43.35	9.4	11058122	10755	1142.48	414.69
2023		46.70	9.7	13207194	10703	1305.08	409.95

注：邮政业务总量2000年及以前按1990年不变价格计算，2001-2010年按2000年不变价格计算，2011-2020年按2010年不变价格计算，2021年起，按2020年不变价格计算。

15-13 电信业业务量

年 份	电信业务总量(亿元)	移动电话用户(万户)	固定电话用户(万户)	互联网上网人数(万人)
1978	19.2		192.5	
1980	22.0		214.1	
1981			222.1	
1982			234.3	
1983			250.8	
1984			277.4	
1985	36.5		312.0	
1986			350.4	
1987			390.7	
1988		0.3	472.7	
1989		1.0	568.0	
1990	109.6	1.8	685.0	
1991	151.6	4.8	845.1	
1992	226.6	17.7	1146.9	
1993	382.5	63.8	1733.2	
1994	592.3	156.8	2729.5	
1995	875.5	362.9	4070.6	
1996	1208.8	685.3	5494.7	
1997	1629.0	1323.3	7031.0	62
1998	2264.9	2386.3	8742.1	210
1999	3132.4	4329.6	10871.6	890
2000	4559.9	8453.3	14482.9	2250
2001	4098.8	14522.2	18036.8	3370
2002	5201.1	20600.5	21422.2	5910
2003	6478.8	26995.3	26274.7	7950
2004	9148.0	33482.4	31175.6	9400
2005	11403.0	39340.6	35044.5	11100
2006	14595.4	46105.8	36778.6	13700
2007	18591.3	54730.6	36563.7	21000
2008	22247.7	64124.5	34035.9	29800
2009	25553.6	74721.4	31373.2	38400
2010	29993.2	85900.3	29434.2	45730
2011	11725.8	98625.3	28509.8	51310
2012	12982.4	111215.5	27815.3	56400
2013	15707.2	122911.3	26698.5	61758
2014	18138.3	128609.3	24943.0	64875
2015	23346.3	127139.7	23099.6	68826
2016	15617.0	132193.4	20662.4	73125
2017	27596.7	141748.7	19375.7	77198
2018	65633.9	156609.8	19208.5	82851
2019	106810.7	160134.5	19103.3	90359
2020	136763.3	159407.0	18190.8	98899
2021	17197.5	164282.5	18070.1	103195
2022	17501.1	168344.3	17941.4	106744
2023	18326.8	172659.7	17332.6	109225

注：2019年互联网上网人数、互联网普及率数据截止时点(间)为2020年3月(以下相关表同)。电信业务总量2000年及以前按1990年不变价格计算，2001-2010年按2000年不变价格计算，2011-2015年按2010年不变价格计算，2016-2020年按2015年不变价格计算，2021年起按上年不变价格计算。

15-14　电信主要通信能力

年　份	移动电话交换机容量(万户)	移动电话基站数(万户)	光缆线路长度(万公里)	互联网宽带接入端口(万个)
1990	5.1			
1995	796.7			
1996	1536.2			
1997	2585.7		55.7	
1998	4706.7		76.7	
1999	8136.0		95.2	
2000	13985.6	8.3	121.2	
2001	21926.3		181.9	
2002	27400.3		225.3	
2003	33698.4		273.5	1802.3
2004	39684.3		351.9	3578.1
2005	48241.7	36.2	407.3	4874.7
2006	61032.0	44.2	428.0	6486.4
2007	85496.1	54.6	577.7	8539.3
2008	114531.4	69.0	677.8	10890.4
2009	144084.7	111.9	829.5	13835.7
2010	150284.9	139.8	996.2	18781.1
2011	171636.0	175.2	1211.9	23239.4
2012	184023.8	206.6	1479.3	32108.4
2013	196557.3	241.0	1745.4	35945.3
2014	205024.9	350.8	2061.3	40546.1
2015	218150.0	465.6	2486.3	57709.4
2016	218540.0	559.4	3042.1	71276.9
2017	242185.8	618.7	3780.1	77599.1
2018	259453.1	667.2	4316.8	86752.3
2019	272523.7	841.0	4741.2	91578.0
2020	274567.1	931.0	5169.2	94604.7
2021	275690.8	996.3	5480.8	101784.7
2022	275194.1	1083.4	5958.0	107104.2
2023		1162.0	6431.8	113589.7

15-15 邮电通信服务水平

指　　标	单　位	2018年	2019年	2020年	2021年	2022年	2023年
平均每一营业网点服务面积	平方公里	35.0	30.1	27.5	23.3	22.1	20.5
平均每一营业网点服务人口	万人	0.5	0.4	0.4	0.3	0.3	0.3
平均每人每年发函件数	件	1.9	1.6	1.0	0.8	0.7	0.7
平均每百人订有报刊数	份	8.9	8.2	7.9	7.7	7.6	7.6
通邮的行政村比重	%	100.0	100.0	100.0	100.0	100.0	100.0
电话普及率(含移动)	部/百人	126.00	128.02	125.80	129.09	131.95	134.78
移动电话普及率	部/百人	112.23	114.38	112.91	116.30	119.25	122.48
互联网普及率	%	59.6	64.5	70.4	73.0	75.6	77.5

15-16　软件和信息技术服务业主要经济指标

指　　标	单　位	2018年	2019年	2020年	2021年	2022年	2023年
软件业务收入	亿元	61909	72072	81586	95502	107790	123258
软件产品收入	亿元	17379	20857	21045	22970	24863	29030
信息技术服务收入	亿元	37563	43580	52588	62691	70598	81226
信息安全收入	亿元	1163	1302	1294	1397	1469	2232
嵌入式系统软件收入	亿元	5804	6333	6659	8444	10861	10770

16-1 货币供应量

单位：亿元

年 份	货币和准货币 (M_2)	狭义货币 (M_1)	流通中货币 (M_0)	比上年增长(%)		
				M_2	M_1	M_0
1978			212			
1980			346			29.3
1981			396			14.5
1982			439			10.8
1983			530			20.7
1984			792			49.5
1985			988			24.7
1986			1218			23.3
1987			1455			19.4
1988			2134			46.7
1989			2344			9.8
1990	15293	6951	2644			12.8
1991	19350	8633	3178	26.5	24.2	20.2
1992	25402	11732	4336	31.3	35.9	36.4
1993	34880	16280	5865			
1994	46924	20541	7289	34.5	26.2	24.3
1995	60751	23987	7885	29.5	16.8	8.2
1996	76095	28515	8802	25.3	18.9	11.6
1997	90995	34826	10178	17.3	16.5	15.6
1998	104499	38954	11204	14.8	11.9	10.1
1999	119898	45837	13456	14.7	17.7	20.1
2000	134610	53147	14653	12.3	16.0	8.9
2001	158302	59872	15689	14.4	12.7	7.1
2002	185007	70882	17278	16.8	16.8	10.1
2003	221223	84119	19746	19.6	18.7	14.3
2004	253208	95971	21468	14.7	13.6	8.7
2005	298755	107279	24032	17.6	11.8	11.9
2006	345578	126028	27073	16.9	17.5	12.7
2007	403401	152519	30334	16.7	21.1	12.2
2008	475167	166217	34219	17.8	9.1	12.7
2009	610225	221446	38247	28.5	33.2	11.8
2010	725852	266622	44628	19.7	21.2	16.7
2011	851591	289848	50748	13.6	7.9	13.8
2012	974149	308664	54660	13.8	6.5	7.7
2013	1106525	337291	58574	13.6	9.3	7.2
2014	1228375	348056	60260	12.2	3.2	2.9
2015	1392278	400953	63217	13.3	15.2	4.9
2016	1550067	486557	68304	11.3	21.4	8.1
2017	1690235	543790	70646	8.2	11.8	3.4
2018	1826744	551686	73208	8.1	1.5	3.6
2019	1986489	576009	77189	8.7	4.4	5.4
2020	2186796	625581	84315	10.1	8.6	9.2
2021	2382900	647443	90825	9.0	3.5	7.7
2022	2664321	671675	104706	11.8	3.7	15.3
2023	2922713	680543	113445	9.7	1.3	8.3

注：1.同比增长率按可比口径计算。1993年口径调整，故1993年未计算增长率。
2.2001年6月起，货币供应量(M_2)含证券公司客户保证金。
3.1997年金融统计制度调整，此后数据与历史年份不完全可比。
4.自2011年10月起，货币供应量已包括住房公积金中心存款和非存款类金融机构在存款类金融机构的存款。
5.2018年1月，人民银行完善货币供应量中货币市场基金部分的统计方法，用非存款机构部门持有的货币市场基金取代货币市场基金存款(含存单)。
6.自2022年12月起，“流通中货币(M_0)”含流通中数字人民币。

16-2 金融机构本外币存贷款余额

项目	存款余额	#非金融企业存款	#住户存款	#人民币	贷款余额	#企(事)业单位贷款	#住户贷款
年底余额(亿元)							
2003	220364				169771		
2004	253188				188566		
2005	300209				206838		
2006	348016				238280		
2007	401051	195149	179526	175749	277747	227072	50675
2008	478444	224489	225641	222006	320049	262966	57082
2009	612006	305365	268650	264652	425597	343777	81819
2010	733382	314111	312302	308380	509226	388637	112586
2011	826701	313981	351957	348046	581893	434790	136073
2012	943102	345124	410201	406192	672875	497828	161382
2013	1070588	380070	465436	461370	766327	551831	198602
2014	1173735	400420	506890	502504	867868	617969	231511
2015	1397752	455209	551929	546078	993460	687728	270313
2016	1555247	530895	606522	597751	1120552	744716	333729
2017	1692727	571641	651983	643768	1256074	810171	405150
2018	1825158	589105	724439	716038	1417516	890301	478954
2019	1981643	621147	821296	813017	1586021	983732	553296
2020	2183744	688218	934383	925986	1784034	1105308	631901
2021	2386062	730137	1033118	1025012	1985108	1226777	711100
2022	2644472	779398	1212110	1203387	2191029	1393558	749397
2023	2899132	817959	1378765	1369895	2422396	1570695	801011
比上年增长(%)							
2003	20.2				21.4		
2004	15.3				14.4		
2005	18.2				12.8		
2006	15.9				14.6		
2007	15.2	21.7	5.7	6.8	16.4		
2008	19.3	15.1	25.7	26.3	17.9		
2009	27.7	36.1	19.2	19.3	33.0	30.7	43.3
2010	19.8	21.5	16.3	16.5	19.7	15.4	37.6
2011	13.5	9.5	15.5	15.7	15.7	13.7	20.9
2012	14.1	9.9	16.6	16.7	15.6	14.5	18.6
2013	13.5	10.1	13.5	13.6	13.9	10.9	23.1
2014	9.6	5.4	8.9	8.9	13.3	12.0	16.6
2015	12.4	13.7	8.9	8.7	13.4	11.3	16.8
2016	11.3	16.6	9.9	9.5	12.8	8.3	23.5
2017	8.8	7.7	7.5	7.7	12.1	8.8	21.4
2018	7.8	3.1	11.1	11.2	12.9	9.9	18.2
2019	8.6	5.4	13.4	13.5	11.9	10.5	15.5
2020	10.2	10.8	13.8	13.9	12.5	12.4	14.2
2021	9.3	6.1	10.6	10.7	11.3	11.0	12.5
2022	10.8	6.7	17.3	17.4	10.4	13.6	5.4
2023	9.6	4.9	13.8	13.8	10.1	12.7	5.7

注：1.人民银行从2007年开始正式编制发布按部门分类《金融机构信贷收支表》，故2007年前各年存款无分类数据。

2.2010年前，“住户存款”称为“居民户存款”，主要为居民储蓄存款；“非金融企业存款”称为“非金融性公司存款”，主要包括企事业单位存款和机关团体存款，2011年与2010年之前数据不可比，增长按可比口径。

3.企(事)业单位贷款是指非金融企业及机关团体贷款。

4.自2015年起，“存款余额”含非银行业金融机构存放款项，“贷款余额”含拆放给非银行业金融机构款项(以下相关表同)。

16-3 金融机构人民币信贷收支

（年底余额） 单位：亿元

项　　目	2019年	2020年	2021年	2022年	2023年
资金来源总计	**2317003**	**2574701**	**2831289**	**3121815**	**3450554**
一、各项存款	1928785	2125721	2322500	2584998	2842623
（一）境内存款	1917482	2112783	2307172	2568007	2824093
1.住户存款	813017	925986	1025012	1203387	1369895
（1）活期存款	294712	326763	342904	383900	390266
（2）定期及其他存款	518305	599223	682108	819487	979629
2.非金融企业存款	595365	660180	696695	746574	787756
（1）活期存款	242504	253616	255117	254651	248676
（2）定期及其他存款	352861	406564	441578	491923	539080
3.财政性存款	40840	44771	50389	50013	57937
4.机关团体存款	296831	298738	311530	329814	353261
5.非银行业金融机构存款	171429	183108	223546	238219	255244
（二）境外存款	11304	12938	15329	16991	18531
二、金融债券	82924	106117	122954	126587	138622
三、流通中货币	77189	84315	90825	104706	113445
四、对国际金融机构负债	6	6	5	5	5
五、其他	228098	258543	295005	305518	355858
资金运用总计	**2317003**	**2574701**	**2831289**	**3121815**	**3450554**
一、各项贷款	1531123	1727452	1926903	2139853	2375905
（一）境内贷款	1525755	1721356	1919855	2130060	2362901
1.住户贷款	553191	631847	711043	749323	800921
（1）短期贷款	154472	155045	173196	183982	207034
消费贷款	99226	87774	93558	93473	103541
经营贷款	55246	67271	79638	90509	103493
（2）中长期贷款	398719	476802	537847	565342	593887
消费贷款	340443	407894	455292	466888	475897
经营贷款	58277	68908	82556	98453	117990
2.企（事）业单位贷款	962737	1084388	1204537	1375208	1554232
（1）短期贷款	295839	319719	328997	359787	398388
（2）中长期贷款	565390	653350	745823	855685	991853
（3）票据融资	76176	83555	98516	128090	131500
（4）融资租赁	23683	26242	28621	29475	30824
（5）各项垫款	1649	1522	2579	2172	1666
3.非银行业金融机构贷款	9827	5121	4275	5529	7748
（二）境外贷款	5368	6096	7048	9792	13005
二、债券投资	385520	450125	503154	572977	654241
三、股权及其他投资	183730	181428	181387	186779	191322
四、黄金占款	2856	2856	2856	3107	4053
五、中央银行外汇占款	212317	211308	212867	214712	220454
六、在国际金融机构资产	1457	1532	4123	4387	4578

注：1.本表机构包括中国人民银行、银行业存款类金融机构、银行业非存款类金融机构。
2.自2022年12月起，“流通中货币(M_0)”含流通中数字人民币。

16-4 金融机构人民币存贷款余额

单位：亿元

年 份	存款余额	贷款余额	比上年增长(%)	
			存款余额	贷款余额
1999	108779	93734	13.5	12.3
2000	123804	99371	13.8	17.6
2001	143617	112315	16.0	12.9
2002	170917	131294	18.9	15.8
2003	208056	158996	21.7	21.1
2004	240525	177363	16.0	14.5
2005	287170	194690	19.0	13.3
2006	335434	225285	16.8	15.1
2007	389371	261691	16.1	16.1
2008	466203	303395	19.7	18.8
2009	597741	399685	28.2	31.7
2010	718238	479196	20.2	19.9
2011	809368	547947	13.5	15.8
2012	917555	629910	13.3	15.0
2013	1043847	718961	13.8	14.1
2014	1138645	816770	9.1	13.6
2015	1357022	939540	12.4	14.3
2016	1505864	1066040	11.0	13.5
2017	1641044	1201321	9.0	12.7
2018	1775226	1362967	8.2	13.5
2019	1928785	1531123	8.7	12.3
2020	2125721	1727452	10.2	12.8
2021	2322500	1926903	9.3	11.6
2022	2584998	2139853	11.3	11.1
2023	2842623	2375905	10.0	10.6

注：本表增长速度按可比口径计算。

16-5 社会融资规模增量及构成(一)

单位：亿元

年 份	社会融资规模增量	#人民币贷款	#外币贷款(折合人民币)	#委托贷款	#信托贷款
2002	20112	18475	731	175	
2003	34113	27652	2285	601	
2004	28629	22673	1381	3118	
2005	30008	23544	1415	1961	
2006	42696	31523	1459	2695	825
2007	59663	36323	3864	3371	1702
2008	69802	49041	1947	4262	3144
2009	139104	95942	9265	6780	4364
2010	140191	79451	4855	8748	3865
2011	128286	74715	5712	12962	2034
2012	157631	82038	9163	12838	12845
2013	173169	88916	5848	25466	18404
2014	158761	97452	1235	21740	5174
2015	154063	112693	-6427	15911	434
2016	177999	124372	-5640	21854	8593
2017	261536	138432	18	7994	22232
2018	224920	156712	-4201	-16062	-6975
2019	256735	168835	-1275	-9396	-3467
2020	347917	200310	1450	-3954	-11020
2021	313407	199403	1715	-1696	-20074
2022	320101	209149	-5254	3579	-6003
2023	355799	222240	-2206	199	1576

16-5 社会融资规模增量及构成(二)

单位：亿元

年 份	#未贴现银行承兑汇票	#企业债券	#政府债券	#非金融企业境内股票融资
2002	-695	367		628
2003	2010	499		559
2004	-290	467		673
2005	24	2010		339
2006	1500	2310		1536
2007	6701	2284		4333
2008	1064	5523		3324
2009	4606	12367		3350
2010	23346	11063		5786
2011	10271	13658		4377
2012	10499	22551		2508
2013	7756	18111		2219
2014	-1198	24329		4350
2015	-10567	29388		7590
2016	-19514	29865		12416
2017	5364	6244	55804	8759
2018	-6343	26318	48531	3606
2019	-4757	33384	47204	3479
2020	1746	43748	83217	8923
2021	-4916	32866	70154	12133
2022	-3411	20508	71228	11757
2023	-1782	16254	96045	7931

注：1.社会融资规模增量是指一定时期内实体经济从金融体系获得的资金额。

2.社会融资规模中的本外币贷款是指一定时期内实体经济从金融体系获得的人民币和外币贷款，不包含银行业金融机构拆放给非银行业金融机构的款项和境外贷款。

3.数据来源于中国人民银行、国家金融监督管理总局、中国证券监督管理委员会、中央国债登记结算有限责任公司和中国银行间市场交易商协会等。

4.2018年7月起，人民银行完善社会融资规模统计方法，将“存款类金融机构资产支持证券”和“贷款核销”纳入社会融资规模统计，在“其他融资”项下反映。2018年9月起，人民银行将“地方政府专项债券”纳入社会融资规模统计。2019年9月起，人民银行将“交易所企业资产支持证券”纳入“企业债券”指标。2019年12月起，人民银行将“国债”和“地方政府一般债券”纳入社会融资规模统计，与原有“地方政府专项债券”合并为“政府债券”指标。

5.自2023年1月起，人民银行将消费金融公司、理财公司和金融资产投资公司等三类银行业非存款类金融机构纳入金融统计范围。由此，对社会融资规模中“对实体经济发放的人民币贷款”和“贷款核销”数据进行调整。2023年1月末，上述三类机构对实体经济发放的人民币贷款余额8410亿元，当月增加57亿元；贷款核销余额1706亿元，当月增加30亿元。

16-6 人民币一年期存贷款基准利率

单位：年利率%

执行日期	金融机构 存款基准利率	金融机构 贷款基准利率
1978	3.24	5.04
1980	3.96-5.40	5.04
1985	5.76-7.20	7.20-7.92
1990.01.01	11.34	11.34
1990.04.15	10.08	10.08
1990.08.21	8.64	9.36
1991.04.21	7.56	8.64
1993.05.15	9.18	9.36
1993.07.11	10.98	10.98
1995.07.01	10.98	12.06
1996.05.01	9.18	10.98
1996.08.23	7.47	10.08
1997.10.23	5.67	8.64
1998.03.25	5.22	7.92
1998.07.01	4.77	6.93
1998.12.07	3.78	6.39
1999.06.10	2.25	5.85
2002.02.21	1.98	5.31
2004.10.29	2.25	5.58
2006.04.28	2.25	5.85
2006.08.19	2.52	6.12
2007.03.18	2.79	6.39
2007.05.19	3.06	6.57
2007.07.21	3.33	6.84
2007.08.22	3.60	7.02
2007.09.15	3.87	7.29
2007.12.21	4.14	7.47
2008.09.16	4.14	7.20
2008.10.09	3.87	6.93
2008.10.30	3.60	6.66
2008.11.27	2.52	5.58
2008.12.23	2.25	5.31
2010.10.20	2.50	5.56
2010.12.26	2.75	5.81
2011.02.09	3.00	6.06
2011.04.06	3.25	6.31
2011.07.07	3.50	6.56
2012.06.08	3.25	6.31
2012.07.06	3.00	6.00
2014.11.22	2.75	5.60
2015.03.01	2.50	5.35
2015.05.11	2.25	5.10
2015.06.28	2.00	4.85
2015.08.26	1.75	4.60
2015.10.24	1.50	4.35

16-7 金融机构人民币存款基准利率

单位：年利率%

项 目	2014年11月22日	2015年3月1日	2015年5月11日	2015年6月28日	2015年8月26日	2015年10月24日
一、活期存款	**0.35**	**0.35**	**0.35**	**0.35**	**0.35**	**0.35**
二、定期存款						
(一)整存整取						
三个月	2.35	2.10	1.85	1.60	1.35	1.10
半 年	2.55	2.30	2.05	1.80	1.55	1.30
一 年	2.75	2.50	2.25	2.00	1.75	1.50
二 年	3.35	3.10	2.85	2.60	2.35	2.10
三 年	4.00	3.75	3.50	3.25	3.00	2.75
(二)零存整取、整存零取、存本取息						
一 年	2.35	2.10	1.85	1.60	1.35	1.10
三 年	2.55	2.30	2.05	1.80	1.55	1.30
(三)定活两便	按一年期以内定期整存整取同档次利率打6折执行					
三、协定存款	**1.15**	**1.15**	**1.15**	**1.15**	**1.15**	**1.15**
四、通知存款						
一 天	0.80	0.80	0.80	0.80	0.80	0.80
七 天	1.35	1.35	1.35	1.35	1.35	1.35

16-8 金融机构人民币贷款基准利率

单位：年利率%

项 目	2014年11月22日	2015年3月1日	2015年5月11日	2015年6月28日	2015年8月26日	2015年10月24日
短期贷款						
一年以内(含一年)	5.60	5.35	5.10	4.85	4.60	4.35
中长期贷款						
一至五年(含五年)	6.00	5.75	5.50	5.25	5.00	4.75
五年以上	6.15	5.90	5.65	5.40	5.15	4.90
个人住房公积金贷款						
五年以下(含五年)	3.75	3.50	3.25	3.00	2.75	2.75
五年以上	4.25	4.00	3.75	3.50	3.25	3.25

16-9 人民币对主要外币年平均汇价

(中间价)　　单位：人民币元

年　份	100美元	100日元	100港元	100欧元
1981	170.50	0.7735	30.41	
1982	189.25	0.7607	31.15	
1983	197.57	0.8318	27.36	
1984	232.70	0.9780	29.71	
1985	293.67	1.2457	37.57	
1986	345.28	2.0694	44.22	
1987	372.21	2.5799	47.74	
1988	372.21	2.9082	47.70	
1989	376.51	2.7360	48.28	
1990	478.32	3.3233	61.39	
1991	532.33	3.9602	68.45	
1992	551.46	4.3608	71.24	
1993	576.20	5.2020	74.41	
1994	861.87	8.4370	111.53	
1995	835.10	8.9225	107.96	
1996	831.42	7.6352	107.51	
1997	828.98	6.8600	107.09	
1998	827.91	6.3488	106.88	
1999	827.83	7.2932	106.66	
2000	827.84	7.6864	106.18	
2001	827.70	6.8075	106.08	
2002	827.70	6.6237	106.07	800.58
2003	827.70	7.1466	106.24	936.13
2004	827.68	7.6552	106.23	1029.00
2005	819.17	7.4484	105.30	1019.53
2006	797.18	6.8570	102.62	1001.90
2007	760.40	6.4632	97.46	1041.75
2008	694.51	6.7427	89.19	1022.27
2009	683.10	7.2986	88.12	952.70
2010	676.95	7.7279	87.13	897.25
2011	645.88	8.1050	82.97	900.11
2012	631.25	7.9037	81.38	810.67
2013	619.32	6.3323	79.85	822.19
2014	614.28	5.8196	79.22	816.51
2015	622.84	5.1543	80.34	691.41
2016	664.23	6.1243	85.58	734.26
2017	675.18	6.0244	86.64	763.03
2018	661.74	5.9890	84.43	780.16
2019	689.85	6.3347	88.05	772.55
2020	689.76	6.4626	88.93	787.55
2021	645.15	5.8735	83.00	762.93
2022	672.61	5.1261	85.89	707.21
2023	704.67	5.0350	90.02	764.25

16-10 黄金和外汇储备

年　　份	黄金储备 (万盎司)	外汇储备 (亿美元)
1978	1280	1.67
1980	1280	-12.96
1981	1267	27.08
1982	1267	69.86
1983	1267	89.01
1984	1267	82.20
1985	1267	26.44
1986	1267	20.72
1987	1267	29.23
1988	1267	33.72
1989	1267	55.50
1990	1267	110.93
1991	1267	217.12
1992	1267	194.43
1993	1267	211.99
1994	1267	516.20
1995	1267	735.97
1996	1267	1050.29
1997	1267	1398.90
1998	1267	1449.59
1999	1267	1546.75
2000	1267	1655.74
2001	1608	2121.65
2002	1929	2864.07
2003	1929	4032.51
2004	1929	6099.32
2005	1929	8188.72
2006	1929	10663.44
2007	1929	15282.49
2008	1929	19460.30
2009	3389	23991.52
2010	3389	28473.38
2011	3389	31811.48
2012	3389	33115.89
2013	3389	38213.15
2014	3389	38430.18
2015	5666	33303.62
2016	5924	30105.17
2017	5924	31399.49
2018	5956	30727.12
2019	6264	31079.24
2020	6264	32165.22
2021	6264	32501.66
2022	6464	31276.91
2023	7187	32379.77

16-11 证券市场基本情况

项　　目	单位	2019年	2020年	2021年	2022年	2023年
沪深股市上市公司数（A、B股）	家	3777	4154	4615	4917	5107
沪深股市上市外资股（B股）	家	97	93	90	86	85
北交所市场上市公司数	家			82	162	239
境外上市公司数（H股）	家	294	291	323	316	339
沪深股市股票筹资额	亿元	12539	14222	15401	14175	9902
北交所市场股票筹资额	亿元			21	167	154
沪深股市股票总发行股本	亿股	61720	65479	70694	73312	75489
#流通股本	亿股	52488	56354	60755	64245	68142
北交所市场股票总发行股本	亿股			123	214	318
#流通股本	亿股			57	111	169
沪深股市股票市价总值	亿元	592935	797238	916088	788006	773131
#股票流通市值	亿元	483461	643605	751556	663429	674342
北交所市场股票市价总值	亿元			2723	2110	4496
#股票流通市值	亿元			1074	1148	2263
沪深股市股票成交量	亿股	126624	167452	187426	185725	170809
北交所市场股票成交量	亿股			37	159	615
沪深股市股票成交金额	亿元	1274159	2068253	2579734	2245095	2122110
北交所市场股票成交金额	亿元			667	1980	7272
上证综合指数(收盘)		3050.12	3473.07	3639.78	3089.26	2974.93
深证综合指数(收盘)		1722.95	2329.37	2530.14	1975.61	1837.85
期末股票投资者数	万个	15975	17777	19741	21214	22406
静态市盈率						
上海		15.6	16.1	20.9	14.5	14.1
深圳		35.6	33.5	33.0	23.4	21.6
北京				46.7	18.9	24.2
年换手率						
上海	%	193.9	258.8	280.7	204.0	182.9
深圳	%	454.9	555.8	506.1	470.3	448.0
北京	%			62.6	173.0	419.2
公司信用类债券发行额	亿元	33201	42945	43921	38840	45511
债券发行金额	亿元		569397	613839	614458	708263
银行间市场债券成交金额	亿元		11925195	12595638	16513779	19815309
银行间市场债券现货成交金额	亿元		2327679	2143702	2712235	3073049
银行间市场债券回购成交金额	亿元		9597516	10451935	13801547	16742260
交易所市场债券成交金额	亿元	2473724	3075974	3791202	4416738	5022460
交易所市场债券现货成交金额	亿元	83530	201786	289275	381136	464485
交易所市场债券回购成交金额	亿元	2390194	2874188	3501926	4035601	4557976
证券投资基金只数	只	6111	7258	9152	10375	11310
证券投资基金份额	亿份	136937	169974	218245	256438	260737
证券投资基金成交金额	亿元	91679	136239	183234	231161	277198
期货总成交量	万手	392157	602735	726881	676830	737871
期货总成交额	亿元	2905856	4373005	5806874	5349397	5675694

注：1.境外上市公司(H股)仅指在香港交易所上市的境内公司。

2.股票筹资包括首发和再融资，再融资包含公开增发、定向增发(现金和非现金认购)、配股、权证和优先股。首发和再融资均按上市日统计。

3.公司信用类债券包含公司债(非金融)、可转债(非金融)、可分离债(非金融)和资产支持证券(非金融)。

4.银行间市场债券指银行间市场交易的各类债券。包括记账式国债、地方政府债券、政策性银行债券、商业银行债券、非银行金融机构债券、资产支持证券、同业存单、政府支持机构债、企业债券、非金融企业债务融资工具、国际机构债券。

5.交易所市场债券包含由中国证监会审批或备案的公司债、可转债、可交换债、可分离债、企业资产支持证券，以及交易所招标发行的地方政府债、政策性金融债。

6.期货成交数据含金融期货。

16-12 保险业基本情况

年份	机构数(个)	职工人数(人)	保费(亿元)	财产保险公司	人寿保险公司	赔款及给付(亿元)	财产保险公司	人寿保险公司
1994			376					
1995			453					
1996			538					
1997			773	382	390	247	215	32
1998		172892	1256	506	750	532	290	242
1999		171865	1406	527	879	508	280	228
2000	33	166602	1598	608	990	526	308	218
2001	35	185502	2109	685	1424	597	333	264
2002	44	194383	3054	780	2274	707	403	304
2003	62	199705	3880	869	3011	841	476	365
2004	68	262429	4318	1125	3194	1004	582	422
2005	93	366559	4927	1281	3646	1130	691	439
2006	107	434001	5641	1580	4061	1438	825	614
2007	120	500441	7036	2086	4949	2265	1064	1201
2008	130	599344	9784	2446	7338	2971	1475	1496
2009	138	630734	11137	2993	8144	3125	1638	1487
2010	142	685856	14528	4027	10501	3200	1815	1385
2011	152	776258	14339	4779	9560	3929	2249	1680
2012	164	846504	15488	5530	9958	4716	2897	1819
2013	174	831303	17222	6481	10741	6213	3556	2657
2014	180	904253	20235	7544	12690	7216	3968	3248
2015	194	1024572	24283	8423	15859	8674	4448	4226
2016	203	1123180	30904	9266	21638	10516	5046	5470
2017	222	1181849	36581	10541	26040	11181	5497	5683
2018	229	1236519	38017	11756	26261	12297	6455	5842
2019	235	1233180	42645	13016	29628	12894	7279	5615
2020	238	1190508	45257	13584	31674	13907	7880	6027
2021	235	1150050	44900	13676	31224	15609	8848	6761
2022	237	1106711	46957	14867	32091	15485	9078	6407
2023	242	1081122	51247	15868	35379	18883	10694	8189

注：1.本表人寿保险公司中包括中华控股寿险业务(以下相关表同)。

2.因部分机构目前处于风险处置阶段，2021、2022、2023年行业汇总数据口径暂不包含这部分机构(以下相关表同)。

16-13　保险公司经济技术指标

单位：亿元

项　　目	保　　费		赔　　付	
	2022年	2023年	2022年	2023年
合计	**46957.2**	**51246.7**	**15485.1**	**18883.0**
财产保险公司	**14866.5**	**15867.8**	**9078.2**	**10694.0**
企财险	553.4	595.8	256.8	293.8
家财险	164.1	247.0	32.5	61.2
机动车辆保险	8210.2	8672.6	5138.1	5932.6
工程险	145.1	170.1	71.4	76.3
责任险	1147.5	1268.5	508.0	661.2
信用险	236.8	292.3	105.6	191.9
保证保险	551.7	296.9	512.1	486.3
船舶险	66.2	72.6	33.9	40.9
货运险	177.9	226.5	82.5	121.5
特殊风险保险	61.0	64.9	27.9	27.3
农业保险	1219.3	1429.7	868.9	1106.9
健康险	1580.1	1751.7	1121.9	1293.6
意外险	574.1	509.1	199.3	229.0
其他险	179.1	270.3	119.2	171.5
人身保险公司	**32090.6**	**35378.9**	**6407.0**	**8188.9**
寿险	24518.6	27646.4	3791.4	5505.0
健康险	7072.8	7282.9	2477.7	2537.0
意外险	499.2	449.6	137.9	147.0

16-14 国际收支概况

单位：百万美元

年份	经常账户差额				资本和金融账户差额				净误差与遗漏
		货物和服务	初次收入	二次收入		资本账户	非储备性质的金融账户	储备资产	
1982	5674	4812	376	486	-5953		-1736	-4217	279
1983	4240	2571	1158	511	-4067		-1372	-2695	-173
1984	2030	54	1534	442	-3221		-3752	531	1191
1985	-11417	-12501	841	243	13907		8485	5422	-2490
1986	-7035	-7390	-23	378	8267		6540	1727	-1232
1987	300	291	-215	224	1071		2731	-1660	-1371
1988	-3803	-4061	-161	419	4814		5269	-455	-1011
1989	-4318	-4928	229	381	4226		6428	-2202	92
1990	11997	10668	1055	274	-8863		-2774	-6089	-3134
1991	13271	11601	840	830	-6510		4581	-11091	-6761
1992	6401	4998	248	1155	1851		-251	2102	-8252
1993	-11904	-11792	-1284	1172	21707		23474	-1767	-9803
1994	7658	7357	-1036	1337	2117		32644	-30527	-9775
1995	1618	11958	-11774	1434	16212		38675	-22463	-17830
1996	7242	17550	-12437	2129	8305		39967	-31662	-15547
1997	36963	42823	-11004	5143	-14667	21	21036	-35724	-22296
1998	31471	43837	-16644	4278	-12735	-47	-6262	-6426	-18736
1999	21114	30641	-14470	4943	-3326	-26	5205	-8505	-17788
2000	20432	28786	-14666	6311	-8626	-35	1958	-10548	-11805
2001	17405	28086	-19173	8492	-12550	-54	34829	-47325	-4856
2002	35422	37383	-14945	12984	-43216	-50	32340	-75507	7794
2003	43052	35821	-10218	17449	-51275	-48	54921	-106148	8224
2004	68941	51174	-5132	22898	-81908	-69	108222	-190060	12967
2005	132378	124627	-16114	23865	-155300	4102	91247	-250649	22921
2006	231843	208919	-5143	28068	-235471	4020	45285	-284776	3628
2007	353183	308036	8044	37102	-366473	3099	91132	-460704	13290
2008	420569	348833	28580	43156	-439413	3051	37075	-479539	18844
2009	243257	220130	-8533	31659	-201874	3939	194531	-400344	-41383
2010	237810	223024	-25899	40686	-184874	4630	282234	-471739	-52936
2011	136097	181904	-70318	24511	-122331	5446	260024	-387801	-13766
2012	215392	231845	-19887	3434	-128317	4272	-36038	-96552	-87074
2013	148204	235380	-78442	-8733	-85279	3052	343048	-431379	-62925
2014	236047	221299	13301	1446	-169174	-33	-51361	-117780	-66873
2015	293022	357871	-52199	-12649	-91207	316	-434462	342939	-201816
2016	191337	255737	-54880	-9520	27250	-344	-416070	443665	-218587
2017	188676	217010	-16478	-11856	17930	-91	109537	-91516	-206606
2018	24131	87905	-61365	-2410	153227	-569	172682	-18887	-177358
2019	102910	131844	-39184	10250	26271	-327	7308	19291	-129181
2020	248836	358573	-118192	8455	-90073	-76	-61147	-28850	-158763
2021	352886	461494	-124476	15868	-218420	94	-30288	-188226	-134466
2022	443374	577609	-154370	20135	-354068	-310	-257322	-96436	-89306
2023	252987	386063	-148242	15166	-215061	-298	-209937	-4826	-37926

注：国际收支数据来源于国家外汇管理局(以下相关表同)。

16-15 国际收支平衡表(一)

单位：百万美元

项　　目	2019年	2020年	2021年	2022年	2023年
1. 经常账户	**102910**	**248836**	**352886**	**443374**	**252987**
贷方	2930421	3020419	3931341	4034150	3788725
借方	-2827511	-2771583	-3578456	-3590776	-3535738
1.A 货物和服务	**131844**	**358573**	**461494**	**577609**	**386063**
贷方	2630999	2738898	3555231	3719320	3511248
借方	-2499155	-2380325	-3093737	-3141711	-3125185
1.A.a 货物	**392993**	**511103**	**562706**	**665049**	**593896**
贷方	2386640	2510015	3215838	3346825	3179193
借方	-1993647	-1998912	-2653132	-2681775	-2585296
1.A.b 服务	**-261149**	**-152530**	**-101212**	**-87440**	**-207833**
贷方	244359	228883	339393	372495	332055
借方	-505508	-381414	-440605	-459935	-539888
1.A.b.1 加工服务	15362	12709	13475	13491	12039
贷方	15743	13210	14188	14321	13000
借方	-381	-501	-712	-830	-961
1.A.b.2 维护和维修服务	6473	4310	4052	3940	4074
贷方	10178	7671	7874	8296	9988
借方	-3704	-3361	-3822	-4356	-5914
1.A.b.3 运输	-58981	-37991	-18045	-21930	-73072
贷方	46173	56689	128607	146533	87041
借方	-105154	-94680	-146652	-168464	-160113
1.A.b.4 旅行	-218789	-121100	-98059	-101334	-171669
贷方	35832	9951	11330	13474	24798
借方	-254621	-131050	-109389	-114808	-196467
1.A.b.5 建设	5100	4524	5678	6550	7939
贷方	14432	12599	15415	14183	15754
借方	-9331	-8074	-9737	-7634	-7815
1.A.b.6 保险和养老金服务	-6223	-9419	-14343	-14388	-9245
贷方	4800	2987	5004	4461	6940
借方	-11023	-12406	-19346	-18849	-16185
1.A.b.7 金融服务	1508	827	155	748	655
贷方	3907	4838	4579	4670	4358
借方	-2399	-4011	-4424	-3922	-3703
1.A.b.8 知识产权使用费	-27766	-29288	-35139	-31154	-31746
贷方	6605	8583	11756	13307	10977
借方	-34370	-37871	-46895	-44461	-42724
1.A.b.9 电信、计算机和信息服务	7992	6433	10710	17957	19263
贷方	34948	38984	50718	55894	58096
借方	-26956	-32551	-40007	-37937	-38834
1.A.b.10 其他商业服务	19404	19505	33903	41876	38035
贷方	69201	69848	86931	94302	98214
借方	-49797	-50343	-53028	-52426	-60179
1.A.b.11 个人、文化和娱乐服务	-3136	-1990	-1843	-1250	-2627
贷方	955	1018	1440	1362	1389
借方	-4091	-3008	-3282	-2611	-4016
1.A.b.12 别处未提及的政府服务	-2094	-1050	-1757	-1944	-1479
贷方	1587	2507	1553	1693	1498
借方	-3681	-3558	-3310	-3638	-2977

16-15 国际收支平衡表(二)

单位：百万美元

项　　目	2019年	2020年	2021年	2022年	2023年
1.B 初次收入	**-39184**	**-118192**	**-124476**	**-154370**	**-148242**
贷方	273514	245502	327316	270325	239989
借方	-312699	-363695	-451792	-424694	-388230
1.B.1 雇员报酬	3101	184	-1383	2440	7210
贷方	14258	14714	17118	20425	22641
借方	-11157	-14530	-18501	-17984	-15431
1.B.2 投资收益	-43356	-120403	-125818	-160128	-158959
贷方	257464	227941	306814	245721	212829
借方	-300820	-348344	-432632	-405849	-371788
1.B.3 其他初次收入	1070	2027	2724	3318	3507
贷方	1792	2847	3383	4179	4518
借方	-722	-820	-659	-861	-1011
1.C 二次收入	**10250**	**8455**	**15868**	**20135**	**15166**
贷方	25907	36019	48794	44506	37489
借方	-15657	-27563	-32927	-24370	-22323
2. 资本和金融账户	**26271**	**-90073**	**-218420**	**-354068**	**-215061**
2.1 资本账户	**-327**	**-76**	**94**	**-310**	**-298**
贷方	218	168	260	240	190
借方	-545	-244	-166	-550	-487
2.2 金融账户	**26598**	**-89997**	**-218514**	**-353758**	**-214763**
资产	-260532	-675185	-894905	-335120	-228192
负债	287130	585188	676392	-18638	13429
2.2.1 非储备性质的金融账户	7308	-61147	-30288	-257322	-209937
资产	-279822	-646334	-706679	-238684	-223366
负债	287130	585188	676392	-18638	13429
2.2.1.1 直接投资	50260	99375	165277	-19846	-142574
2.2.1.1.1 资产	-136910	-153721	-178798	-210050	-185301
2.2.1.1.2 负债	187170	253096	344075	190204	42728
2.2.1.2 证券投资	57948	95539	51366	-289054	-63244
2.2.1.2.1 资产	-89419	-151236	-125262	-180074	-77301
2.2.1.2.2 负债	147366	246775	176628	-108980	14057
2.2.1.3 金融衍生工具	-2355	-10821	10237	-13205	-7535
2.2.1.3.1 资产	1393	-5064	17082	-4349	-4870
2.2.1.3.2 负债	-3748	-5757	-6845	-8856	-2666
2.2.1.4 其他投资	-98545	-245239	-257168	64783	3416
2.2.1.4.1 资产	-54886	-336314	-419701	155789	44106
2.2.1.4.2 负债	-43659	91074	162534	-91006	-40690
2.2.2 储备资产	19291	-28850	-188226	-96436	-4826
2.2.2.1 货币黄金					
2.2.2.2 特别提款权	-496	-369	-41570	1906	-2437
2.2.2.3 在国际货币基金组织的储备头寸	-11	-2321	76	-150	1092
2.2.2.4 外汇储备	19797	-26160	-146732	-98192	-3481
2.2.2.5 其他储备资产					
3. 净误差与遗漏	**-129181**	**-158763**	**-134466**	**-89306**	**-37926**

16-16　国家外债余额和外债风险指标

年　份	外债余额（亿美元）	中长期债务	短期债务	外债风险指标（%） 偿债率	负债率	债务率
1985	158.3	94.1	64.2	2.7	5.1	56.0
1986	214.8	167.1	47.7	15.4	7.1	72.1
1987	302.0	244.8	57.2	9.0	9.2	77.1
1988	400.0	326.9	73.1	6.5	9.8	87.1
1989	413.0	370.3	42.7	8.3	9.1	86.4
1990	525.5	457.8	67.7	8.7	13.3	91.6
1991	605.6	502.6	103.0	8.5	14.6	91.9
1992	693.2	584.7	108.5	7.1	14.1	87.9
1993	835.7	700.2	135.5	10.2	13.5	96.5
1994	928.1	823.9	104.2	9.1	16.4	78.0
1995	1065.9	946.8	119.1	7.6	14.5	72.4
1996	1162.8	1021.7	141.1	6.0	13.5	67.7
1997	1309.6	1128.2	181.4	7.3	13.6	63.2
1998	1460.4	1287.0	173.4	10.9	14.2	70.4
1999	1518.3	1366.5	151.8	11.2	13.9	68.7
2000	1457.3	1326.5	130.8	9.2	12.0	52.1
2001	2033.0	1195.3	837.7	7.5	15.2	67.9
2002	2026.3	1155.5	870.8	7.9	13.8	55.5
2003	2193.6	1165.9	1027.7	6.9	13.2	45.2
2004	2629.9	1242.9	1387.1	3.2	13.4	40.2
2005	2965.4	1249.0	1716.4	3.1	13.0	35.4
2006	3385.9	1393.6	1992.3	2.1	12.3	31.9
2007	3892.2	1535.3	2356.8	2.0	11.0	29.0
2008	3901.6	1638.8	2262.8	1.8	8.5	24.7
2009	4286.5	1693.9	2592.6	2.9	8.4	32.2
2010	5489.4	1732.4	3757.0	1.6	9.0	29.2
2011	6950.0	1941.0	5009.0	1.7	9.2	33.3
2012	7369.9	1960.6	5409.3	1.6	8.6	32.8
2013	8631.7	1865.4	6766.3	1.6	9.0	35.6
2014	17799.0	4817.0	12982.0	2.6	17.0	69.9
2015	13829.8	4955.7	8874.1	5.0	12.5	58.6
2016	14158.0	5497.6	8660.4	6.1	12.6	64.4
2017	17579.6	6127.2	11452.4	5.5	14.3	72.6
2018	19827.5	6936.0	12891.5	5.5	14.3	74.8
2019	20708.1	8519.7	12188.4	6.7	14.5	78.3
2020	24008.1	10844.4	13163.7	6.5	16.3	87.9
2021	27465.6	13003.3	14462.3	5.9	15.4	77.3
2022	24527.6	11148.0	13379.7	10.5	13.6	66.0
2023	24475.4	10846.9	13628.4	7.6	13.7	69.7

注：1.偿债率是指当年外债还本付息额(中长期外债还本付息额加上短期外债付息额)与当年国际收支口径的货物与服务贸易出口收入的比率。

2.负债率是指年末外债余额与当年国内生产总值的比率。计算负债率时将国内生产总值按国家外汇管理局公布的年平均交易中间价折算为美元。

3.债务率是指年末外债余额与当年国际收支统计口径的货物与服务贸易出口收入的比率。

4.2015年，我国按照国际货币基金组织的数据公布特殊标准(SDDS)调整了外债统计口径并对外公布全口径外债数据，将人民币外债纳入统计，并按照签约期限划分长期和短期债务。为保证数据的可比性，将2014年末外债数据相应调整为全口径外债数据。由于全口径外债较原来的外币外债增加了人民币外债(余额略低于外币外债余额)，因此，2014年和2015年的偿债率、负债率和债务率等外债风险指标较2013年上升较快，但仍在公认的安全线(公认的偿债率、负债率和债务率安全线分别为20%、20%和100%)以内。

5.自2016年起，按照国际收支平衡表修正数据对本表中上一年数据进行相应调整。

17-1 科技事业发展主要指标

指　　标	单位	2000年	2010年	2022年	2023年
研究与试验发展(R&D)活动					
R&D人员全时当量	万人年	92.2	255.4	635.4	660.0
R&D经费支出	亿元	896	7063	30783	33278
R&D经费支出与国内生产总值之比	%	0.89	1.71	2.56	2.64
技术成果和国家奖励					
科技成果登记数	项	32858	42108	84324	93406
#应用技术成果	项	28843	37029	74438	81259
国家奖励					
#国家自然科学奖	项	15	30		
国家技术发明奖	项	23	46		
国家科技进步奖	项	250	273		
国际科学技术合作奖	项	2	5		
技术市场成交额	亿元	651	3907	47791	61476
成功完成宇航发射	次	6	15	62	66
科技服务					
气象观测站点	个	5117	37992	69584	73017
商标申请	万件	22.3	107.2	751.6	718.8
商标注册	万件	15.9	134.9	617.7	438.3
有效商标注册	万件	125.0	460.3	4267.2	4614.6
专利					
发明专利申请量	万件	5.2	39.1	161.9	167.8
国内	万件	2.5	29.3	146.5	152.2
国外	万件	2.6	9.8	15.5	15.5
发明专利授权量	万件	1.3	13.5	79.8	92.1
国内	万件	0.6	8.0	69.6	81.9
国外	万件	0.7	5.5	10.3	10.2

注：2016年及以前的发明专利申请量为专利申请受理量，2016年以后为专利申请量。

17-2 学校数

单位：所

年份	普通、职业高等学校	普通高中	中等职业教育	初中学校	普通小学	特殊教育学校	幼儿园
1978	598	49215	2760	113130	949323	292	163952
1980	675	31300	3459	87077	917316	292	170419
1981	704	24447	3693	82271	894074	302	130296
1982	715	20874	3927	80775	880516	312	122107
1983	805	18876	4498	77598	862165	319	136306
1984	902	17847	8852	75867	853740	330	166526
1985	1016	17318	14190	77529	832309	375	172262
1986	1054	17111	15273	77252	820846	423	173376
1987	1063	16930	15726	77237	807406	504	176775
1988	1075	16524	20570	76384	793261	577	171845
1989	1075	16050	20729	75025	777244	662	172634
1990	1075	15678	20763	73462	766072	746	172322
1991	1075	15243	20931	72164	729158	886	164465
1992	1053	14850	21338	70764	712973	1027	172506
1993	1065	14380	21627	69997	696681	1123	165197
1994	1080	14242	21907	69654	682588	1241	174657
1995	1054	13991	22072	68564	668685	1379	180438
1996	1032	13875	22151	67626	645983	1428	187324
1997	1020	13880	22229	66231	628840	1440	182485
1998	1022	13948	22174	65412	609626	1535	181368
1999	1071	14127	21542	64405	582291	1520	181136
2000	1041	14564	19727	63898	553622	1539	175836
2001	1225	14907	17580	66590	491273	1531	111706
2002	1396	15406	15919	65645	456903	1540	111752
2003	1552	15779	14682	64730	425846	1551	116390
2004	1731	15998	14454	63757	394183	1560	117899
2005	1792	16092	14466	62486	366213	1593	124402
2006	1867	16153	14693	60885	341639	1605	130495
2007	1908	15681	14832	59384	320061	1618	129086
2008	2263	15206	14847	57914	300854	1640	133722
2009	2305	14607	14388	56320	280184	1672	138209
2010	2358	14058	13862	54890	257410	1706	150420
2011	2409	13688	13083	54117	241249	1767	166750
2012	2442	13509	12654	53216	228585	1853	181251
2013	2491	13352	12262	52804	213529	1933	198553
2014	2529	13253	11878	52623	201377	2000	209881
2015	2560	13240	11202	52405	190525	2053	223683
2016	2596	13383	10893	52118	177633	2080	239812
2017	2631	13555	10671	51894	167009	2107	254950
2018	2663	13737	10229	51982	161811	2152	266677
2019	2688	13964	10078	52415	160148	2192	281174
2020	2738	14235	9896	52805	157979	2244	291715
2021	2756	14585	7294	52871	154279	2288	294832
2022	2760	15026	7201	52480	149117	2314	289222
2023	2822	15381	7085	52348	143472	2345	274414

注：1.2020年及以前，普通、职业高等学校包含普通本科学校和普通专科学校；2021年起，普通、职业高等学校包括普通本科学校和职业本专科学校(以下相关表同)。

2.2020年及以前，中等职业教育包括普通中专、成人中专、职业高中和技工学校；2021年起，中等职业教育不含技工学校(以下相关表同)。

17-3 专任教师数

单位：万人

年 份	普通、职业高等学校	普通高中	中等职业教　育	初中阶段	小学阶段	特殊教育	学前教育
1978	20.6	74.1	9.9	244.1	522.6	0.4	27.7
1980	24.7	57.1	13.3	244.9	549.9	0.5	41.1
1981	25.0	49.4	14.8	235.0	558.0	0.5	40.1
1982	28.7	46.6	16.9	221.5	550.5	0.5	41.5
1983	30.3	45.1	18.9	214.6	542.5	0.6	43.3
1984	31.5	45.9	25.7	209.7	537.0	0.6	49.1
1985	34.4	49.2	35.5	216.0	537.7	0.7	55.0
1986	37.2	51.8	41.5	226.2	541.4	0.8	60.5
1987	38.5	54.4	46.0	235.0	543.4	1.0	65.1
1988	39.3	54.6	62.8	242.8	550.1	1.1	67.0
1989	39.7	55.4	64.6	245.4	554.4	1.2	70.9
1990	39.5	56.2	66.3	249.9	558.2	1.4	75.0
1991	39.1	57.3	67.8	254.7	553.2	1.6	76.9
1992	38.8	57.6	70.0	259.7	552.7	1.9	81.5
1993	38.8	55.9	72.2	264.1	555.2	2.0	83.6
1994	39.6	54.7	75.1	272.2	561.1	2.3	86.2
1995	40.1	55.1	74.0	282.1	566.4	2.5	87.5
1996	40.2	57.2	77.2	293.2	573.6	2.7	88.9
1997	40.4	60.5	80.1	302.2	579.4	2.9	88.4
1998	40.7	64.2	98.3	309.4	581.9	3.0	87.5
1999	42.6	69.2	85.1	318.8	586.1	3.1	87.2
2000	46.3	75.7	79.7	328.7	586.0	3.2	85.6
2001	53.2	84.0	73.8	338.6	579.8	2.9	54.6
2002	61.8	94.6	69.1	346.8	577.9	3.0	57.1
2003	72.5	107.1	71.3	349.8	570.3	3.0	61.3
2004	85.8	119.1	73.6	350.0	562.9	3.1	65.6
2005	96.6	129.9	75.0	349.2	559.2	3.2	72.2
2006	107.6	138.7	79.9	347.5	558.8	3.3	77.6
2007	116.8	144.3	85.9	347.3	561.3	3.5	82.7
2008	123.7	147.6	89.5	347.6	562.2	3.6	89.9
2009	129.5	149.3	86.7	351.8	563.3	3.8	98.6
2010	134.3	151.8	87.1	352.5	561.7	4.0	114.4
2011	139.3	155.7	88.1	352.5	560.5	4.1	131.6
2012	144.0	159.5	88.0	350.4	558.5	4.4	147.9
2013	149.7	162.9	86.8	348.1	558.5	4.6	166.3
2014	153.5	166.3	85.8	348.8	563.4	4.8	184.4
2015	157.3	169.5	84.4	347.6	568.5	5.0	205.1
2016	160.2	173.3	84.0	348.8	578.9	5.3	223.2
2017	163.3	177.4	83.9	354.9	594.5	5.6	243.2
2018	167.3	181.3	83.4	363.9	609.2	5.9	258.1
2019	174.0	185.9	84.3	374.7	626.9	6.2	276.3
2020	183.3	193.3	85.7	386.1	643.4	6.6	291.3
2021	186.6	202.8	69.5	397.1	660.1	6.9	319.1
2022	196.3	213.3	71.8	402.5	662.9	7.3	324.4
2023	206.1	221.5	73.5	408.3	665.6	7.7	307.4

17-4 招生数

单位：万人

年份	研究生	普通、职业本专科	普通高中	中等职业教育	初中阶段	小学阶段	特殊教育	学前教育
1978	1.1	40.2	692.9	44.7	2006.0	3315.4	0.6	
1980	0.4	28.1	383.4	58.3	1557.6	2942.3	0.6	
1981	0.9	27.9	327.8	54.8	1412.9	2749.2	0.6	
1982	1.1	31.5	279.3	62.2	1363.9	2671.7	0.6	
1983	1.6	39.1	259.8	78.4	1318.5	2544.0	0.6	
1984	2.3	47.5	262.3	144.5	1302.5	2472.9	0.8	
1985	4.7	61.9	257.5	234.2	1367.0	2298.2	0.9	
1986	4.1	57.2	257.3	218.4	1402.0	2258.2	1.1	
1987	3.9	61.7	255.2	223.3	1410.9	2094.6	1.2	
1988	3.6	67.0	251.6	283.0	1359.0	2123.3	1.2	
1989	2.9	59.7	242.1	275.8	1328.5	2151.5	1.4	
1990	3.0	60.9	249.8	286.1	1389.3	2064.0	1.6	
1991	3.0	62.0	243.8	311.7	1435.1	2072.7	2.0	
1992	3.3	75.4	234.7	344.9	1491.7	2183.2	3.0	
1993	4.2	92.4	228.3	401.8	1505.6	2353.5	3.4	
1994	5.1	90.0	243.4	337.7	1644.9	2537.0	4.0	
1995	5.1	92.6	273.6	498.6	1781.1	2531.8	5.6	1972.4
1996	5.9	96.6	282.2	510.4	1791.4	2524.7	4.8	1951.7
1997	6.4	100.0	322.6	520.8	1836.5	2462.0	4.6	1824.4
1998	7.3	108.4	359.6	539.5	1996.3	2201.4	4.9	1720.0
1999	9.2	159.7	396.3	473.3	2183.4	2029.5	5.0	1617.5
2000	12.8	220.6	472.7	408.3	2295.6	1946.5	5.3	1531.1
2001	16.5	268.3	558.0	399.9	2287.9	1944.2	5.6	1398.2
2002	20.3	320.5	676.7	473.6	2281.8	1952.8	5.3	1373.6
2003	26.9	382.2	752.1	515.8	2220.1	1829.4	4.9	1316.8
2004	32.6	447.3	821.5	566.2	2094.6	1747.0	5.1	1350.3
2005	36.5	504.5	877.7	655.7	1987.6	1671.7	4.9	1356.2
2006	39.8	546.1	871.2	747.8	1929.5	1729.4	5.0	1391.3
2007	41.9	565.9	840.2	810.0	1868.5	1736.1	6.3	1433.6
2008	44.6	607.7	837.0	812.1	1859.6	1695.7	6.2	1482.7
2009	51.1	639.5	830.3	868.2	1788.5	1637.8	6.4	1546.9
2010	53.8	661.8	836.2	870.4	1716.6	1691.7	6.5	1700.4
2011	56.0	681.5	850.8	813.9	1634.7	1736.8	6.4	1827.3
2012	59.0	688.8	844.6	754.1	1570.8	1714.7	6.6	1911.9
2013	61.1	699.8	822.7	674.8	1496.1	1695.4	6.6	1970.0
2014	62.1	721.4	796.6	619.8	1447.8	1658.4	7.1	1987.8
2015	64.5	737.8	796.6	601.2	1411.0	1729.0	8.3	2008.8
2016	66.7	748.6	802.9	593.3	1487.2	1752.5	9.2	1922.1
2017	80.6	761.5	800.1	582.4	1547.2	1766.6	11.1	1938.0
2018	85.8	791.0	792.7	557.0	1602.6	1867.3	12.4	1863.9
2019	91.7	914.9	839.5	600.4	1638.8	1869.0	14.4	1688.2
2020	110.7	967.5	876.4	644.7	1632.1	1808.1	14.9	1791.4
2021	117.7	1001.3	905.0	489.0	1705.4	1782.6	14.9	1526.2
2022	124.2	1014.5	947.5	484.8	1731.4	1701.4	14.6	1360.4
2023	130.2	1042.2	967.8	454.0	1754.6	1877.9	15.5	1181.2

注：2017年起，研究生招生、在校生指标内涵发生变化，招生包含全日制和非全日制研究生；在校生包含全日制、非全日制研究生和在职人员攻读硕士学位学生(以下相关表同)。

17-5 在校学生数

单位：万人

年份	研究生	普通、职业本专科	普通高中	中等职业教育	初中阶段	小学阶段	特殊教育	学前教育
1978	1.1	85.6	1553.1	212.8	4995.2	14624.0	3.1	787.7
1980	2.2	114.4	969.8	586.3	4551.8	14627.0	3.3	1150.8
1981	1.9	127.9	715.0	571.9	4144.6	14332.8	3.3	1056.2
1982	2.6	115.4	640.5	583.8	3888.0	13972.0	3.4	1113.1
1983	3.7	120.7	629.0	495.8	3768.8	13578.0	3.6	1140.3
1984	5.8	139.6	689.8	298.7	3864.3	13557.1	4.0	1294.7
1985	8.7	170.3	741.1	476.1	4010.1	13370.2	4.2	1479.7
1986	11.0	188.0	773.4	541.2	4158.3	13182.5	4.7	1629.0
1987	12.0	195.9	773.7	580.6	4217.0	12835.9	5.3	1807.8
1988	11.3	206.6	252.6	735.2	4060.8	12535.8	5.8	1854.5
1989	10.1	208.2	716.1	751.3	3883.9	12373.1	6.4	1847.7
1990	9.3	206.3	717.3	763.5	3916.6	12241.4	7.2	1972.2
1991	8.8	204.4	722.9	801.2	4013.0	12164.2	8.5	2209.3
1992	9.4	218.4	704.9	857.3	4122.3	12201.3	13.0	2428.2
1993	10.7	253.6	656.9	969.0	4138.4	12421.2	16.9	2552.5
1994	12.8	279.9	664.8	833.7	4379.9	12822.6	21.1	2630.3
1995	14.5	290.6	713.2	1230.2	4727.5	13195.2	29.6	2711.2
1996	16.3	302.1	769.2	1320.1	5047.9	13615.0	32.1	2666.3
1997	17.6	317.4	850.1	1355.9	5248.7	13995.4	34.1	2519.0
1998	19.9	340.9	938.0	1451.2	5449.7	13953.8	35.8	2403.0
1999	23.4	413.4	1049.7	1417.5	5811.6	13548.0	37.2	2326.3
2000	30.1	556.1	1201.3	1284.5	6256.3	13013.3	37.8	2244.2
2001	39.3	719.1	1405.0	1164.9	6514.4	12543.5	38.6	2021.8
2002	50.1	903.4	1683.8	1190.8	6687.4	12156.7	37.5	2036.0
2003	65.1	1108.6	1964.8	1256.7	6690.8	11689.7	36.5	2003.9
2004	82.0	1333.5	2220.4	1409.2	6527.5	11246.2	37.2	2089.4
2005	97.9	1561.8	2409.1	1600.0	6214.9	10864.1	36.4	2179.0
2006	110.5	1738.8	2514.5	1809.9	5957.9	10711.5	36.3	2263.9
2007	119.5	1884.9	2522.4	1987.0	5736.2	10564.0	41.9	2348.8
2008	128.3	2021.0	2476.3	2087.1	5585.0	10331.5	41.7	2475.0
2009	140.5	2144.7	2434.3	2195.2	5440.9	10071.5	42.8	2657.8
2010	153.8	2231.8	2427.3	2238.5	5279.3	9940.7	42.6	2976.7
2011	164.6	2308.5	2454.8	2205.3	5066.8	9926.4	39.9	3424.5
2012	172.0	2391.3	2467.2	2113.7	4763.1	9695.9	37.9	3685.8
2013	179.4	2468.1	2435.9	1923.0	4440.1	9360.5	36.8	3894.7
2014	184.8	2547.7	2400.5	1755.3	4384.6	9451.1	39.5	4050.7
2015	191.1	2625.3	2374.4	1656.7	4312.0	9692.2	44.2	4264.8
2016	198.1	2695.8	2366.6	1599.0	4329.4	9913.0	49.2	4413.9
2017	264.0	2753.6	2374.5	1592.5	4442.1	10093.7	57.9	4600.1
2018	273.1	2831.0	2375.4	1555.3	4652.6	10339.3	66.6	4656.4
2019	286.4	3031.5	2414.3	1576.5	4827.1	10561.2	79.5	4713.9
2020	314.0	3285.3	2494.5	1663.4	4914.1	10725.4	88.1	4818.3
2021	333.2	3496.1	2605.0	1311.8	5018.4	10779.9	92.0	4805.2
2022	365.4	3659.4	2713.9	1339.3	5120.6	10732.1	91.9	4627.5
2023	388.3	3775.0	2803.6	1298.5	5243.7	10836.0	91.2	4093.0

17-6 毕业生数

单位：万人

年份	研究生	普通、职业本专科	普通高中	中等职业教育	初中阶段	小学阶段	特殊教育	学前教育
1978	0.0	16.5	682.7	40.3	1692.6	2287.9	0.3	
1980	0.0	14.7	616.2	73.3	964.8	2053.3	0.4	
1981	1.2	14.0	486.1	99.5	1154.2	2075.7	0.4	
1982	0.4	45.7	310.6	124.0	1032.4	2068.9	0.4	
1983	0.4	33.5	235.1	71.3	960.3	1980.7	0.3	
1984	0.3	28.7	189.8	69.4	950.4	1995.0	0.4	
1985	1.7	31.6	196.6	92.5	1007.2	1999.9	0.4	
1986	1.7	39.3	224.0	124.6	1066.7	2016.1	0.5	
1987	2.8	53.2	246.8	156.2	1128.4	2043.0	0.4	
1988	4.1	55.3	250.6	210.1	1169.1	1930.3	0.5	
1989	3.7	57.6	243.2	227.0	1147.7	1857.1	0.5	
1990	3.5	61.4	233.0	240.6	1123.0	1863.1	0.5	
1991	3.3	61.4	222.9	262.1	1099.2	1846.7	0.6	
1992	2.6	60.4	226.1	251.3	1116.3	1872.4	0.9	
1993	2.8	57.1	231.7	265.3	1148.7	1841.5	1.2	
1994	2.8	63.7	209.3	292.5	1166.4	1899.6	1.4	
1995	3.2	80.5	201.6	348.4	1244.4	1961.5	1.9	
1996	4.0	83.9	204.9	392.8	1297.8	1934.1	2.4	
1997	4.7	82.9	221.7	406.0	1463.3	1960.1	2.8	
1998	4.7	83.0	251.8	449.0	1603.1	2117.4	3.5	
1999	5.5	84.8	262.9	468.9	1613.9	2313.7	3.8	
2000	5.9	95.0	301.5	476.7	1633.5	2419.2	4.3	
2001	6.8	103.6	340.5	430.6	1731.5	2396.9	4.6	1160.2
2002	8.1	133.7	383.8	380.1	1903.7	2351.9	4.4	1152.7
2003	11.1	187.7	458.1	346.4	2018.5	2267.9	4.5	1072.0
2004	15.1	239.1	546.9	359.2	2087.3	2135.2	4.7	1059.7
2005	19.0	306.8	661.6	418.2	2123.4	2019.5	4.3	1025.4
2006	25.6	377.5	727.1	479.1	2071.6	1928.5	4.5	1045.1
2007	31.2	447.8	788.3	530.9	1963.7	1870.2	5.0	1049.1
2008	34.5	511.9	836.1	580.7	1868.0	1865.0	5.2	1040.5
2009	37.1	531.1	823.7	624.9	1797.7	1805.2	5.7	1040.6
2010	38.4	575.4	794.4	665.0	1750.4	1739.6	5.9	1057.6
2011	43.0	608.2	787.7	660.0	1736.7	1662.8	4.4	1184.7
2012	48.6	624.7	791.5	674.6	1660.8	1641.6	4.9	1433.6
2013	51.4	638.7	799.0	674.4	1561.5	1581.1	5.1	1491.7
2014	53.6	659.4	799.6	622.9	1413.5	1476.6	4.9	1527.2
2015	55.2	680.9	797.7	567.9	1417.6	1437.3	5.3	1590.3
2016	56.4	704.2	792.4	533.6	1423.9	1507.4	5.9	1623.2
2017	57.8	735.8	775.7	496.9	1397.5	1565.9	6.9	1652.7
2018	60.4	753.3	779.2	487.3	1367.8	1616.5	8.1	1790.6
2019	64.0	758.5	789.2	493.5	1454.1	1647.9	9.8	1765.2
2020	72.9	797.2	786.5	484.9	1535.3	1640.3	12.1	1779.4
2021	77.3	826.5	780.2	375.4	1587.1	1718.0	14.6	1714.8
2022	86.2	967.3	824.1	399.3	1623.9	1740.6	15.9	1678.3
2023	101.5	1047.0	860.4	415.5	1623.6	1763.5	17.3	1804.4

17-7 义务教育巩固率和毛入学率

单位：%

年份	九年义务教育巩固率	高中阶段毛入学率	高等教育毛入学率
1990			3.4
1995		33.6	7.2
1996		38.0	8.3
1997		40.6	9.1
1998		40.7	9.8
1999		41.0	10.5
2000		42.8	12.5
2001		42.8	13.3
2002		42.8	15.0
2003		43.8	17.0
2004		48.1	19.0
2005		52.7	21.0
2006		59.8	22.0
2007		66.0	23.0
2008		74.0	23.3
2009		79.2	24.2
2010	91.1	82.5	26.5
2011	91.5	84.0	26.9
2012	91.8	85.0	30.0
2013	92.3	86.0	34.5
2014	92.6	86.5	37.5
2015	93.0	87.0	40.0
2016	93.4	87.5	42.7
2017	93.8	88.3	45.7
2018	94.2	88.8	48.1
2019	94.8	89.5	51.6
2020	95.2	91.2	54.4
2021	95.4	91.4	57.8
2022	95.5	91.6	59.6
2023	95.7	91.8	60.2

注：1.九年义务教育巩固率，是指初中毕业班学生数占该年级入小学一年级时学生数的百分比。
2.毛入学率为该级教育在校学生总数与政府规定的该级学龄段人口总数之比。
3.高中阶段教育包括：普通高中、成人高中、中等职业教育。
4.高等教育包括：研究生、普通本科、职业本专科、成人本专科、网络本专科、高等教育自学考试本专科等各种形式的高等教育。

17-8 每十万人口各级教育平均在校生数

单位：人

年 份	高等教育	高中阶段	初中阶段	小学阶段	学前教育
1990	326	1337	3426	10707	1725
1991	304	1355	3465	10502	1907
1992	313	1365	3518	10413	2072
1993	376	1448	3599	10656	2190
1994	433	1293	3681	10819	2219
1995	457	1610	3945	11010	2262
1996	470	1780	4180	11273	2208
1997	482	1905	4289	11435	2058
1998	519	1978	4408	11287	1944
1999	594	2032	4656	10855	1864
2000	723	2000	4969	10335	1782
2001	931	2021	5161	9937	1602
2002	1146	2283	5240	9525	1595
2003	1298	2523	5209	9100	1560
2004	1420	2824	5058	8725	1617
2005	1613	3070	4781	8358	1676
2006	1816	3321	4557	8192	1731
2007	1924	3409	4364	8037	1787
2008	2042	3463	4227	7819	1873
2009	2128	3495	4097	7584	2001
2010	2189	3504	3955	7448	2230
2011	2253	3495	3779	7403	2554
2012	2335	3411	3535	7196	2736
2013	2418	3227	3279	6913	2876
2014	2488	3100	3222	6946	2977
2015	2524	2965	3152	7086	3118
2016	2530	2887	3150	7211	3211
2017	2576	2861	3213	7300	3327
2018	2658	2828	3347	7438	3350
2019	2857	2850	3459	7569	3378
2020	3126	2948	3510	7661	3441
2021	3301	2774	3554	7634	3403
2022	3510	2895	3625	7597	3276
2023	3663	2906	3714	7676	2899

注：高等教育在校生数包括研究生、普通本科、职业本专科和成人本专科。

17-9 教育经费情况

单位：亿元

年 份	合 计	国家财政性教育经费	#一般公共预算教育经费	民办学校中举办者投入	捐赠收入	事业收入	其他教育经费
1992	867.0	728.8	564.9		69.6		24.7
1995	1878.0	1411.5	1092.9	20.4	162.8		82.0
2000	3849.1	2562.6	2191.8	85.9	114.0	938.3	148.4
2001	4637.7	3057.0	2705.7	128.1	112.9	1157.5	182.2
2002	5480.0	3491.4	3254.9	172.6	127.3	1460.9	227.9
2003	6208.3	3850.6	3619.1	259.0	104.6	1721.8	272.2
2004	7242.6	4465.9	4244.4	347.9	93.4	2011.4	324.0
2005	8418.8	5161.1	4946.0	452.2	93.2	2340.0	372.4
2006	9815.3	6348.4	6135.3	549.1	89.9	2407.3	420.7
2007	12148.1	8280.2	8094.3	80.9	93.1	3177.2	516.6
2008	14500.7	10449.6	10213.0	69.8	102.7	3367.1	511.5
2009	16502.7	12231.1	11975.0	75.0	125.5	3527.6	543.5
2010	19561.8	14670.1	14163.9	105.4	107.9	4106.1	572.4
2011	23869.3	18586.7	17821.7	111.9	111.9	4424.7	634.1
2012	28655.3	23147.6	20314.2	128.2	95.7	4619.8	664.0
2013	30364.7	24488.2	21405.7	147.4	85.5	4926.2	717.3
2014	32806.5	26420.6	22576.0	131.3	79.7	5427.2	747.7
2015	36129.2	29221.5	25861.9	187.7	87.0	5809.7	823.4
2016	38888.4	31396.3	27700.6	203.3	81.0	6276.8	931.0
2017	42562.0	34207.8	29919.8	225.0	85.0	6957.6	1086.7
2018	46143.0	36995.8	31992.7	240.6	94.8	7738.2	1073.6
2019	50178.1	40046.5	34648.6	220.1	101.4	8723.5	1086.6
2020	53033.9	42908.2	36310.5	229.3	117.2	8704.1	1075.1
2021	57873.7	45835.3	37463.4	242.4	142.7	10457.5	1195.8
2022	61329.1	48472.9	39257.0	188.3	154.3	10831.8	1681.8

注：1．“其他教育经费”数据1992-1997年包含扣除“学费”后的事业收入。

2．“民办学校中举办者投入”数据1993-2006年为社会团体和公民个人办学总经费。

3．“一般公共预算教育经费”数据1992-2011年包括教育事业费、基本建设经费、教育费附加、科研经费和其他经费，2012年起仅包括教育事业费、基本建设经费和教育费附加，2015年起教育事业费包含地方教育附加和土地出让收益计提的教育资金。

18-1 医疗卫生机构数和床位数

年 份	医疗卫生机构(万个)	#医 院	医疗卫生机构床位(万张)	#医 院
1978	16.97	0.93	204.2	110.0
1980	18.06	0.99	218.4	119.6
1981	80.02	1.03	223.4	124.1
1982	80.19	1.05	228.0	128.5
1983	87.07	1.09	234.2	134.5
1984	90.54	1.14	241.2	141.2
1985	97.85	1.20	248.7	150.9
1986	99.91	1.24	256.3	156.0
1987	101.28	1.30	268.5	165.3
1988	101.25	1.35	279.5	174.7
1989	102.75	1.41	286.7	181.5
1990	101.27	1.44	292.5	186.9
1991	100.38	1.46	299.2	192.6
1992	100.13	1.49	304.9	197.7
1993	100.05	1.54	309.9	203.6
1994	100.53	1.56	313.4	207.0
1995	99.44	1.57	314.1	206.3
1996	107.81	1.58	310.0	209.7
1997	104.87	1.59	313.5	211.9
1998	104.29	1.60	314.3	213.4
1999	101.77	1.67	315.9	215.1
2000	103.42	1.63	317.7	216.7
2001	102.93	1.62	320.1	215.6
2002	100.50	1.78	313.6	222.2
2003	80.62	1.78	316.4	227.0
2004	84.91	1.84	326.8	236.3
2005	88.22	1.87	336.8	244.5
2006	91.81	1.92	351.2	256.0
2007	91.23	1.99	370.1	267.5
2008	89.15	1.97	403.9	288.3
2009	91.66	2.03	441.7	312.1
2010	93.69	2.09	478.7	338.7
2011	95.44	2.20	516.0	370.5
2012	95.03	2.32	572.5	416.2
2013	97.44	2.47	618.2	457.9
2014	98.14	2.59	660.1	496.1
2015	98.35	2.76	701.5	533.1
2016	98.34	2.91	741.0	568.9
2017	98.66	3.11	794.0	612.0
2018	99.74	3.30	840.4	652.0
2019	100.76	3.44	880.7	686.7
2020	102.29	3.54	910.1	713.1
2021	103.09	3.66	945.0	741.4
2022	103.29	3.70	975.0	766.3
2023	107.08	3.84	1017.4	800.5

注：1.村卫生室数计入医疗卫生机构数中。
2.2002年起，医疗卫生机构数不再包括高中等医学院校、药品检验所(室)、出入境卫生检疫所和非卫生部门举办的计划生育指导中心。
3.2013年起，医疗卫生机构数包括原卫生计生部门主管的计划生育技术服务机构。

18-2 医疗卫生机构人员数

年 份	卫生人员（万人）	#卫生技术人员	#执业(助理)医师	#执业医师	#注册护士
1978	788.3	246.4	97.8	61.0	40.5
1980	735.5	279.8	115.3	70.9	46.6
1981	719.9	301.1	124.4	62.0	52.5
1982	695.4	314.3	130.7	66.8	56.4
1983	675.7	325.3	135.3	70.4	59.6
1984	662.3	334.4	138.1	71.6	61.6
1985	560.6	341.1	141.3	72.4	63.7
1986	572.6	350.7	144.4	74.6	68.1
1987	584.3	360.9	148.2	77.7	71.8
1988	592.5	372.4	161.8	109.6	82.9
1989	602.8	380.9	171.8	125.8	92.2
1990	613.8	389.8	176.3	130.3	97.5
1991	627.8	398.5	178.0	131.1	101.2
1992	640.9	407.4	180.8	132.8	104.0
1993	654.1	411.7	183.2	137.2	105.6
1994	663.1	419.9	188.2	142.5	109.4
1995	670.4	425.7	191.8	145.5	112.6
1996	673.5	431.2	194.1	147.5	116.3
1997	683.4	439.8	198.5	150.5	119.8
1998	686.3	442.4	200.0	151.4	121.9
1999	689.5	445.9	204.5	156.2	124.5
2000	691.0	449.1	207.6	160.3	126.7
2001	687.5	450.8	210.0	163.7	128.7
2002	652.9	427.0	184.4	146.4	124.7
2003	621.7	438.1	194.2	153.4	126.6
2004	633.3	448.6	199.9	158.2	130.8
2005	644.7	456.4	204.2	162.3	135.0
2006	668.1	472.8	209.9	167.8	142.6
2007	696.4	491.3	212.3	171.5	155.9
2008	725.2	517.4	220.2	179.2	167.8
2009	778.1	553.5	232.9	190.5	185.5
2010	820.8	587.6	241.3	197.3	204.8
2011	861.6	620.3	246.6	202.0	224.4
2012	911.6	667.6	261.6	213.9	249.7
2013	979.0	721.1	279.5	228.6	278.3
2014	1023.4	759.0	289.3	237.5	300.4
2015	1069.4	800.8	303.9	250.8	324.1
2016	1117.3	845.4	319.1	265.1	350.7
2017	1174.9	898.8	339.0	282.9	380.4
2018	1230.0	952.9	360.7	301.0	409.9
2019	1292.8	1015.4	386.7	321.1	444.5
2020	1347.5	1067.8	408.6	340.2	470.9
2021	1398.5	1124.4	428.8	359.1	501.9
2022	1441.1	1165.8	443.5	372.2	522.4
2023	1523.7	1248.8	478.2	401.0	563.7

注：1.2010-2021年卫生人员和卫生技术人员包括公务员中卫生监督员。

2.执业(助理)医师数包括村卫生室执业(助理)医师数。

3.2002年以前，执业(助理)医师数系医生。

4.2013年起，卫生人员数包括原卫生计生部门主管的计划生育技术服务机构人员数。

18-3 社会服务情况

年 份	提供住宿的民政机构			社区服务机构和设施		
	单位数（个）	床位数（万张）	收住人数（万人）	单位数（个）	床位数（万张）	收养人数（万人）
1993	43681	92.7	72.4	92946		
1994	43240	95.5	73.6	98679		
1995	43074	97.6	74.7	115175		
1996	42829	100.8	76.9	132309		
1997	42385	103.1	78.5	138366		
1998	42131	105.8	80.0	154196		
1999	40430	108.9	82.7	164962		
2000	40491	113.0	85.4	187888		
2001	38785	140.7	88.5	201758		
2002	38200	141.5	91.6	206743		
2003	37294	142.9	96.5	203945		
2004	38593	157.2	110.9	205926		
2005	42487	180.7	123.6	203275		
2006	43187	204.5	147.0	160007		
2007	44958	269.6	200.0	134852		
2008	41099	300.3	240.0	146322		
2009	43944	326.5	256.0	146341		
2010	44482	349.6	278.2	152941		
2011	45973	396.4	293.4	160352		
2012	48078	449.3	309.5	200162		
2013	45977	462.4	322.5	251939		
2014	36810	426.0	337.0	310652	187.5	64.5
2015	31187	393.2	231.7	360956	298.1	94.5
2016	31912	414.0	236.3	386186	322.8	107.9
2017	31929	419.6	228.8	407453	338.5	105.9
2018	31291	408.1	211.9	426524	347.8	105.4
2019	37021	467.4	231.6	527757	336.2	156.2
2020	40852	515.4	235.6	291279	332.8	46.7
2021	42696	530.5	238.1	317695	312.3	35.5
2022	43410	545.2	229.9	346823	311.1	32.4
2023	43701	537.8	232.1	363622	308.5	34.3

注：1.2018年起，提供住宿的民政机构统计范围不再包括荣誉军人康复医院、复员军人疗养院、军休所。
2.2020年起，社区服务机构和设施数仅为社区养老服务机构和设施数。

18-4 文化文物机构情况

单位：个

年 份	公 共 图书馆	文化馆、站			博物馆	艺术表演 团 体	艺术表演 场 馆
		省、地市级群众艺术馆	县市级文化馆	乡镇(街道)文化站			
1978	1218	92	2748	4053	349	3150	1095
1980	1732	218	2912	5609	365	3533	1444
1985	2344	335	2960	5281	711	3317	1377
1990	2527	366	2955	5895	1013	2805	1955
1995	2615	373	2886	10228	1194	2682	1958
1996	2620	392	2892	41969	1219	2664	1934
1997	2628	385	2901	42163	1282	2663	1947
1998	2662	386	2901	42547	1339	2652	1929
1999	2669	389	2905	42543	1363	2622	1911
2000	2675	390	2907	42024	1392	2619	1900
2001	2696	399	2842	40138	1461	2590	1854
2002	2697	389	2854	39273	1511	2577	1829
2003	2709	382	2846	38588	1515	2601	1900
2004	2720	380	2841	38181	1548	2521	1928
2005	2762	375	2851	38362	1581	2502	1866
2006	2778	395	2819	36874	1617	2508	1839
2007	2799	411	2806	37384	1722	2492	1732
2008	2820	389	2829	37938	1893	2551	1662
2009	2850	361	2862	38736	2252	2644	1499
2010	2884	374	2890	40118	2435	2597	1461
2011	2952	379	2906	40390	2650	2416	1429
2012	3076	382	2919	40575	3069	2128	1279
2013	3112	385	2930	40945	3473	2067	1253
2014	3117	385	2928	41110	3658	2053	1248
2015	3139	386	2929	40976	3852	2037	1264
2016	3153	389	2933	41175	4109	2031	1265
2017	3166	390	2938	41193	4721	2074	1253
2018	3176	390	2936	41138	4918	2078	1236
2019	3196	390	2936	40747	5132	2052	1202
2020	3212	390	2931	40366	5452	1973	1111
2021	3215	390	2926	40215	5772	1947	1075
2022	3303	404	3099	40116	6091	1934	1052
2023	3246	404	3111	40236	6140	1891	1016

注：艺术表演团体、艺术表演场馆为文化和旅游部门所属单位数据。

18-5 创造世界纪录和获得世界冠军情况

年 份	创造世界纪录				获得世界冠军	
	项 数 (项)	次 数 (次)	人 数 (人)	队 数 (队)	项 数 (项)	个 数 (个)
1978	3	3	6		4	4
1980	7	15	17		3	3
1985	5	9	6		42	46
1990	14	16	17		54	54
1995	13	24	14	2	98	102
1996	22	30	17	1	72	75
1997	29	43	29	2	87	92
1998	31	68	30	3	75	83
1999	24	50	16		91	92
2000	22	30	14	2	92	110
2001	10	12	8	2	79	90
2002	29	33	17	5	99	110
2003	13	16	8	1	17	84
2004	16	16	7	2	27	101
2005	15	21	14	2	22	106
2006	21	25	11	3	24	141
2007	10	10	8	2	22	123
2008	16	16	11	2	24	120
2009	22	22	11	3	30	142
2010	15	15	8	5	22	108
2011	8	8	4	1	24	138
2012	14	14	9	3	24	107
2013	13	13	7	3	22	124
2014	10	10	5	4	22	98
2015	12	12	8	2	25	127
2016	9	9	7	1	23	107
2017	2	6	6		24	106
2018	5	12	12		27	118
2019	16	18	19	1	33	128
2020	1	1	4	1	3	4
2021	12	12	8	4	16	67
2022	11	11	7	4	15	93
2023	20	23	11	5	32	165

注：1995年以前各年的集体项目的队数折合在人数中。

19-1 香港特别行政区主要社会经济指标(一)

指　　标	2000年	2010年	2020年	2022年	2023年
人口					
年中人口（万人）	666.5	702.4	748.1	734.6	753.6
粗出生率（‰）	8.1	12.6	5.8	4.4	4.4#
粗死亡率（‰）	5.1	6.0	6.8	8.7	7.2#
劳动、就业					
劳动人口（万人）	337.4	363.1	391.8	377.6	382.2
劳动人口参与率（%）	61.4	59.6	59.7	58.2	57.3
失业率（%）	4.9	4.3	5.8	4.3	2.9
本地生产总值					
按2021年环比物量计算①					
本地生产总值年增长率（%）	7.7	6.8	-6.5	-3.7@	3.2@
本地生产总值（亿港元）	15596	23245	26941	27624@	28512@
人均本地生产总值（港元）	233993	330921	360124	376038@	378342@
按当年价格计算					
本地生产总值年增长率（%）	4.0	7.1	-5.9	-2.1@	6.5@
本地生产总值（亿港元）	13375	17763	26758	28091@	29913@
人均本地生产总值（港元）	200675	252887	357679	382393@	396933@
本地居民总收入					
按当年价格计算					
本地居民总收入（亿港元）	13482	18139	28319	29949@	32590@
人均本地居民总收入（港元）	202287	258240	378542	407681@	432452@
对外商品贸易					
港产品出口（亿港元）	1810	695	474	626	656
转口（亿港元）	13917	29615	38801	44690	41118
进口（亿港元）	16580	33648	42698	49275	46450
对外服务贸易②					
服务出口（亿港元）	2460	6257	5192	6505@	7741@
服务进口（亿港元）	3467	5469	4263	4952@	6207@
国际收支平衡表③					
经常账户（亿港元）	588	1244	1870	2861@	2768@
资本账户（亿港元）	1	-44	-1	12@	59@
金融账户（亿港元）	614	844	2438	2768@	2738@
净误差及遗漏（亿港元）	25	-355	569	-105@	-89@
整体的国际收支（亿港元）	1002	591	2630	-3672@	-799@
国际投资头寸④					
国际投资头寸净值（亿港元）	17195	51711	164519	138142	139394@
对外金融资产（亿港元）	92493	232300	487770	474032	483017@
对外金融负债（亿港元）	75298	180589	323251	335890	343623@
居民消费物价指数⑤					
(2019年10月至2020年9月=100)					
综合消费物价指数	70.9	74.0	99.9	103.3	105.5

19-1　香港特别行政区主要社会经济指标(二)

指　　　　标	2000年	2010年	2020年	2022年	2023年
工业生产					
工业生产指数⑥(2015年=100)		101.9	95.8	101.2	105.0#
工业电力消费量（万亿焦耳）	17769	11080	10672	11087	11126
工业煤气消费量（万亿焦耳）	982	917	1653	1704	1743
服务					
增加价值（亿港元）					
进出口贸易、批发及零售	2770	4133	4712	4947	
住宿及膳食服务	378	564	369	454	
运输、仓库、邮政及速递服务	976	1379	1140	2043	
资讯及通讯	429	550	938	1001	
金融及保险	1642	2838	5998	6134	
地产、专业及商用服务	1182	1885	2443	2331	
公共行政、社会及个人服务	2434	2953	5295	5825	
楼宇业权	1391	1847	3034	2841	
房屋及物业					
已登记物业买卖合约涉及的价值(亿港元)					
住宅	1684	5607	5482	4077	3892
非住宅	541	1288	802	1467	887
总计⑦	2225	6895	6284	5545	4779
楼宇售价指数(1999年=100)					
私人住宅单位	89.6	150.9	381.2	369.7	337.4#
私人写字楼(甲级、乙级及丙级)	89.9	230.4	468.8	495.7^	468.7#^
楼宇租金指数(1999年=100)					
私人住宅单位	98.1	119.7	180.3	178.3	181.1#
私人写字楼(甲级、乙级及丙级)	98.5	147.6	241.7	230.0	227.5#
政府收支、货币、金融（亿港元）					
政府储备结余⑧	4303	5954	9278	8348	
政府收入总额⑨	2251	3765	5642	6222	
政府支出总额⑨	2329	3014	8160	8105	
货币供应量M_3（亿港元）					
港元⑩	20024	38782	79370	81090	82628
外币⑪	16904	32781	77070	84604	89712
总计	36928	71563	156440	165694	172341
运输、通讯及旅游					
进出香港的货物					
总卸下（万吨）	13035	17282	18380	12936	12355#
总装上（万吨）	8692	12882	8900	7601	6923#
集装箱吞吐量⑫（万标准集装箱单位）	1810	2370	1797	1669	1440
电话服务（万条操作线路）	395	426	393	367	
访港旅客⑬（万人次）	1306	3603	357	60	3400
酒店入住率（%）	83	87	46	66	82

19-1　香港特别行政区主要社会经济指标(三)

指　　标	2000年	2010年	2020年	2022年	2023年
教育					
小学学生人数⑭（人）	498175	334415	368255	337549	329780
中学学生人数⑭⑮（人）	490039	486817	343478	333774	341919#
专上教育学生人数⑯（人）	186729	306476	305200	303908@	314421#
卫生					
登记死亡人数（人）	33993	42699	50653	61557	
婴儿死亡率（按每千名登记活产婴儿计算）	2.9	1.7	2.0	1.6	
社会保障					
综合社会保障援助					
个案数目⑧（个）	228263	282732	223792	205592	
发放款项⑨⑰（亿港元）	135.6	184.9	228.5	232.0#	
公共福利金					
个案数目⑧(个)	550585	642979	1076990	1206321	
发放款项⑨⑰（亿港元）	51.3	90.6	381.7	437.1#	
交通意外伤亡援助					
获批个案数目⑨(个)	5998	7203	9013	8848	
发放款项⑨（万港元）	13000	18719	40900	44228#	
治安					
举报罪案合计（件）	77245	75965	63232	70048	90276
暴力罪案总计（件）	14812	13546	9391	8830	10122

注：本表数据由香港特别行政区政府统计处提供，国家统计局整理编辑。

\# 临时数字。

@ 数字在日后会作出修订。

^ 2022年3月的售价指数没有充足资料作分析，因此2022年全年的私人写字楼售价指数不包括2022年3月；2023年8，9，10及12月的售价指数没有充足资料作分析，因此2023年全年的私人写字楼售价指数不包括2023年8，9，10及12月。

① 以环比物量计算的本地生产总值及其组成部分的参照年为2021年。

② 服务出口及进口数字是根据《2008年国民经济核算体系》的标准。采用所有权转移原则记录外地加工货品及转手商贸活动编制而成的。

③ 经常账户或资本账户的差额为正数值代表盈余，而负数值则代表赤字。自2023年6月起，金融账户的整系数列已采用新的正负号常规。自此，资产／负债增加以正数值标示。注意：资产增加表示资金净流出，而负债增加则表示资金净流入。因此，金融账户差额增加(即资产减去负债为正数值)表示资金净流出。

④ 期末头寸。

⑤ 2019年10月起的消费物价指数是根据2019/2020年住户开支统计调查所得的开支权数编制。较早的指数则是根据旧的开支权数而经过按比例换算与新基期的指数拼接。

⑥ 自2005年统计年度开始，所有工业生产指数均按《香港标准行业分类2.0版》编制。

⑦ 因四舍五入关系，个别项目的数字加起来可能不等于总计。

⑧ 财政年度终结数字。指第二年3月31日。

⑨ 财政年度数字。指当年4月1日至第二年3月31日。

⑩ 包括外币掉期存款。

⑪ 已扣除外币掉期存款。

⑫ 由1998年起，采用一系列新的集装箱吞吐量数字。与1998年以前的数字不可比。

⑬ 1996年及以后的数字包括经澳门访港的非澳门居民旅客人数。

⑭ 数字包括特殊学校。

⑮ 数字包括夜校、技工级课程及毅进文凭课程。

⑯ 数字包括就读于大学及专上教育学院开办的专上教育课程，包括证书／文凭课程、副学士或同等学历及学士或更高的学位课程；以及与非本地机构合办，而学生在修业后可获取非本地高等学术资格的非本地注册或获豁免课程的学生人数。

⑰ 2010年的开支包括于该财政年度分别向综援受助人及公共福利金受惠人额外发放的一个月标准金额及一个月津贴；2020年的开支包括(1)在该年度推行综援计划下鼓励就业的措施及其他改善措施所涉及的额外财政影响，(2)向援助失业人士特别计划下的综援个案发放的金额及(3)分别向综援受助人及公共福利金受惠人额外发放一个月标准金额及一个月津贴；而2022年的开支包括于该财政年度分别向综援受助人及公共福利金受惠人额外发放的半个月标准金额及半个月津贴。

20-1 澳门特别行政区主要社会经济指标(一)

指　　标	2000年	2010年	2020年	2022年	2023年
本地生产总值①					
以2021年环比物量计算					
本地生产总值实际增长率(支出法)(%)	5.7	25.1	-54.3	-21.4	80.5
本地生产总值（亿澳门元）	1179.5	3434.4	2006.9	1948.6	3518.0
人均本地生产总值（万澳门元）	27.4	64.0	29.5	28.7	51.9
按当年价格计算					
本地生产总值名义增长率(支出法)(%)	3.9	31.1	-54.5	-20.4	92.3
本地生产总值（亿澳门元）	543.7	2260.0	2024.7	1973.1	3794.8
人均本地生产总值（万澳门元）	12.6	42.1	29.7	29.1	55.9
人口及生命统计					
年中人口（万人）	43.1	53.7	68.5	67.7	67.9
出生率（‰）	8.9	9.5	8.1	6.4	5.5
死亡率（‰）	3.1	3.3	3.3	4.4	4.4
劳动力					
劳动人口（万人）	20.9	32.4	40.5	37.9	37.5
劳动力参与率（%）	64.3	72.0	70.5	68.6	67.9
失业率（%）	6.8	2.8	2.5	3.7	2.7
就业不足率（%）	3.0	1.7	3.5	6.9	1.7
就业人口（万人）	19.5	31.5	39.5	36.5	36.5
（Ⅰ）制造业	3.8	1.5	0.6	0.6	0.6
（Ⅱ）批发及零售业	3.0	4.1	4.6	4.6	4.7
（Ⅲ）酒店及饮食业	2.1	4.3	5.4	4.5	4.6
（Ⅳ）文娱博彩及其他服务业	2.2	7.5	9.1	8.1	8.0
对外商品贸易					
出口（亿澳门元）	203.8	69.6	108.1	135.2	133.4
本地产品出口（亿澳门元）	170.8	23.9	15.6	20.2	15.5
转口（亿澳门元）	33.0	45.7	92.5	115.0	117.9
进口（亿澳门元）	181.0	441.2	925.6	1398.1	1414.4
贸易条件指数（2016年=100）	117.6	100.9	100.2	99.8	99.6
工业生产					
工业电力消耗量（亿千瓦时）	1.5	1.5	1.4	1.5	1.6
建筑					
获发使用准照(建成)的私人楼宇单位数目(个)	3146	4527	2521	569	254
获发使用准照(建成)的私人楼宇总建筑面积（万平方米）	37.0	127.2	28.7	37.3	37.4
获发动工批示(新动工)的私人楼宇单位数目(个)	1167	870	233	458	464
获发动工批示(新动工)的私人楼宇总建筑面积（万平方米）	20.3	18.4	88.1	6.7	4.9
楼宇单位买卖数目（个）	10211	29617	9002	4544	4416
不动产买卖契约数目（宗）	12484	12707	11589	6743	6193
不动产按揭贷款数目（宗）	7367	15127	14954	8582	6451
运输、通讯、旅游					
进出澳门货运车辆数目（万辆）	45.4	35.8	29.8	34.2	38.3
领牌车辆②（万辆）	11.3	19.6	24.4	25.0	25.2
电话线（万条）	17.7	16.8	10.7	9.3	8.8
访澳旅客（万人次）	832.3	2496.5	589.7	570.0	2821.3
酒店入住率（%）	58	80	29	38	82

20-1 澳门特别行政区主要社会经济指标(二)

指　　标	2000年	2010年	2020年	2022年	2023年
政府收支、货币、金融（亿澳门元）					
政府总收入①	153.4	884.9	1016.7	1096.4	949.9
政府总开支①	150.2	383.9	961.3	1021.5	871.6
货币供应（广义货币供应量M_2）					
澳门元③	232.2	680.4	2354.1	2769.3	2477.7
港元	445.1	1328.1	3382.4	2988.6	3301.7
其他货币	171.9	422.1	1187.1	1419.2	1486.4
总计	849.2	2430.5	6923.6	7177.1	7265.8
本地机构及私人贷款及垫款	382.0	1267.9	5301.3	5701.3	5356.4
消费价格指数					
(2018年4月至2019年3月=100)					
综合消费价格指数	56.90	70.66	102.60	103.70	104.68
甲类消费价格指数	55.16	69.81	102.71	103.41	104.16
乙类消费价格指数	57.03	70.30	102.45	104.09	105.35
房屋（期末值）					
公共房屋④（个）	9084	8174	14632	15954	15975
教育⑤					
幼儿教育学生（人）	15254	10804	18908	17108	16188
小学生（人）	46260	23785	35450	37854	38349
中学生（人）	39673	37224	27627	30274	31617
高等教育学生（人）	9000	25539	39093	49594	55611
医疗					
死亡人数（人）	1338	1774	2230	3004	2981
死于心脏病人数⑥（人）	252	140	250	370	333
死于癌症人数（人）	370	581	859	970	873
婴儿死亡率（按每千名出生登记活产婴儿计算）	2.9	2.9	2.2	0.9	2.4
社会保障⑦					
供款单位数目（个）	8451	34294	27768	28980	29490
福利金受领人数（人）		38818	131867	148058	158519
福利金发放金额（亿澳门元）	1.0	7.2	49.9	55.3	59.0
津贴受领人次⑧（次）	78033	16536	17095	20396	80281
津贴发放金额（亿澳门元）	1.1	0.3	1.1	1.4	1.1
治安					
罪案数目（宗）	8925	11649	10057	9799	13487
囚犯数目（期末值,人）	847	929	1548	1323	1355

注：本表数据由澳门特别行政区政府统计暨普查局提供，国家统计局整理编辑。

①数字在日后得到更多资料时会作出修订。

②自2000年开始不包括单车。

③“中华人民共和国澳门特别行政区基本法”说明，澳门元是澳门特别行政区的法定货币。

④不包括已出售者。

⑤学生人数；2010/2011学年起为注册学生人数。

⑥为更好反映澳门地区的实际情况，2020年及以后的心脏病死因编码曾作调整。

⑦福利金包括养老金、额外给付及残疾金；津贴包括失业、疾病、出生、丧葬及结婚等津贴。

⑧2000年津贴受领人次包括社会救济金的受领人次；2020年起失业津贴以领取人数作统计。

21-1　台湾省主要社会经济指标(一)

指　　标	2000年	2010年	2020年	2022年	2023年
人口					
户籍登记人口数①（万人）	2228	2316	2356	2326	2342
人口自然增加率（‰）	8.08	0.91	-0.34	-2.93	-2.99
人口密度（人/平方公里）	616	640	651	643	647
性别比①（女性=100）	104.7	100.9	98.2	97.7	97.4
劳动、就业					
劳动力人口（万人）	978	1107	1196	1185	1194
劳动参与率（%）	57.7	58.1	59.1	59.2	59.2
男	69.4	66.5	67.2	67.1	67.1
女	46.0	49.9	51.4	51.6	51.8
农业占就业人口比重（%）	7.5	5.2	4.8	4.6	4.4
工业占就业人口比重（%）	35.8	35.9	35.4	35.4	35.1
服务业占就业人口比重（%）	56.7	58.8	59.8	60.0	60.5
失业率（%）	3.0	5.2	3.9	3.7	3.5
工业及服务业每月人均薪资(新台币元)	41831	44647	54278	58042	58420
工业	39505	43465	55282	61408	60832
服务业	44143	45603	53569	55669	56744
公共安全					
刑案发生率（件/十万人）	1977	1607	1101	1139	1185
犯罪人口率（人/十万人）	819	1164	1195	1252	1276
刑案破获率（%）	59.2	79.7	97.7	96.7	97.2
机动车肇事率（件/万辆）	31.76	101.94	163.21	165.42	175.26
道路交通事故伤亡人数					
死亡（人）	3388	2047	1851		
受伤（人）	66895	293764	483409		
国民经济核算					
本地居民生产总值(新台币亿元)	104652	144761	204866	233746	242528
本地生产总值（新台币亿元）	103285	140603	199148	226798	235509
居民最终消费支出	57058	74810	96011	103617	114565
固定资本形成总额	27189	33301	48173	63742	59526
商品及服务出口	54444	111977	115675	158620	149183
减：商品及服务进口	52581	102675	88494	130851	118918
经济增长率（%）	6.3	10.3	3.4	2.6	1.3
人均本地居民生产总值					
新台币元	471734	625560	868732	1002341	1037999
美元	15105	19765	29369	33624	33299
居民储蓄总额（新台币亿元）	30597	47529	79409	97077	91563
储蓄率（%）	29.2	32.8	38.8	41.5	37.8
工业					
工业生产指数（2021年＝100）	38.7	62.3	87.2	98.2	86.1
制造业	36.8	60.6	86.5	98.0	85.5

21-1 台湾省主要社会经济指标(二)

指　　标	2000年	2010年	2020年	2022年	2023年
运输通信					
交通运输客运人数（亿人次）					
铁路	4.6	7.8	10.3	8.9	11.3
公路	11.5	11.1	10.8	8.4	9.6
航空	0.3	0.3	0.1	0.1	0.3
高速公路通行车辆数③（万辆次）	45381	55506	607532	618001	638352
每百人机动车辆数①（辆）	76.4	93.8	94.6	98.2	98.8
港埠货物装卸量（万收费吨）	56695	65540	70299	71900	66625
观光（万人次）					
出岛旅客	733	942	234	148	1180
来台湾旅客	262	557	138	90	649
对外贸易					
贸易额（亿美元）					
出口	1519	2774	3451	4794	4324
进口	1407	2557	2861	4281	3514
出(入)超（亿美元）	112	216	590	513	810
对日本	-217	-345	-225	-210	-129
对美国	103	53	180	294	356
对中国大陆	-18	416	389	371	255
对中国香港	304	367	477	633	550
财政、金融及景气					
赋税实征净额②（新台币亿元）	19298	16222	23987	32479	34562
外汇存底①（亿美元）	1067.4	3820.1	5299.1	5549.3	5706.0
汇率					
1美元兑新台币	31.23	31.64	29.58	29.78	31.15
货币供应量$M_2$①（新台币亿元）	188978	309544	501879	575086	607548
年增长率（%）	6.5	5.5	9.4	6.7	5.6
存款①（新台币亿元）	193087	310063	492197	563301	594271
放款与投资①（新台币亿元）	166220	228037	378266	436168	464853
本地银行逾放比率①（%）	5.34	0.61	0.22	0.15	0.14
股价指数（1966年＝100）	7847	7950	12075	15623	16386
国际收支平衡（亿美元）					
经常账户	82.2	367.3	980.9	1009.3	1053.3
资本账户		-0.49	-0.09	-0.46	-0.38
金融账户	79.7	3.4	490.7	947.1	849.5
物价年涨跌率(%)					
批发	1.82	5.46	-7.77	12.42	-1.99
消费者	1.25	0.97	-0.23	2.95	2.49
进口	4.62	7.04	-10.23	16.07	-3.60
出口	-0.87	2.02	-7.20	12.06	-1.91

资料来源：台湾“行政院主计总处”。

注：①年底数。②为年度资料。③从2013年12月30日起，国道高速公路由计次收费改为计程电子收费。

22-1 世界主要国家和地区国内生产总值和人均国内生产总值

国家和地区	国内生产总值（亿美元）			人均国内生产总值（美元）		
	2000年	2010年	2022年	2000年	2010年	2022年
世　　界	**338990**	**667071**	**1008796**	**5517**	**9571**	**12688**
高收入国家	**277637**	**457643**	**617295**	**25191**	**38768**	**49607**
中等收入国家	**58302**	**199707**	**382819**	**1258**	**3804**	**6407**
低收入国家	**1868**	**5942**	**5281**	**488**	**1163**	**750**
中　　国	12113	60872	179632	959	4550	12720
印　　度	4684	16756	34166	442	1351	2411
印度尼西亚	1650	7551	13191	771	3094	4788
日　　本	49684	57591	42564	39169	44968	34017
韩　　国	5762	11437	16739	12257	23079	32423
马来西亚	938	2550	4070	4088	8880	11993
巴基斯坦	995	1967	3747	644	1012	1589
新 加 坡	961	2398	4668	23853	47237	82808
菲 律 宾	837	2084	4043	1073	2202	3499
泰　　国	1264	3411	4954	2004	4996	6910
埃　　及	998	2190	4767	1399	2510	4295
尼日利亚	692	3670	4726	563	2280	2163
南　　非	1518	4174	4053	3242	8060	6766
加 拿 大	7448	16173	21615	24271	47562	55522
墨 西 哥	7421	11054	14659	7582	9823	11497
美　　国	102509	150490	254397	36330	48651	76330
阿 根 廷	2842	4236	6311	7667	10386	13651
巴　　西	6554	22088	19201	3727	11249	8918
法　　国	13656	26452	27791	22416	40676	40886
德　　国	19480	33997	40825	23695	41572	48718
意 大 利	11467	21361	20497	20138	36036	34776
荷　　兰	4175	8474	10094	26214	51000	57025
俄 罗 斯	2597	15249	22404	1772	10675	15271
西 班 牙	5984	14221	14178	14750	30532	29675
英　　国	16655	24855	30891	28281	39599	46125
澳大利亚	4162	11489	16930	21870	52147	65100
新 西 兰	526	1465	2481	13641	33677	48419

资料来源：世界银行数据库。

22-2 世界主要国家和地区经济增长率

单位：%

年份	世界*	欧元区	美国	日本	巴西	印度	俄罗斯	南非
1980	2.2		-0.3	3.2	9.2	6.7		6.6
1981	2.0		2.5	4.3	-4.4	6.0		5.4
1982	0.7		-1.8	3.3	0.6	3.5		-0.4
1983	2.6		4.6	3.6	-3.4	7.3		-1.8
1984	4.6		7.2	4.4	5.3	3.8		5.1
1985	3.6		4.2	5.2	7.9	5.3		-1.2
1986	3.6		3.5	3.3	7.5	4.8		0.0
1987	3.9		3.5	4.6	3.6	4.0		2.1
1988	4.7		4.2	6.7	0.3	9.6		4.2
1989	3.8		3.7	4.9	3.2	5.9		2.4
1990	3.4		1.9	4.8	-4.2	5.5		-0.3
1991	2.7		-0.1	3.5	1.0	1.1		-1.0
1992	2.3	1.4	3.5	0.9	-0.5	5.5		-2.1
1993	2.0	-0.8	2.8	-0.5	4.7	4.8	-8.7	1.2
1994	3.2	2.5	4.0	1.1	5.3	6.7	-12.7	3.2
1995	3.4	2.9	2.7	2.6	4.4	7.6	-4.1	3.1
1996	3.9	1.6	3.8	3.1	2.2	7.6	-3.6	4.3
1997	4.0	2.6	4.4	1.0	3.4	4.1	1.4	2.6
1998	2.6	3.0	4.5	-1.3	0.3	6.2	-5.3	0.5
1999	3.6	2.9	4.8	-0.3	0.5	8.8	6.3	2.4
2000	4.8	3.8	4.1	2.8	4.4	3.8	10.1	4.2
2001	2.5	2.2	1.0	0.4	1.4	4.8	5.1	2.7
2002	2.9	0.9	1.7	0.0	3.1	3.8	4.7	3.7
2003	4.3	0.7	2.8	1.5	1.1	7.9	7.4	2.9
2004	5.4	2.3	3.8	2.2	5.8	7.9	7.1	4.6
2005	4.8	1.7	3.5	1.8	3.2	7.9	6.4	5.3
2006	5.4	3.2	2.8	1.4	4.0	8.1	8.2	5.6
2007	5.5	3.0	2.0	1.5	6.1	7.7	8.6	5.4
2008	3.1	0.4	0.1	-1.2	5.1	3.1	5.2	3.2
2009	-0.1	-4.5	-2.6	-5.7	-0.1	7.9	-7.8	-1.5
2010	5.4	2.1	2.7	4.1	7.5	8.5	4.5	3.0
2011	4.2	1.7	1.6	0.0	4.0	5.2	3.9	3.2
2012	3.5	-0.9	2.3	1.4	1.9	5.5	4.0	2.4
2013	3.4	-0.2	2.1	2.0	3.0	6.4	1.8	2.5
2014	3.6	1.4	2.5	0.3	0.5	7.4	0.7	1.4
2015	3.5	2.0	2.9	1.6	-3.5	8.0	-2.0	1.3
2016	3.3	1.9	1.8	0.8	-3.3	8.3	0.2	0.7
2017	3.8	2.6	2.5	1.7	1.3	6.8	1.8	1.2
2018	3.6	1.8	3.0	0.6	1.8	6.5	2.8	1.6
2019	2.8	1.6	2.5	-0.4	1.2	3.9	2.2	0.3
2020	-2.7	-6.1	-2.2	-4.1	-3.3	-5.8	-2.7	-6.0
2021	6.5	5.9	5.8	2.6	4.8	9.7	6.0	4.7
2022	3.5	3.4	1.9	1.0	3.0	7.0	-1.2	1.9
2023	3.2	0.4	2.5	1.9	2.9	7.8	3.6	0.6

资料来源：国际货币基金组织世界经济展望(WEO)2024年4月。

注：*按购买力平价方法计算的国内生产总值进行加权汇总。

22-3 世界主要国家和地区消费者价格指数

(2010年=100)

年份	世界	欧元区	美国	日本	巴西	印度	俄罗斯	南非
1980	5.1	36.9	37.8	77.2		9.7		6.5
1981	5.9	41.3	41.7	81.0		11.0		7.5
1982	6.9	45.3	44.3	83.2		11.9		8.6
1983	7.8	49.1	45.7	84.8		13.3		9.6
1984	9.0	52.5	47.6	86.7		14.4		10.7
1985	10.3	55.6	49.3	88.4		15.2		12.5
1986	11.5	57.2	50.3	89.0		16.5		14.8
1987	13.1	57.5	52.1	89.1		18.0		17.2
1988	15.2	58.0	54.2	89.7		19.7		19.4
1989	17.0	58.5	56.9	91.7		21.1		22.2
1990	21.5	60.3	59.9	94.5		22.9		25.4
1991	25.3	63.3	62.5	97.6		26.1		29.3
1992	29.6	62.9	64.3	99.3	0.1	29.2	0.1	33.4
1993	35.3	65.0	66.2	100.6	1.0	31.1	0.5	36.6
1994	44.8	67.6	68.0	101.3	22.1	34.2	2.1	39.9
1995	51.6	71.2	69.9	101.1	36.6	37.7	6.3	43.4
1996	56.0	72.6	71.9	101.3	42.4	41.1	9.4	46.6
1997	59.3	74.9	73.6	103.0	45.4	44.1	10.7	50.6
1998	62.6	76.4	74.8	103.7	46.8	49.9	13.7	54.1
1999	66.1	78.1	76.4	103.4	49.1	52.2	25.5	56.9
2000	69.1	79.9	79.0	102.7	52.5	54.3	30.8	59.9
2001	72.1	82.5	81.2	101.9	56.1	56.4	37.4	63.3
2002	74.5	84.3	82.5	101.0	60.9	58.8	43.3	69.3
2003	77.1	86.3	84.4	100.7	69.8	61.1	49.2	73.3
2004	79.9	88.2	86.6	100.7	74.4	63.4	54.5	72.8
2005	82.9	90.4	89.6	100.4	79.5	66.0	61.4	74.3
2006	85.9	92.7	92.4	100.7	82.9	69.9	67.4	76.7
2007	89.1	94.8	95.1	100.7	85.9	74.3	73.5	81.4
2008	94.3	98.1	98.7	102.1	90.8	80.5	83.8	89.6
2009	96.5	98.4	98.4	100.7	95.2	89.3	93.6	96.1
2010	100.0	100.0	100.0	100.0	100.0	100.0	100.0	100.0
2011	105.1	102.7	103.2	99.7	106.6	108.9	108.4	105.0
2012	109.6	105.3	105.3	99.7	112.4	119.2	113.9	111.0
2013	114.3	106.7	106.8	100.0	119.4	131.2	121.6	117.4
2014	118.7	107.2	108.6	102.8	126.9	139.9	131.2	124.6
2015	122.9	107.2	108.7	103.6	138.4	146.8	151.5	130.3
2016	127.1	107.5	110.1	103.5	150.5	154.1	162.2	138.9
2017	131.5	109.1	112.4	104.0	155.7	159.2	168.2	146.0
2018	138.2	111.0	115.2	105.0	161.4	165.5	173.0	152.6
2019	141.1	112.3	117.2	105.5	167.4	171.6	180.8	158.9
2020	143.2	112.6	118.7	105.5	172.8	183.0	186.9	164.0
2021	147.9	115.5	124.3	105.2	187.1	192.4	199.4	171.6
2022	160.2	125.2	134.2	107.8	204.5	205.3	226.7*	183.7
2023	168.7^	132.0*	139.7*	111.4*	213.9*	216.4*	240.1*	194.5*

资料来源：国际货币基金组织数据库、世界银行数据库。

注：*数据根据上年消费者价格指数和国际货币基金组织4月份发布的《世界经济展望报告》本年消费者价格涨跌率推算得出。

^数据根据2022年消费者价格指数和世界银行数据库2023年消费者价格同比上涨率(中位数)推算得出。

22-4 世界主要国家和地区就业结构与失业率

单位：%

国家和地区	年 份	就业结构			年 份	失业率
		第一产业	第二产业	第三产业		
中 国	2022	22.6	32.2	45.3	2023	5.1
印 度	2022	42.9	26.1	31.0	2023	4.7
印度尼西亚	2022	29.3	21.9	48.8	2023	3.3
以 色 列	2022	0.8	15.7	83.5	2023	3.4
日 本	2022	3.1	23.6	73.3	2023	2.6
哈萨克斯坦	2022	12.9	21.5	65.6	2023	4.7
韩 国	2022	5.4	24.5	70.1	2023	2.7
马来西亚	2022	10.0	28.1	61.9	2023	3.6
巴基斯坦	2022	36.4	25.5	38.1	2023	5.7
菲 律 宾	2022	23.7	18.9	57.4	2023	2.2
新 加 坡	2022	0.1	14.2	85.7	2023	3.2
斯里兰卡	2022	26.4	27.0	46.5	2023	6.6
泰 国	2022	30.4	22.2	47.3	2023	0.9
埃 及	2022	18.7	28.4	53.0	2023	6.3
南 非	2022	19.3	18.1	62.7	2023	28.4
加 拿 大	2022	1.3	19.2	79.6	2023	5.4
墨 西 哥	2022	12.6	25.0	62.3	2023	2.8
美 国	2022	1.6	19.3	79.1	2023	3.6
阿 根 廷	2022	7.2	20.0	72.8	2023	6.8
巴 西	2022	8.7	20.5	70.8	2023	7.8
委内瑞拉	2022	11.5	17.9	70.6	2023	5.9
捷 克	2022	2.5	36.4	61.0	2023	2.6
法 国	2022	2.6	19.3	78.2	2023	7.1
德 国	2022	1.2	26.9	71.9	2023	3.0
意 大 利	2022	3.8	26.9	69.3	2023	7.7
荷 兰	2022	1.9	14.0	84.1	2023	3.5
波 兰	2022	8.3	30.8	60.9	2023	2.8
俄 罗 斯	2022	5.7	26.6	67.8	2023	3.2
西 班 牙	2022	3.8	20.1	76.1	2023	12.1
土 耳 其	2022	16.7	27.7	55.6	2023	9.6
乌 克 兰	2021	15.1	24.1	60.8	2021	9.8
英 国	2022	1.0	18.1	80.9	2023	4.4
澳大利亚	2022	2.2	18.6	79.2	2023	3.6
新 西 兰	2022	6.0	20.8	73.2	2023	3.7

资料来源：世界银行数据库。

22-5 世界主要国家和地区货物进出口贸易额

单位：亿美元

国家和地区	2000年		2010年		2022年		2023年	
	出口	进口	出口	进口	出口	进口	出口	进口
世界	**64540**	**66474**	**153016**	**154442**	**249175**	**256999**	**237835**	**242346**
中国	2492	2251	15778	13962	35444	27065	33800	25568
印度	424	515	2264	3502	4534	7204	4320	6727
印度尼西亚	654	436	1578	1357	2920	2374	2589	2219
伊朗	287	139	1013	654	979	586	912	653
以色列	314	377	584	587	736	1073	669	913
日本	4792	3795	7698	6941	7468	8972	7173	7856
哈萨克斯坦	88	50	600	311	846	509	785	607
韩国	1723	1605	4664	4252	6836	7314	6322	6426
老挝	3	5	17	21	82	72	84	77
马来西亚	982	820	1986	1646	3521	2938	3128	2658
蒙古	5	6	29	33	125	87	152	93
缅甸	16	24	87	48	171	174	136	156
巴基斯坦	90	109	214	378	309	708	285	505
菲律宾	381	370	515	585	789	1459	729	1330
新加坡	1378	1345	3519	3108	5158	4756	4763	4234
斯里兰卡	54	63	86	135	131	183	119	168
泰国	690	619	1933	1829	2874	3010	2846	2898
越南	145	156	722	848	3713	3591	3538	3258
埃及	53	146	264	529	513	957	399	789
尼日利亚	210	87	840	442	631	604	579	459
南非	300	297	913	968	1229	1362	1109	1307
加拿大	2766	2448	3875	4027	5990	5835	5693	5704
墨西哥	1664	1795	2983	3102	5777	6263	5930	6215
美国	7819	12593	12785	19692	20652	33718	20195	31725
阿根廷	263	252	682	568	884	815	668	737
巴西	551	586	2004	1932	3341	2922	3397	2527
委内瑞拉	335	162	657	390	48	101	85	112
捷克	291	320	1330	1267	2420	2367	2555	2306
法国	3276	3389	5238	6111	6205	8232	6485	7859
德国	5518	4972	12589	10548	16758	15826	16884	14626
意大利	2405	2388	4473	4870	6586	6943	6770	6396
荷兰	2331	2183	5743	5164	9648	8975	9346	8421
波兰	317	490	1597	1780	3605	3812	3815	3701
俄罗斯	1050	449	4006	2486	5921	2765	4239	3038
西班牙	1153	1561	2544	3270	4155	4943	4232	4703
土耳其	278	545	1139	1855	2542	3637	2558	3618
乌克兰	146	140	515	609	441	553	360	635
英国	2832	3396	4202	5923	5330	8235	5207	7913
澳大利亚	639	715	2126	2016	4127	3092	3709	2877
新西兰	133	139	314	306	451	542	415	500

资料来源：世界贸易组织数据库。

22-6 中国主要经济指标和主要工农业产品产量居世界位次

指　　标	1978年	1990年	2000年	2010年	2020年	2021年	2022年
国内生产总值	**11**	**11**	**6**	**2**	**2**	**2**	**2**
人均国民总收入①	**175(188)**	**178(200)**	**141(207)**	**120(215)**	**64(187)**	**61(186)**	**71(188)**
货物进出口额	**29**	**16**	**8**	**2**	**1**	**1**	**1**
外汇储备	**38**	**10**	**2**	**1**	**1**	**1**	**1**
主要工业产品产量							
粗　钢	5	4	1	1	1	1	1
煤	3	1	1	1	1	1	1
原　油	8	5	5	4	6	5	5
发电量	7	3	2	2	1	1	1
化　肥	3	3	1	1	1	1	1
汽　车			8	1	1	1	1
主要农业产品产量							
谷　物	2	1	1	1	1	1	1
肉　类②	3	2	1	1	1	1	1
籽　棉	2	1	1	1	1	1	1
大　豆	3	3	4	4	4	4	4
花　生	2	2	1	1	1	1	1
油菜籽	2	1	1	1	2	1	2
甘　蔗	10	4	3	3	3	3	3
茶　叶	2	2	2	1	1	1	1
水　果	6	1	1	1	1	1	1

资料来源：联合国粮农组织数据库、联合国《统计月报》数据库、世界银行数据库及国际汽车制造协会。

注：①括号中为参加排序的国家和地区数。②1990年以前为猪、牛、羊肉产量的位次。

附录一

主要统计指标解释

法人单位 指有权拥有资产、承担负债，并独立从事社会经济活动（或与其他单位进行交易）的组织。法人单位应同时具备以下条件:

（一）依法成立，有自己的名称、组织机构和场所，能够独立承担民事责任;

（二）独立拥有（或授权使用）资产或者经费，承担负债，有权与其他单位签订合同;

（三）具有包括资产负债表在内的账户，或者能够根据需要编制账户。

法人单位包括五种类型：企业法人、事业单位法人、机关法人、社会团体和其他成员组织法人、其他法人。

三次产业 三次产业的划分是世界上较为常用的产业结构分类，但各国的划分不尽一致。根据国家统计局《三次产业划分规定》和《国民经济行业分类》（GB/T 4754-2017），我国的三次产业划分是:

第一产业是指农、林、牧、渔业（不含农、林、牧、渔专业及辅助性活动）。

第二产业是指采矿业（不含开采专业及辅助活动），制造业（不含金属制品、机械和设备修理业），电力、热力、燃气及水生产和供应业，建筑业。

第三产业即服务业，是指除第一、二产业以外的其他行业。

“三新”经济增加值 是指一个国家（或地区）所有常住单位在一定时期内从事“三新”经济生产活动的最终成果，是常住单位进行“三新”经济生产活动的增加值之和。

高技术制造业 包括医药制造业，航空、航天器及设备制造业，电子及通信设备制造业，计算机及办公设备制造业，医疗仪器设备及仪器仪表制造业，信息化学品制造业。

经济发展新动能指数 是利用新产业、新业态、新商业模式调查基础数据，采用线性加权的综合评价方法构建而成的复合指数，用来反映经济新动能发展的趋势和进程。

人口数 指一定时点、一定地区范围内有生命的个人总和。年度统计的年末人口数指每年 12 月 31 日 24 时的人口数。年度统计的全国人口总数未包括香港、澳门特别行政区和台湾地区以及海外华侨人数。

人口自然增长率 指在一定时期内(通常为一年)人口自然增加数(出生人数减死亡人数)与该时期内平均人数(或期中人数)之比，用千分率表示。计算公式为:

$$人口自然增长率=\frac{本年出生人数-本年死亡人数}{年平均人数}\times 1000‰$$

$$=人口出生率-人口死亡率$$

国内生产总值(GDP) 指一个国家所有常住单位在一定时期内生产活动的最终成果。国内生产总值有三种表现形态，即价值形态、收入形态和产品形态。从价值形态看，它是所有常住单位在一定时期内生产的全部货物和服务价值与同期投入的全部非固定资产货物和服务价值的差额，即所有常住单位的增加值之和；从收入形态看，它是所有常住单位在一定时期内创造的各项收入之和，包括劳动者报酬、生产税净额、固定资产折旧和营业盈余；从产品形态看，它是所有常住单位在一定时期内最终使用的货物和服务价值与货物和服务净出口价值之和。在实际核算中，国内生产总值有三种计算方法，即生产法、收入法和支出法。三种方法分别从不同的方面反映国内生产总值及其构成。

对于一个地区来说，称为地区生产总值或地区 GDP。

当年价格 也称现行价格，指报告期内的实际市场价格。按现行价格计算的各种综合指标可以反映当年国民经济发展水平及比例关系，但因其变化受实物数量增减和价格升降因素的影响，在不同时期之间缺乏可比性。

可比价格 指计算各种总量指标所采用的扣除了价格变动因素的价格，可进行不同时期总量指标的对比。按可比价格计算总量指标有两种方法：一种是直接用产品产量乘某一年的不变价格计算；另一种是用价格指数对按现价计算的总量指标进行缩减。

城镇调查失业率 指城镇失业人口占城镇就业人口与失业人口之和的百分比，根据全国月度劳动力调查数据计算。

城镇登记失业人员 劳动年龄（年满 16 周岁（含）至依法享受基本养老保险待遇）内，有劳动能力，有就业要求，处于无业状态，并在公共就业服务机构进行失业登记的城镇常住人员。

城镇登记失业率 指报告期末，登记失业人员期末实有人数占期末从业人员总数与登记失业人员期末实有人数之和的比重。

价格指数 指从生产者、购买者和市场的角度，分别反映不同时期货物和服务价格总水平变动趋势幅度的相对数。目前编制的价格指数主要有居民消费价格指数、工业生产者出厂价格指数、工业生产者购进价格指数、农产品生产者价格指数等。

居民可支配收入 指居民可用于最终消费支出和储蓄的总和，即居民可用于自由支配的收入。既包括现金收入，也包括实物收入。按照收入的来源，可支配收入包含四项，分别为：工资性收入、经营净收入、转移净收入和财产净收入。

居民消费支出 指居民用于满足家庭日常生活消费需要的全部支出，既包括现金消费支出，也包括实物消费支出。消费支出可划分为食品烟酒、衣着、居住、生活用品及服务、交通通信、教育文化娱乐、医疗保健以及其他用品及服务八大类。

一般公共预算收入 指国家财政参与社会产品分配所取得的收入，是实现国家职能的财力保证。主要包括：（1）各项税收：包括国内增值税、国内消费税、进口货物增值税和消费税、出口货物退增值税和消费税、企业所得税、个人所得税、资源税、城市维护建设税、房产税、印花税、城镇土地使用税、土地增值税、车船税、船舶吨税、车辆购置税、关税、耕地占用税、契税、烟叶税、环境保护税等。（2）非税收入：包括专项收入、行政事业性收费收入、罚没收入、国有资本经营收入、国有资源（资产）有偿使用收入和其他收入。财政收入按现行分税制财政体制划分为中央收入和地方本级收入。

一般公共预算支出 指国家财政将筹集起来的资金进行分配使用，以满足经济建设和各项事业的需要。主要包括：一般公共服务、外交、国防、公共安全、教育、科学技术、文化旅游体育与传媒、社会保障和就业、卫生健康、节能环保、城乡社区、农林水、交通运输、资源勘探工业信息等、商业服务业等、金融、援助其他地区、自然资源海洋气象等、住房保障、粮油物资储备、灾害防治及应急管理、其他支出、债务付息、债务发行费用、预备费等方面的支出。财政支出根据政府在经济和社会活动中的不同职权，划分为中央财政支出和地方财政支出。

一般工业固体废物综合利用量 指调查年度企业通过回收、加工、循环、交换等方式，从固体废物中提取或者使其转化为可以利用的资源、能源和其他原材料的固体废物量（包括当年利用的往年工业固体废物累计贮存量）。如用作农业肥料、生产建筑材料、筑路、用作充填回填材料等。综合利用量由原产生固体废物的单位统计。

城市生活垃圾清运量 指报告期收集和运送到各生活垃圾处理厂(场)和生活垃圾最终消纳点的生活垃圾数量。生活垃圾指城市日常生活或为城市日常生活提供服务的活动中产生的固体废物以及法律行政规定的视为城市生活垃圾的固体废物。包括：居民生活垃圾、商业垃圾、集市贸易市场垃圾、街道清扫垃圾、公共场所垃圾和机关、学校、厂矿等单位的生活垃圾。

全社会固定资产投资 是以货币形式表现的在一定时期内全社会建造和购置固定资产的工作量以及与此有关的费用的总称。该指标是反映固定资产投资规模、结构和发展速度的综合性指标。全社会固定资产投资按登记注册类型可分为国有、集体、联营、股份制、私营和个体、港澳台商、外商、其他等。

房地产开发投资 指各种登记注册类型的房地产开发法人单位统一开发的住宅、饭店、宾馆、度假村、写字楼、办公楼等房屋建筑物，配套的服务设施，土地开发工程(如道路、给水、排水、供电、供热、通讯、平整场地等基础设施工程)和土地购置的投资；不包括单纯的土地开发和交易活动。

货物进出口总额 指实际进出我国关境并改变我国境内物质存量的货物总金额，包括一般贸易进出口货物、加工贸易进出口货物、海关特殊监管区域、保税监管场所或经济特区进出境的货物、租赁期一年及以上的租赁贸易货物、外商投资企业进出口的货物、国际间无偿援助的物资以及捐赠品、免税品、边民互市进出口货物、低值快速货物以及以邮报或快件方式向海关申报的跨境电商包裹等，不包括过境货物、暂时进出境货物、进出境展览品、租赁期一年以下的租赁进出境货物、进出境货币及货币用金、进出境旅客的自用物品（汽车除外）、进出境运输工具在境外添装的燃料、物料和食品等。我国规定出口货物按离岸价格统计，进口货物按到岸价格统计，同时按照人民币和美元计价。

外商直接投资 指国外及港澳台地区投资者在非上市公司中的全部投资及在单个外国投资者所占股权比例不低于10%的上市公司中的投资。

农作物播种面积　指日历年度内收获农作物在全部土地（耕地或非耕地）上的播种或移植面积。凡是本年内收获的农作物，无论是本年还是上年播种，都算为本年播种面积，但不包括本年播种、下年收获的农作物面积。

建筑业总产值　指以货币表现的建筑业企业在一定时期内生产的建筑业产品和服务的总和，不包括境外产值。建筑业总产值包括：

1．建筑工程产值：指列入建筑工程预算内的各种工程价值。

2．安装工程产值：指设备安装工程价值以及将预制部品部件安装成建筑工程产品的价值。

3．其他产值：建筑业总产值中除建筑工程、安装工程以外的产值。包括房屋构筑物修理产值、非标准设备制造产值、总包企业向分包企业收取的管理费以及不能明确划分的施工活动所完成的产值。

社会消费品零售总额　指企业（单位、个体户）通过交易直接售给个人、社会集团非生产、非经营用的实物商品金额，以及提供餐饮服务所取得的收入金额。个人包括城乡居民和入境人员，社会集团包括机关、社会团体、部队、学校、企事业单位、居委会或村委会等。

入境游客旅游总花费　指入境游客在中国(大陆)境内旅行、游览过程中用于交通、参观游览、住宿、餐饮、购物、娱乐等全部花费。

货(客)运量　指在一定时期内，各种运输工具实际运送的货物重量(旅客数量)。货运按吨计算，客运按人计算。货物不论运输距离长短、货物类别，均按实际重量统计。旅客不论行程远近或票价多少，均按一人一次客运量统计；半价票、儿童票也按一人统计。

货币供应量　货币供应量可分为三个层次：

M_0：流通中的货币

M_1：即狭义货币，M_0＋单位活期存款

M_2：即广义货币，M_1＋准货币（单位定期存款＋个人存款＋其他存款）

存款　包括住户存款、非金融企业存款、财政性存款、机关团体存款、非银行业金融机构存款、境外存款等。

贷款　包括短期贷款、中长期贷款、融资租赁、票据融资、各项垫款、非银行业金融机构贷款、境外贷款等。

上市公司数　指在统计期末其发行的股票在对应交易所上市的股份有限公司的数量。以股票上市日进行统计，同时发行 A、B 股的上市公司，按一家计算。

股票市价总值　指统计期末根据上市公司股票价格和对应股票数量计算的股权价值合计。

研究与试验发展（R&D）　指为增加知识存量（也包括有关人类、文化和社会的知识）以及设计已有知识的新应用而进行的创造性、系统性工作，包括基础研究、应用研究和试验发展三种类型。

附录二

香港特别行政区主要统计指标解释

年中人口　自2000年8月起，香港特别行政区的人口数字使用“居住人口”方法进行编制。利用此方法所编制的人口估计，称“居港人口”。“居港人口”包括“常住居民”和“流动居民”。

“常住居民”指两类人士：（一）在统计时点之前的6个月内，在港逗留最少3个月，又或在统计时点之后的6个月内，在港逗留最少3个月的香港特别行政区永久性居民，不论在统计时点他们是否身在香港特别行政区；及（二）在统计时点身在香港特别行政区的香港非永久性居民。对于不是「常住居民」的香港特别行政区永久性居民，如他们在统计时点之前的6个月内，在港逗留最少1个月但少于3个月，又或在统计时点之后的6个月内，在港逗留最少1个月但少于3个月，不论在统计时点他们是否身在香港特别行政区，会被界定为「流动居民」。根据「居住人口」的编制方法，旅客并不包括在香港特别行政区人口内。

粗出生率　是指某一年内的活产婴儿数目相对年中每千名人口的比率。

粗死亡率　是指某一年内的死亡人数相对年中每千名人口的比率。

劳动人口　是指15岁及以上陆上非住院人口，并符合就业人口或失业人口的定义。

劳动人口参与率　是指劳动人口占所有15岁及以上陆上非住院人口的比例。

失业率　是指失业人口在劳动人口中所占的比例。失业人口包括所有在统计前7天内并无职位，且并无为赚取薪酬或利润而工作，而随时可工作，并在统计前30天内有找寻工作的15岁及以上人士。失业人口亦包括那些并无职位，有找寻工作，但由于暂时生病而不能工作的人士；及并无职位，可随时工作，但由于下列理由而没有找寻工作的人士：（I）已为于稍后时间担当的新工作或开展的业务作出安排；或（II）正期待返回原来的工作岗位；或（III）相信没有工作可做（第III类为“因灰心而不求职的人士”）。

本地生产总值　是指香港特别行政区的所有居民生产单位，在一个指定的期间内（一般是1年或1季），未扣除固定资本消耗的生产总值。由2009年的统计期开始，按经济活动划分的本地生产总值统计数字是按「香港标准行业分类 2.0 版」编制，其数列已作出后向估计至2000年。

本地居民总收入　是指香港特别行政区的居民，在其经济领域内或外从事各项经济活动而赚取的收入，但不包括非本地居民在香港特别行政区经济领域内从事经济活动的收入。

国际收支平衡　是一项统计报表，有系统地撮录在一个指定期间内（一般是1年或1季）某经济体与世界各地之间（即居民与非居民之间）进行的经济交易。国际收支平衡表包括三大账户：(a) 经常账户、(b) 资本账户及 (c) 金融账户。

国际投资头寸　是显示一个经济体在某特定时点的对外金融资产及负债存量的资产

负债表。对外金融资产及负债的差额即为该经济体的国际投资头寸净值，代表其对世界各地的净申索或净负债。

居民消费物价指数 有四个数列，以反映消费物价转变对不同开支组别的住户的影响。甲类、乙类及丙类消费物价指数分别根据较低、中等及较高开支范围的住户的开支模式编制而成。综合消费物价指数是根据以上所有住户的整体开支模式编制，反映消费物价转变对整体住户的影响。

指　　数	约占住户的百分比	住户于 2019 年 10 月至 2020 年 9 月期间的每月平均住户开支
综合消费物价指数	90%	\$6,500–\$91,999
甲类消费物价指数	50%	\$6,500–\$27,999
乙类消费物价指数	30%	\$28,000–\$48,499
丙类消费物价指数	10%	\$48,500–\$91,999

按教育程度划分的学生人数 数字只包括就读为期一年或以上长期课程的全日制及兼读制的学生人数。数字并不包括就读由专上教育以下程度的学校提供的补习班、职业训练及成人教育课程。

综合社会保障援助计划 其目的是向有需要的个人或家庭提供现金援助，使他们的收入达到一定水平，以应付生活上基本及特别需要。申请人无须供款，但必须接受经济状况调查。

公共福利金计划 包括高龄津贴、伤残津贴、长者生活津贴、广东计划及福建计划。高龄津贴及伤残津贴分别是为年龄在70岁或以上或严重残疾的香港居民，每月提供现金津贴，以应付因年老或严重残疾而引致的特别需要。至于长者生活津贴，旨在为年龄在65岁或以上有经济需要的香港居民，每月提供特别津贴，以补助他们的生活开支。而广东计划及福建计划分别设有高龄津贴及长者生活津贴，为选择移居广东或福建的合资格香港居民，每月提供现金津贴。申请公共福利金计划下的伤残津贴及高龄津贴（包括广东计划及福建计划)的人士均无须接受经济状况调查。公共福利金计划的一宗个案指一位受助人士。

附录三

澳门特别行政区主要统计指标解释

本地生产总值 反映每年在澳门特区生产的货物和提供各种服务的总量。本摘要中的本地生产总值用支出法及生产法估算，支出法等于私人消费支出、政府最终消费支出、固定资本形成总额、库存变化和货物及服务出口净值（出口减进口）的总和。而生产法等于各经济行业的增加值总额的总和，再加上相关税项。这种方法可以评估澳门特区的产业结构。

出生率 参考期内新生婴儿数目与年中人口之千分比。

死亡率 参考期内死亡人数与年中人口之千分比。

劳动人口 在调查日前 7 天内可参与生产商品或提供服务的 16 岁及以上人士，包括就业人士及失业人士。

就业人口 在调查日前 7 天内为赚取报酬或利润而工作至少 1 小时的 16 岁及以上人士，亦包括无酬家属帮工、没有上班但与雇主保持工作联系的雇员，以及正在休假的雇主或自雇人士。就业人口包括本地就业居民及居澳外地雇员。

劳动力参与率 劳动人口占 16 岁及以上人士的百分比。

失业率 失业人口占劳动人口的百分比。

就业不足率 就业不足人口占劳动人口的百分比。

贸易条件指数 澳门称为贸易价格比率指数。即货物出口单位价格指数与货物进口单位价格指数之比率。

访澳旅客 指任何非以澳门特区为常居地的人士，其在澳门的逗留时间少于一年，且到访目的并非受聘于澳门特区的任何居民（包括个人及机构）。

酒店入住率 入住客房数量与可供应客房数量之百分比。

进口 将任何来自外地的货物运入澳门特区，但属以再进口及转运方式运入者除外。

出口 将任何货物运离澳门特区，但属以暂时出口及转运方式运离者除外。

本地产品出口 将原产地为澳门特区的任何货物运离澳门特区。

转口 澳门称为再出口。将任何先前进口入澳门特区的货物，不经加工运离澳门特区，或虽经加工，但尚不足以取得以澳门特区作为原产地资格的货物运离澳门特区。

楼宇单位 包括住宅、商铺、办公室、工业、车位、酒店及其他单位。

楼宇总建筑面积 所有楼层楼面面积之总和。楼面面积从外墙起量度，包括大堂、楼梯、升降机所占面积以及所有公用地方面积。

广义货币供应量 M_2 指狭义货币供应量 M_1 加上准货币负债。准货币负债指储蓄存款、通知存款、定期存款、其他存款和存款证明书。

消费价格指数 反映澳门特区住户于购买一篮子之指定商品或服务时，在不同时间该等商品或服务之价格变动。

小学教育　为期 6 年，完成幼儿教育或在报名当年的 12 月 31 日年满 6 岁的儿童可报读小学教育第一年。就读小学的最高年龄为 15 岁。

中学教育　由两个阶段组成：初中教育及高中教育。

1)初中教育　为期 3 年，合格完成小学教育者可以入读。就读初中最大年龄为 18 岁，但在特别情况下，经教育机构决定，可以逾越此年限。

2)高中教育　为期 3 年，合格完成初中教育者可以入读。就读高中最大年龄为 21 岁，但在特别情况下，经教育机构决定，可以逾越此年限。

高等教育　由大学、理工学院及相等之学院开办之学位或非学位课程。

附录四

台湾省主要统计指标解释

户籍登记人口数 是指具有户籍登记的年底人口总数。

劳动力人口 是指资料标准周内年满15岁可以工作的民间人口，包括就业者及失业者。

劳动参与率 是指劳动力占15岁以上民间人口的比率。

失业率 是指失业者占劳动力的比率。

本地生产总值 是指在台湾省内一切生产机构或生产者的生产成果，不论这些生产机构由本省居民或非本省居民所经营或提供生产要素。

居民储蓄总额 是指台湾省各经济部门在一定期间内的储蓄总额，等于可支配所得与居民消费的差额。

居民储蓄率 是指居民储蓄总额与本地居民总收入的比率。

逾期放款比率 是指逾期放款占总放款的比率。

存款 是指银行从个人、公营和民营事业、政府或同业处收售款项或吸收资金，并约定返还本金或给付相当或高于本金的行为。

放款 是指银行与顾客约定一定时间，到期一次收回本息，或在约定时间内，分期收回本息的贷款及贴现，是银行的债权和资金运用的主要方式。

投资 是指银行运用资金生利的一种方式，也即从事以生利为目的的有价证券的经营。